EVALUACIÓN ORGANIZACIONAL

MARCO PARA MEJORAR EL DESEMPEÑO

Charles Lusthaus, Marie-Hélène Adrien, Gary Anderson,
Fred Carden y George Plinio Montalván

Banco Interamericano de Desarrollo
Washington, D.C.

Centro Internacional de Investigaciones para el Desarrollo
Ottawa, Canadá

2002

La traducción de este libro al español es responsabilidad del Banco Interamericano de Desarrollo. Publicado originalmente en inglés por el BID y el CIID con el título: Organizational Assestment: A Framework for Improving Performance ©IDB and IDRC, 2002

Cataloging-in-Publication data provided by the
Inter-American Development Bank
Felipe Herrera Library

Evaluación organizacional: marco para mejorar el desempeño / Charles Lusthaus ... [et al.].

p. cm. Includes bibliographical references.
ISBN: 0-88936-999-2

1. Organizational effectiveness--Evaluation. 2. Sustainable development--Developing countries. I. Lusthaus, Charles. II. Inter-American Development Bank. III. International Development Research Centre (Canada).

658.1 E771--dc21

Esta publicación puede solicitarse a:
IDB Bookstore
1300 New York Avenue, NW
Washington, DC 20577
Estados Unidos de América
Tel. (202) 623-1753, Fax (202) 623-1709
1-877-782-7432

idb-books@iadb.org
www.iadb.org/pub

ISBN: 0-88936-999-2

Índice

Capítulo cinco
DESEMPEÑO ... 115

Capítulo seis
CUESTIONES METODOLÓGICAS EN LA EVALUACIÓN ORGANIZACIONAL ... 141

Prólogo

El campo del desarrollo internacional refleja las complejas maneras en que las personas del mundo dependen unas de otras para sobrevivir y prosperar. El esquema conceptual de este libro examina la interdependencia que existe dentro de las organizaciones de los países en desarrollo y entre una organización y otra. En estas organizaciones las personas y los grupos de personas actúan unos con otros —y dependen entre sí— para llegar a metas comunes nobles. En una mayor escala, pero por los mismos motivos, estas organizaciones deben aprender a cooperar con efectividad. Este libro se concentra en la importancia que tienen las organizaciones para el desarrollo y proporciona un marco para ayudarlas a funcionar con mayor eficiencia.

¿Cómo hacemos para que la asistencia para el desarrollo sea más efectiva y eficiente? Hemos progresado en gran medida tras varias décadas de cambios y reformas. Pese a ello, el ritmo del cambio económico y social por el cual podemos aceptar algún mérito sigue estando lejos de satisfacer las necesidades y de alcanzar su potencial. Para las organizaciones de desarrollo es crucial un cambio que nos permita realzar nuestro propio desempeño a fin de ampliar y profundizar nuestro alcance. También sigue siendo un gran desafío el apoyo a un sinnúmero de ministerios gubernamentales, centros de investigación y entidades de ejecución en su búsqueda de un mejor desempeño. Seguimos además haciendo frente a los deseos de nuestros directorios y gobiernos donantes, que quieren rendición de cuentas y resultados. Tienen toda la razón en querer saber que nuestro apoyo a un proyecto asegurará que este produzca mejoras sostenibles, ya sea que ese apoyo comprenda préstamos y donaciones o que promueva la investigación y la capacidad de investigación.

Entonces, ¿qué es lo que pueden hacer entidades como el Centro Internacional de Investigaciones para el Desarrollo (CIID) y el Banco Interamericano de Desarrollo (BID)? ¿Qué marcos pueden ayudar a guiar nuestras acciones y ayudarnos a aprender para el futuro? Necesitamos cambios económicos y sociales. Para lograrlos, sabemos que el comportamiento organizacional debe cambiar también. Nuestra propia experiencia nos demuestra que en todo el mundo las organizaciones deben aprender a trabajar mejor en conjunto para reforzar los logros mutuamente. Los que les proporcionamos asistencia y préstamos para el desarrollo desempeñamos una importante función en el fomento de la sinergia y la cooperación.

Este libro surgió de la necesidad de brindar a las organizaciones maneras concretas de estudiar su propia interrelación crucial y cambiarla para bien de la entidad y de sus metas. El libro contiene un conjunto de herramientas utilizables y comprobadas que las organizaciones podrían emplear para cambiarse a sí mismas, de modo que puedan cambiar mejor el mundo.

El CIID publicó primero este marco en 1995. Muy rápidamente el BID se dedicó a aplicarlo y utilizarlo y coadyuvó en las pruebas de campo. Este esquema, en gran medida ampliado y actualizado, ha crecido a partir de nuestras experiencias combinadas. El CIID y Universalia han aplicado estas herramientas en organizaciones en África Occidental, en el sur de Asia y, junto con el BID, en América Latina. Cada organización tiene su propia historia que contar. El libro interpreta esas historias de modo que otros puedan aprender y beneficiarse de estas experiencias.

Al igual que el primer libro, esta nueva edición informa sobre los esfuerzos externos e internos para fortalecer las organizaciones, utilizando acciones concretas basadas en diagnósticos claros realizados al inicio de las actividades de desarrollo. Para utilizar este libro y aprovecharlo, lo único que usted necesita es estar interesado en mejorar el desempeño de su organización, ya sea que se encuentre en una nueva organización, en una organización que está cambiando, en una empresa conjunta o en una "organización electrónica".

El libro en sí es producto del tipo de colaboración que queremos fomentar entre organizaciones que se dedican al desarrollo. El BID ha ayudado a actualizar muchos de los componentes teóricos y prácticos y tiene el agrado de ayudar a difundirlos aún más. El aprendizaje mutuo que hemos experimentado al publicar en forma conjunta este libro sienta las bases para una mayor cooperación interinstitucional.

El trabajo en los países en desarrollo —en realidad en todos los países del mundo— siempre es un trabajo en marcha. Raras veces podemos poner el sello de "terminado" al proceso de desarrollo. *Evaluación organizacional: marco para mejorar el desempeño* también es un trabajo en marcha. Como colaboradores en la investigación, la puesta a prueba y la redacción del libro, nos damos cuenta de que cuando se trata de la tarea de cambiar organizaciones, pocas soluciones son absolutas. Por ese motivo, lo instamos a enviarnos sus comentarios e impresiones. Sabemos que prepararemos otras ediciones subsiguientes y acogemos con beneplácito sus contribuciones.

Nohra Rey de Marulanda
Gerente, Departamento de Integración
y Programas Regionales
Banco Interamericano de Desarrollo

Terry Smutylo
Director, Unidad de Evaluación
Centro de Investigación para el
Desarrollo Internacional

Prefacio

Las raíces de este libro se remontan a 1993, cuando comenzamos a redactar nuestro primer libro sobre el mejoramiento del desempeño de las instituciones de investigación en países en desarrollo (Lusthaus et al., 1995). Las entidades de desarrollo han encontrado difícil realizar inversiones adecuadas y útiles para mejorar el desempeño de los centros de investigación. Como estábamos trabajando sobre este tema, el Centro Internacional de Investigaciones para el Desarrollo (CIID) nos pidió que compartiéramos por escrito nuestra experiencia con el mundo general de las entidades de desarrollo. Casi 10 años después, tenemos un conjunto mucho más amplio de experiencias que ofrecer y al mismo tiempo las instituciones y las organizaciones importan mucho más ahora que nunca. Sigue siendo una necesidad invertir en organizaciones del mundo en desarrollo de maneras sistemáticas que puedan mejorar en forma considerable el desempeño a corto y mediano plazo. Al comenzar a tratar el desarrollo de este texto, le pedimos a Fred Carden y a George Plinio Montalván que se sumaran a nuestro equipo y agregaran sus experiencias y sus ideas.

En este libro tomamos a la organización como la unidad básica de análisis, considerándola una unidad social con impacto en nuestra vida cotidiana. La cultura y el idioma desempeñan una función crucial en la comprensión del funcionamiento de las organizaciones del mundo. En nuestro diálogo con países en desarrollo nos hemos dado cuenta de los diversos niveles de complejidad que conlleva la realización de nuestras evaluaciones organizacionales en estos países. Para superar esta complejidad, las organizaciones deben elaborar un marco común y una serie de conceptos cada vez que realicen evaluaciones organizacionales. Hemos hallado que el marco y los conceptos que figuran en este libro ayudarán a que dichas evaluaciones sean fructíferas.

Evaluación organizacional: marco para mejorar el desempeño propone un marco para analizar los puntos fuertes y débiles de una organización en relación con su desempeño. El texto introduce un marco heurístico que ha guiado nuestro trabajo durante el último decenio aproximadamente. En general, el marco postula que el desempeño organizacional es una función de su entorno favorecedor, su capacidad y su motivación organizacional. Recurre a gran cantidad de detalles para tratar de captar las ideas y los conceptos que respaldan cada una de las cuatro amplias ideas organizacionales (desempeño, entorno, capacidad y motivación). En este marco se ve que el desempeño organizacional es el resultado del trabajo de la organización.

A diferencia de nuestra primera edición, publicada por el CIID en 1995, este libro adopta un enfoque más genérico hacia las organizaciones y no se concentra principalmente en centros de investigación y organizaciones no gubernamentales (ONG). Durante el último decenio hemos tenido el privilegio de trabajar con una amplia variedad de ministerios y entidades gubernamentales, organizaciones sin fines de lucro, organismos e instituciones financieras internacionales y empresas del sector privado. En consecuencia, hemos ampliado las experiencias en las cuales se ha utilizado el marco, hemos cambiado algunos de nuestros enunciados analíticos y hemos examinado nuestros conceptos para que el marco sea más aplicable a una amplia variedad de organizaciones.

Este libro está escrito para los profesionales dedicados a organizaciones. Con esto queremos decir dirigentes y consultores organizacionales que tienen interés en comprender mejor el estado actual de las organizaciones y en saber cómo escoger áreas de inversión que puedan mejorar el desempeño organizacional. A un nivel muy básico estamos interesados en trabajar con colegas que consideran que el mejoramiento del desempeño organizacional es una pieza importante del rompecabezas que define la efectividad del desarrollo. Vemos que el desempeño organizacional es un campo que ha sido descuidado en general por las entidades dedicadas al desarrollo. En ese sentido, queremos iniciar un diálogo con los profesionales organizacionales que creen que el análisis sistemático puede utilizarse para apoyar los procesos de aprendizaje y cambio organizacionales. Más allá del marco de la evaluación general, el libro proporciona herramientas metodológicas y apoyo a los interesados en utilizarlo como un patrón para llevar a cabo evaluaciones organizacionales. Todas las organizaciones —ya sean con o sin fines de lucro, del gobierno, de la sociedad civil, de propiedad privada o pública— tienen algún modo (formal o informal) de evaluación organizacional. En lo que no coinciden es en los marcos, métodos y procesos que han demostrado tener éxito en informar a los interesados directos sobre la situación de la organización. ¿Está funcionando bien la organización? ¿Por qué o por qué no? Este libro está destinado a sumarse a la teoría y la práctica de la evaluación organizacional.

En los años que hemos trabajado en este proyecto nos hemos beneficiado en gran medida de los numerosos colegas, clientes y amigos que han tratado varias ideas con nosotros y han criticado nuestro trabajo. Es una larga lista que comienza con nuestras propias organizaciones y va bastante más allá de ellas hasta literalmente cientos de organizaciones con las cuales hemos trabajado o hemos tenido contacto durante el último decenio. Todas han contribuido de una manera u otra con este libro. Lamentablemente, son demasiado numerosas para mencionarlas aquí.

También queremos agradecer la contribución de Diane Eyre, quien realizó el trabajo inicial de revisión. Valerie Chalhoub, Tracy Wallis, Mark Pestinger y Maroushka Kanywani merecen mención especial por haber dado los toques finales. Por último, deseamos agradecer a nuestras familias por su inquebrantable apoyo. La realización de un trabajo en un marco internacional plantea desafíos personales y profesionales. Muchos de nosotros hemos pasado numerosos días fuera de nuestra casa, lo que ha significado una carga adicional para nuestras familias. Hacemos este trabajo porque nos gusta; nuestras familias nos apoyan porque nos aman. Queremos que sepan que agradecemos su apoyo.

Por los autores,
Charles Lusthaus

Capítulo uno

INTRODUCCIÓN: CAMBIOS EN LA ASISTENCIA PARA EL DESARROLLO

Cabría preguntarse por qué, en los últimos 22 años, se han adjudicado seis premios Nobel a eruditos que se especializan en tratar el mundo de las instituciones y organizaciones. ¿Qué es tan especial sobre las instituciones y las organizaciones para suscitar este tipo de atención y de seguidores? ¿Son los determinantes clave del progreso económico, social y político? Creemos que lo son, y aun más. En realidad, creemos que cuando las instituciones de desarrollo no han podido comprender y cambiar el desempeño de las organizaciones e instituciones con las cuales interactúan, han entorpecido significativamente el progreso en muchos países en desarrollo.

Las organizaciones sanas y vibrantes constituyen un ingrediente esencial para el desarrollo de un país. Todos los países tienen un conjunto, tan grande que se pierde de vista, de organizaciones políticas y económicas grandes, pequeñas, poderosas, costosas, disciplinadas, flexibles y competitivas. Algunas funcionan bien, otras no tanto y algunas sencillamente fracasan.

Las organizaciones varían de diversas maneras (Aldrich, 1999). Las cámaras legislativas, los partidos políticos, las entidades gubernamentales, el poder judicial, las empresas privadas, los sindicatos, las organizaciones no gubernamentales (ONG), las escuelas y las asociaciones de padres y maestros son todas "organizaciones". Una organización se compone de personas que trabajan juntas por una meta común. Las metas organizacionales diferencian a las organizaciones de otras entidades sociales colectivas como las familias. Si bien las organizaciones tienen metas, sus miembros pueden sentirse indiferentes hacia las metas o pueden estar apartados de ellas. Debido a que las organizaciones se componen de personas, muchas de sus actividades están diseñadas dentro de los límites de los miembros que las forman.

Una de las frustraciones de las organizaciones es la imposibilidad de conciliar el personal que las integra con las actividades que la organización sabe que debería llevar a cabo. Además, las organizaciones tienen límites bien definidos. Las personas saben quién está dentro y quién está fuera de la organización. El ser miembro del personal tiene sus privilegios. Las organizaciones procuran especificar derechos y responsabilidades, códigos de conducta, sistemas de valores, rituales, poder y relaciones de poder, y liderazgo. Las reglas organizacionales y su aplicación dirigen las organizaciones y crean la "cultura" de la organización. Las organizaciones y las sociedades en las cuales funcionan crean reglas y al mismo tiempo son regidas por estas reglas. Por último, las organizaciones son de construcción social y su éxito o su fracaso está regido por esta interacción.

En general, las organizaciones constituyen importantes unidades sociales de numerosas formas y tamaños que desempeñan una función integral en nuestra vida cotidiana. Estas unidades sociales han evolucionado desde pequeñas familias y grupos de personas hasta grandes entidades gubernamentales (comunidades, estados, naciones, las Naciones Unidas) y empresas privadas (pequeñas y medianas, nacionales y mundiales). Las entidades de la sociedad civil también están evolucionando desde grupos de la comunidad local hasta entidades mundiales. Hoy en día se requiere una amplia gama de organizaciones para llevar a cabo tareas cada vez más complejas y de adaptación que, a su vez, responden a un entorno cada vez más complejo.

A medida que las organizaciones evolucionan y tratan de alcanzar el éxito, se adaptan a su entorno y a los avances técnicos. Con frecuencia esto lleva a una mayor especialización de funciones, personas e infraestructura. A medida que las organizaciones especializan sus funciones y la infraestructura necesaria para mantenerlas y llevarlas a cabo, requieren mayor interdependencia en los diversos grupos de trabajo. En otras palabras, la especialización aumenta la complejidad.

Las organizaciones no solamente se componen de individuos sino también de grupos interdependientes con diferentes metas inmediatas (derivadas de la especialización), diferentes maneras de trabajar, diferente capacitación formal y hasta diferentes tipos de personalidad. Quienes trabajan en los departamentos de contabilidad con frecuencia tienen personalidades, metas, capacitación y estilos de trabajo y socialización muy diferentes de quienes trabajan en los departamentos de publicidad o márketing (Meyers y Briggs, 1980).

Los diferentes departamentos también tienen sus propios procesos y flujos de trabajo. Cada unidad organizacional tiene su manera de llevar a cabo el trabajo en función de sus metas y de comprender la tecnología apropiada necesaria para cumplir dichas metas. En los dos últimos decenios las computadoras han cambiado considerablemente la manera en que muchos grupos organizacionales llevan a cabo sus funciones y las coordinan con otros grupos.

La manera en que una organización transforma sus recursos en resultados por medio de procesos de trabajo es lo que las personas llaman "sistemas". Estos sistemas están sujetos a todo tipo de influencias internas y externas. Las organizaciones de hoy en día son "sistemas abiertos", es decir, constantemente reciben la influencia de fuerzas externas y tratan a su vez de influir en estas.

En este contexto dinámico —el ámbito institucional— las organizaciones y los grupos que las comprenden están tratando constantemente de adaptarse, sobrevivir, desempeñar sus funciones e influir. A veces tienen éxito y a veces no. La pregunta que se plantea entonces es: ¿cómo pueden las organizaciones comprender mejor qué es lo que deben cambiar y en qué deben influir para mejorar su capacidad de desempeño? El diagnóstico sistemático es una parte importante de este proceso y hay muchas maneras de realizar dicho examen organizacional. El objetivo de este libro es proporcionar a profesionales del desarrollo un marco o enfoque sistemático para comprender mejor el desempeño organizacional e identificar los elementos que inciden significativamente en él.

En los últimos diez años elaboramos un marco de evaluación institucional y organizacional que culminó con el libro titulado *Institutional Assessment: A Framework for Strengthening Organizational Capacity* (Lusthaus, Anderson y Murphy, 1995). El libro también se publicó en francés, *Évaluation institutionnelle: Cadre pour le renforcement des organisations partenaires du* CIID (Adrien, Anderson, Lusthaus y Murphy, 1996). Pusimos a prueba la aplicación del marco en una gran variedad de organizaciones del mundo en desarrollo, lo que dio como resultado un segundo libro titulado *Enhancing Organizational Performance: A Toolbox for Self-Assessment* (Lusthaus, Adrien, Anderson y Carden, 1999). Hallamos que el marco sistemático proporciona un idioma común y es útil para comprender cómo y cuándo intervenir para mejorar el desempeño (Lusthaus, Adrien y Perstinger, 1999).

A medida que el marco evolucionaba, nos dio una base para la discusión y la comparación entre regiones y organizaciones y problemas de desarrollo (Lusthaus, Anderson y Adrien, 1997). El marco presentado en este libro apoya un diagnóstico organizacional. Es una actualización de la labor que realizamos anteriormente y que se concentró principalmente en organismos de investigación. Más recientemente comenzamos a trabajar con organismos internacionales ejecutores dedicados a procurar préstamos de instituciones financieras internacionales (IFI). Estas entidades están tratando de utilizar los préstamos de los bancos como inversiones para mejorar su capacidad de servir a sus países y a aquellos a quienes representan.

Con los años, el marco se convirtió en una herramienta de evolución propia mientras nos ayudaba a refinar continuamente nuestro pensamiento y a seguir aprendiendo. En otras palabras, el marco no es un producto acabado ni queremos que lo sea. Este enfoque de la evaluación es lo suficientemente flexible como para ser valioso para una amplia gama de profesionales en una amplia gama de entornos.

PROPÓSITO

Cuando comenzamos a redactar este texto teníamos en mente tres metas. Primero, queríamos escribir sobre las organizaciones y su importancia para el tema del desarrollo. A diferencia de nuestra primera edición, queríamos escribir sobre una amplia variedad de organizaciones y no solamente acerca de centros de investigación u organizaciones dedicadas a la investigación del desarrollo. Las organizaciones son fascinantes para nosotros; vienen en todo tamaño y forma. Pese a ello, los teóricos del desarrollo las pasan seriamente por alto. Hemos tratado de proporcionar una gran variedad de ejemplos organizacionales. El marco se presenta en una forma genérica, útil para todas las organizaciones e individuos interesados en el diagnóstico organizacional.

Segundo, queríamos actualizar nuestra labor anterior. Si bien nuestro marco sigue siendo básicamente el mismo, hay varias esferas nuevas importantes que se cambiaron o adaptaron. Por ejemplo, ampliamos nuestra idea del desempeño para incluir un factor llamado viabilidad financiera. Hicimos esto debido a nuestras experiencias con entidades gubernamentales y no gubernamentales a las que se les pedía cada vez más que compitieran en condiciones similares a las del mercado. En otras palabras, por primera vez estas organizaciones necesitaban fortalecer su capacidad de recaudar fondos. En la sección sobre el desempeño también agregamos información sobre el equilibrio de los diversos factores del desempeño. Nuevamente, esto provino de la labor teórica de "la tarjeta de puntaje del equilibrio" (Kaplan y Norton, 1996), así como de la idea práctica de que las organizaciones necesitan constantemente satisfacer expectativas de desempeño en la competencia.

Tercero, queríamos hacer que el tema de la evaluación organizacional fuera accesible a los profesionales. En los cinco últimos años trabajamos con una amplia gama de profesionales de la organización interesados en el cambio tanto organizacional como social. Estos profesionales saben que si bien el dinero ayuda al cambio, es la manera en que se utiliza el dinero lo que realmente marca una diferencia. Y reconocen que el financiamiento dirigido al fortalecimiento de la capacidad de las organizaciones es bueno para el desarrollo. Además, los profesionales se dan cuenta de que necesitan comprender mejor las fuerzas que influyen en la capacidad de las organizaciones para persistir en los esfuerzos que pueden llevar a un cambio en el desempeño. Una cantidad cada vez mayor de profesionales necesita aprender más sobre las organizaciones y sobre cómo cambiar el nivel de su desempeño.

Generalidades

Las primeras teorías de administración y gestión suponían que las organizaciones existían para cumplir un propósito (Etzioni, 1964) y que la función de la administración era apoyar este objetivo mediante la recolección y aplicación estratégica de recursos de manera eficiente. Sin embargo, la experiencia demostró que las organizaciones no existían para cumplir una meta única sino que más bien tenían múltiples metas y submetas (Quinn y Rohrbaugh, 1983). Algunas apoyaban el objetivo original de la organización mientras que otras no.

Además, en la práctica las metas de una organización eran desplazadas constante y fácilmente (Selznick, 1957). El tiempo cambió las percepciones de las personas acerca de las metas, los dirigentes modificaron las metas y los acontecimientos que sucedieron en las organizaciones impusieron un cambio en las prioridades o aun en los sistemas. A veces las estructuras actuaban inadvertidamente como una fuerza contraproducente e inhibían el logro de los objetivos. Dada esta complejidad, ¿cómo iban a saber las organizaciones y sus miembros si se estaban dirigiendo hacia el rumbo adecuado? ¿Cómo habrían de medir el desempeño y los factores relacionados con el buen desempeño?

Caplow (1976) sostuvo que "cada organización tiene un trabajo que hacer en el mundo real y alguna manera de medir si este trabajo se está realizando bien". Su concepto de desempeño organizacional se basaba en el sentido común y en la noción de que las organizaciones necesitan una manera de identificar concretamente sus fines y evaluar si están trabajando bien de acuerdo con ellos. Esto constituía la definición institucional de una organización en cuanto a su propio objetivo.

Como era claro que las organizaciones que no ganaban dinero iban a la quiebra, las empresas privadas utilizaron el concepto de sentido común del lucro como manera de juzgar su desempeño. Así, en el nivel más sencillo, medir el crecimiento financiero era una manera de evaluar hasta qué punto se estaba realizando un "buen" trabajo. El lucro es en realidad un aspecto importante y válido del buen desempeño, y muchos gerentes del sector privado lo utilizaron como una completa metáfora para comprender el desempeño organizacional y comenzaron a definir su objetivo básicamente en términos de ganancias monetarias. Pero en las organizaciones gubernamentales y sin fines de lucro, las ideas de lo que constituye un buen desempeño no eran tan claras. Las escuelas ayudan a los niños a aprender y las compañías de energía suministran electricidad, pero que un concepto de base como el lucro fuese una manera apropiada de definir el buen desempeño por parte de esas instituciones era algo incierto.

La adopción del lucro como objetivo principal en el sector privado era congruente con las ideologías que daban forma a las prácticas de administración de la época. En la primera parte del siglo los teóricos de la administración se concentraron en concebir métodos científicos o de ingeniería para aumentar las ganancias financieras (Taylor, 1947). Para respaldar dichos objetivos de administración, la evaluación organizacional se concentró en identificar modos de mejorar la eficiencia de los trabajadores. Al "tramar" las maneras óptimas en que las personas deben comportarse en sistemas específicos de producción organizacional, los gerentes tenían el propósito de producir más bienes por menos dinero, aumentando de este modo el lucro.

A partir de los años cuarenta, comenzaron a surgir conceptos más abstractos y genéricos del desempeño en los tratados sobre desempeño organizacional (Likert, 1957). Gradualmente, conceptos tales como efectividad, eficiencia y moral del empleado ganaron terreno en los escritos sobre administración y, para los años sesenta, se consideraban importantes componentes del desempeño (Campbell, 1970). Los gerentes entendían que una organización tenía un buen desempeño si lograba sus metas previstas (efectividad) y utilizaba relativamente pocos recursos al hacerlo (eficiencia)[1]. En este sentido, el lucro se convirtió en tan sólo uno de varios indicadores del desempeño. La meta implícita en la mayoría de las definiciones de desempeño organizacional era la capacidad de sobrevivir. Desde esta perspectiva, una organización efectiva pero ineficiente no podría sobrevivir mejor que una organización eficiente que no lograra sus metas declaradas. En consecuencia, las teorías organizacionales vigentes esperaban que las organizaciones con buen desempeño cumplieran sus metas y que lo hicieran dentro de los parámetros de recursos razonables (Campbell, 1970).

Gradualmente se hizo evidente que la evaluación y el diagnóstico organizacionales necesitaban ir más allá de la medición científica del trabajo y de los métodos de trabajo (Levinson, 1972). La presencia y la contribución de los que hacen el

[1] En esa época, la "moral" se seguía considerando un componente de los indicadores más amplios de eficiencia.

trabajo —personas— surgió como otro componente organizacional importante que debía tenerse en cuenta en la ecuación del desempeño. También ganó terreno el concepto de las personas como recurso organizacional. Como resultado aparecieron enfoques cuyo propósito era arrojar alguna luz sobre el impacto potencial de los recursos humanos en el desempeño organizacional.

Por ejemplo, Rensis Likert propuso en forma pionera el uso de encuestas para hacer diagnósticos de las organizaciones. La teoría de Likert supone que las prácticas de gestión participativa llevan a niveles más elevados de desempeño organizacional. Siguiendo esta teoría, se utilizaron encuestas para captar datos de las percepciones de los empleados acerca de una variedad de prácticas de gestión organizacional, como el liderazgo, la comunicación y la toma de decisiones.

Durante los años cincuenta y comienzos de los sesenta la búsqueda de una variable significativa que ayudaría en el diagnóstico del funcionamiento de las organizaciones llevó también al análisis de la estructura organizacional. Al mismo tiempo, algunos creían que la forma más eficiente de organización era la burocracia (Weber, 1947) y que, en consecuencia, las organizaciones necesitaban diagnosticar cuán burocráticas eran. El supuesto era que cuanto más burocrática fuera la organización, mejores serían su desempeño y su eficiencia. Los gerentes comenzaron a describir organizaciones gubernamentales y del sector privado en términos que ponían en operación los criterios de burocracia de Weber —especialización, formalización y jerarquía— y hacían hincapié en los componentes burocráticos al hacer diagnósticos de organizaciones (Blau y Scott, 1962; Hickson y Pugh, 1995).

Hasta entonces las evaluaciones organizacionales se habían concentrado principalmente en el trabajo, las personas (y sus procesos) y la estructura organizacional. Sin embargo, para mediados de los años sesenta y comienzos de los setenta, las organizaciones del sector público así como aquellas con fines de lucro y sin fines de lucro, comenzaron a explorar nuevas maneras de comprender su desempeño. Como resultado surgió una gama de medios alternativos para medir el desempeño (Steers, 1975). Se descartó el supuesto de que había solamente una cantidad limitada de estándares de medición (por ejemplo, el lucro) y se adoptaron enfoques más variados. Se realizaron nuevos intentos por identificar y examinar los factores relacionados con altos niveles de desempeño. La evaluación organizacional se volvió gradualmente más compleja y holística, tratando de integrar la mayor cantidad posible de aspectos de una organización (Levinson, 1972).

Al buscar mejores maneras de comprender y evaluar organizaciones, empresas y sistemas, los analistas crearon una variedad de herramientas y técnicas concretas de contabilidad de costos para ayudar a los gerentes a comprender el desempeño financiero. Entre ellas figuraban la planificación de sistemas de presupuestos por programas y los presupuestos de base cero. En forma análoga, los científicos sociales comenzaron a explorar los diferentes factores humanos e interpersonales que podrían influir en el desempeño organizacional, como la resolución de problemas, el trabajo en equipo, la moral, la comunicación, la innovación y la adaptación.

Como resultado de estos esfuerzos en evolución por analizar el éxito organizacional, a fines de los años setenta y comienzos de los ochenta surgieron varias prácticas básicas para destacar el desempeño. A su vez, esto dio lugar a otros enfoques para hacer diagnósticos de organizaciones (Kilmann y Kilmann, 1989). Al explorar aspectos organizacionales diferentes de la efectividad y la eficiencia, los profesionales comenzaron a reconocer la importancia de los interesados directos —clientes, miembros del personal y proveedores— en la ecuación del desempeño (Peters y Waterman, 1982; Walton, 1986). Para los años noventa, en los sectores gubernamental, privado y sin fines de lucro las maneras de describir el desempeño organizacional y los factores con él relacionados eran claramente más holísticas e integrales (Harrison, 1987; Osborne y Gaebler, 1992; Scott y Meyer, 1994). Hoy en día, en los comienzos del siglo XXI, existe renovado interés por la función del capital social en términos de organizaciones y organización (UBC, 1998). En los primeros años del nuevo siglo una vez más hallamos que "las organizaciones sí importan" (Savedoff, 1998).

Evolución del marco

Al inicio de nuestras conversaciones sobre el marco, una de las cuestiones más importantes por aclarar era la definición de la unidad de análisis. En el pasado la mayoría de los modelos de evaluación se concentraba en proyectos respaldados por organizaciones que financiaban u otorgaban préstamos a países en desarrollo o a entidades de estos países. Nuestros intereses no estaban orientados a proyectos. Lo que nos interesaba, en cambio, eran las organizaciones y el entorno institucional en el cual funcionan (véase el capítulo dos). En general, el marco reflejaba un cambio, pasando de enfocar la manera en que la organización realizaba su labor de programación al modo en que se desempeñaba en su entorno institucional particular.

Al ir reflexionando sobre nuestra experiencia, desarrollar nuestras ideas y examinar la bibliografía, llegamos a la conclusión de que el marco necesitaba basarse en la organización (la unidad de análisis) y concentrarse en un estudio sistemático de los factores que influyen en el desempeño organizacional. Hubo una enorme cantidad de material escrito[2] y una amplia variedad de ideas y conceptos sobre los campos de gestión, evaluación organizacional y cambio. Opinamos que nuestro trabajo necesitaba ser lo suficientemente amplio como para incluir muchas de las ideas de estos campos.

Cuatro ideas guiaron el desarrollo y la evolución del marco. En primer lugar, reconocimos la complejidad del concepto de desempeño organizacional. Tras realizar más de 100 estudios organizacionales y examinar análisis realizados para el Centro Internacional de Desarrollo de Investigaciones (IDRC) y el Banco Interamericano de Desarrollo (BID), nos impresionó la pequeña cantidad de estudios que realmente describían cuán acertadamente estaban funcionando "organizacionalmente" las organizaciones apoyadas por fondos o por entidades que otorgan préstamos. Nuestros colegas del sector privado claramente han prestado más atención a este tema y utilizan una amplia gama de medidas para evaluar el desempeño organizacional (Kaplan y Norton, 1996). Si bien esto está cambiando a algunas organizaciones[3], el trabajo de diagnóstico realizado por entidades de desarrollo y bancos de desarrollo no produce bases de datos que ayudarían al desempeño organizacional de referencia en grupos organizacionales funcionales clave en todo el mundo.

La segunda idea vino como resultado de la labor de economistas institucionales (North, 1994). Si bien nuestro trabajo previo incluyó un análisis del contexto o entorno organizacional, este análisis fue en su mayor parte descriptivo, destinado principalmente a suministrar información de antecedentes o de contexto. El trabajo de North, entre otros, proporcionó una perspectiva teórica para comprender el entorno de una organización. Desde nuestro punto de vista, una idea importante es que las organizaciones influyen en su entorno y a su vez reciben la influencia de este. Las entidades gubernamentales y los ministerios formulan las reglas formales e igualmente se ven influidos por reglas tanto formales como informales. Asimismo estas entidades aplican las reglas o no. Cada vez más estamos incorporando al marco ideas relacionadas con "las reglas del juego" formales e informales. Las reglas y su aplicación desempeñan una función crítica en el éxito o fracaso de las organizaciones. Como respuesta, el marco de evaluación organizacional le asigna mayor importancia que antes a la evaluación del entorno.

[2] Véase nuestro sitio en la web, patrocinado en forma conjunta, sobre autoevaluación organizacional que incluye una bibliografía a la que se puede acceder mediante búsqueda de más de 2.000 citas.Consultar www.universalia.com.

[3] Por ejemplo, nuestro trabajo con la Federación de Municipalidades Canadienses incluye el uso de indicadores del desempeño como punto de referencia para evaluar el desempeño municipal.

La tercera idea surgió de admitir que con frecuencia era desconcertante tratar de determinar por qué a algunas organizaciones les iba tan bien pese a funcionar en condiciones adversas, con pocos recursos y sistemas deficientes de gestión. No obstante dichas limitaciones, esas organizaciones parecen utilizar sus recursos en forma acertada, realizar una gran cantidad de trabajo y presentar un nivel relativamente alto de desempeño organizacional. Observamos que el personal y todos los que trabajan con esas organizaciones (clientes, socios, etc.) estaban sumamente motivados y seriamente comprometidos. A pesar de los sistemas y condiciones deficientes, creían claramente en lo que estaban haciendo, utilizaban todo su ingenio para crear resultados positivos y podían crecer, prosperar y aprender a adaptarse a circunstancias cambiantes. En consecuencia, se hizo evidente que la motivación organizacional era un factor que valía la pena explorar al realizar una evaluación. Pese a ello, muy pocas organizaciones entienden realmente este asunto.

Por último, nuestro marco se vio influido por la labor de los que tratan de comprender el desarrollo de la capacidad de las organizaciones.

Estas ideas, junto con la experiencia obtenida durante nuestro trabajo previo sobre evaluación de sistemas y capacidad de las organizaciones, nos ayudaron a conformar el marco. En suma, el marco abarca los siguientes campos:

- medición del desempeño organizacional;
- comprensión del entorno externo de la organización;
- determinación de la motivación organizacional; y
- examen de la capacidad organizacional.

La representación esquemática del marco define el desempeño en términos de efectividad (cumplimiento de la misión), eficiencia y relevancia permanente (hasta qué punto la organización se adapta a las condiciones cambiantes de su entorno). El marco supone que ciertas fuerzas del contexto impulsan el desempeño: capacidad organizacional, fuerzas del ámbito externo y motivación interna. A continuación presentamos una breve explicación del marco.

Desempeño organizacional

La mayoría de las organizaciones sin fines de lucro consideran su desempeño en términos del cumplimiento de los mandatos asociados a su misión, sus objetivos o sus metas. Por ejemplo, se considera que una universidad es efectiva en la medida en

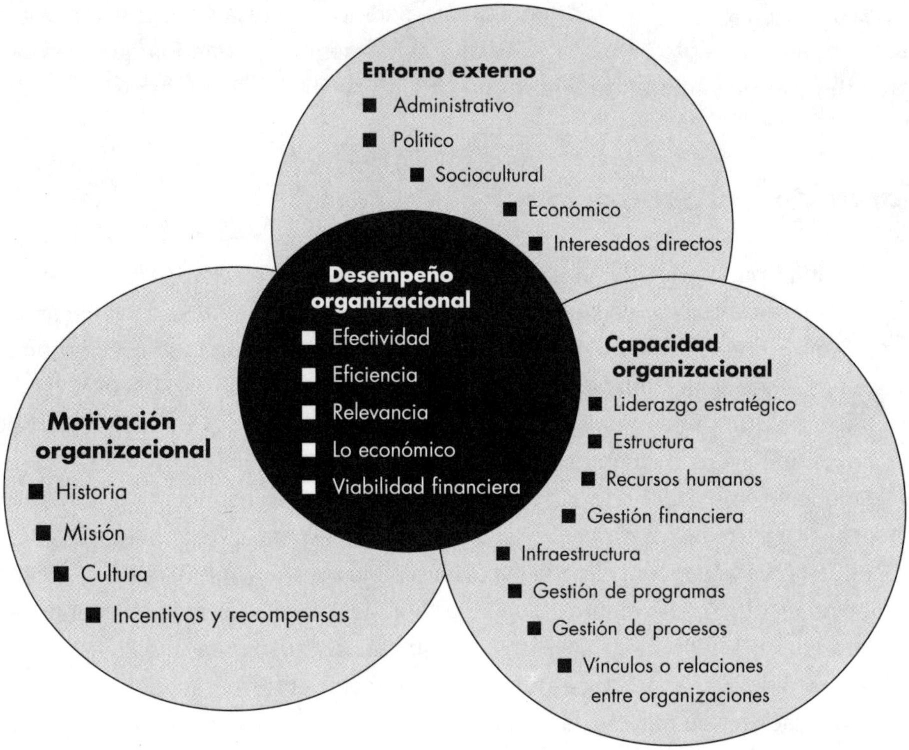

que proporciona enseñanza, se dedica a la investigación y ofrece un servicio a la comunidad. No obstante, las universidades, al igual que otras organizaciones, necesitan llevar a cabo sus actividades en el marco de algunos parámetros de recursos.

Para tener un buen desempeño, aun las organizaciones educativas deben operar con eficiencia, según se mide, por ejemplo, por el costo por egresado universitario. Como se mencionó anteriormente, la efectividad y la eficiencia en una época constituían los conceptos estándares utilizados para determinar el desempeño organizacional. Sin embargo, desde los años setenta han surgido otras numerosas variables relacionadas con el desempeño organizacional, como la moral, la innovación, el recambio de personal, la adaptabilidad y la orientación al cambio. Hay muchas nuevas ideas en circulación y está claro que diferentes interesados directos quieren diferentes tipos de desempeño organizacional. Muchas de estas ideas apuntan a asegurar que la organización pueda sobrevivir con el tiempo. Esto se puede denominar "la relevancia permanente para los interesados directos". Según nuestro marco, una organización tiene un buen desempeño cuando equilibra efectividad, eficiencia y relevancia a la vez que mantiene su viabilidad financiera.

Capacidad organizacional

La capacidad organizacional es la habilidad de una organización para utilizar sus recursos en la realización de sus actividades. Si la unidad de análisis es la organización misma, se pueden evaluar todos los recursos, sistemas y procesos que las organizaciones despliegan, para apoyarla en su labor. Un examen de los sistemas y prácticas de gestión relacionados con los recursos humanos, financieros y de infraestructura ayuda a comprender el uso de los recursos organizacionales.

En nuestro marco, el liderazgo estratégico conlleva las estrategias y la gestión del nicho por parte de los dirigentes que fijan el rumbo para la organización. La gestión de los programas considera la capacidad de la organización para llevar a cabo su función institucional, mientras que la gestión de procesos examina la manera en que la organización maneja sus relaciones humanas y sus interacciones relacionadas con el trabajo. La estructura identifica los vínculos entre la forma en que se rige una organización y su misión, así como las funciones que desempeñan los recursos humanos y las finanzas en las actividades cotidianas de la organización. Por último, el marco describe la capacidad de la organización para manejar sus relaciones externas como "relaciones interinstitucionales".

Motivación organizacional

Como se dijo anteriormente, nos inspiramos en varias organizaciones que tienen un buen desempeño, pese a contar con menos recursos y capacidades organizacionales relativamente poco desarrolladas. La motivación organizacional constituye la personalidad subyacente de la organización: es lo que impulsa a sus miembros a actuar. En nuestro marco evaluamos la motivación organizacional analizando varias dimensiones de las organizaciones.

Una dimensión que examinamos es la evolución y la historia de la organización; es decir, cómo y por qué se inició la organización, cuáles son sus hitos, etc. En forma análoga, el marco de evaluación explora la misión, los valores y la visión de la organización con el fin de comprender las fuerzas motrices que la impulsan. La cultura que opera dentro de una organización y los incentivos que ofrece contribuyen a la motivación organizacional. Considerados en conjunto, estos factores dan a la organización su personalidad e intervienen en su desempeño y en la calidad del trabajo.

Entorno externo

Las organizaciones son sistemas abiertos y el entorno externo en el que operan es muy importante. Las organizaciones necesitan el apoyo de su entorno para sobrevivir y tener un buen desempeño. El entorno es el factor clave que determina el nivel de recursos disponibles y la facilidad con la cual una organización puede llevar a cabo sus actividades. Por ejemplo, las políticas macroeconómicas desacertadas llevan a tasas elevadas de interés, monedas fluctuantes y un cúmulo de condiciones que entorpecen el buen desempeño de algunas organizaciones.

Las características y la calidad del entorno —como infraestructura deficiente en caminos, electricidad y líneas telefónicas— también pueden obstaculizar el desempeño. Por lo tanto, al evaluar una organización, debe prestarse atención a las condiciones económicas, políticas, socioculturales, ambientales, demográficas y tecnológicas.

DEFINICIONES

Los mundos de la teoría organizacional e institucional, al igual que toda disciplina, tienen su propio idioma. Al final de este libro presentamos un pequeño glosario para los que no lo conocen. Sin embargo, se necesita aclaración inmediata para varios términos que se utilizan aquí con bastante frecuencia y cuyo significado suele ser confuso.

Sector – Área sujeta a análisis, como salud, educación, manufactura, unidades familiares o empresas. Los sectores están compuestos por instituciones y organizaciones.

Institución – Las reglas formales e informales según las cuales interactúan los agentes del sistema. Las instituciones comprenden una gama de áreas como estructuras normativas, cultura, marcos jurídicos, políticas y tendencias.

Organización – Las entidades formalizadas que comprenden un conjunto de personas reunidas para un fin común. Las organizaciones se comportan según las instituciones y al mismo tiempo influyen en ellas. Incluyen una amplia gama de la actividad humana y pueden clasificarse en públicas o privadas, con fines de lucro o sin fines de lucro, gubernamentales o no gubernamentales, etc.

Proyecto – Un emprendimiento planificado, diseñado para lograr ciertos objetivos concretos en el marco de un presupuesto dado y un determinado período.

Programa – Un grupo de proyectos, servicios y actividades afines dirigidos al logro de metas específicas.

Organización del libro

Este libro tiene siete capítulos, cada uno de los cuales detalla un aspecto particular de la evaluación organizacional. Este primer capítulo ha destacado los cambios que hubo en la asistencia para el desarrollo, uno de los cuales es el requisito de que las entidades de asistencia compitan en condiciones similares a las del mercado. Además, proporciona un panorama histórico breve sobre cómo ha evolucionado el pensamiento con respecto a las organizaciones y su desempeño. Este ha cambiado, pasando de concentrarse principalmente en el trabajo, las personas y la estructura organizacional a reconocer la importancia del personal, los clientes y los interesados directos. En suma, hoy existe un acercamiento más holístico a la evaluación del desempeño de una organización.

El capítulo dos ubica a la organización en este marco, es decir, su entorno. Existe un vínculo inseparable entre una organización y el entorno que la rodea, lo que a su vez influye en la manera en que se desempeña la organización, qué produce y cómo funciona. Este capítulo presenta un panorama detallado de la repercusión de las reglas formales, el ethos de la organización (reglas informales) y las capacidades.

En el capítulo tres se tratan los ocho componentes de la capacidad organizacional, que comprenden las diversas habilidades organizacionales y técnicas que permiten que la organización, así como grupos e individuos de todo nivel, lleven a cabo funciones y de este modo logren sus objetivos de desarrollo. El capítulo analiza cuestiones como liderazgo, infraestructura, recursos humanos y gestión de procesos.

El capítulo cuatro trata el aspecto más bien enigmático de las organizaciones, es decir, las fuerzas que las impulsan para lograr la excelencia y a las que comúnmente se denomina motivación. ¿Qué factores explican el ahínco con el cual algunas personas realizan su labor? El capítulo explora cuatro manifestaciones de la motivación organizacional: historia, misión, cultura y sistemas de incentivos y premios. También contempla la manera en que estas fuerzas pueden actuar en diferentes momentos de la historia de una organización.

El capítulo cinco trata el componente tal vez más fundamental del proceso de la evaluación organizacional. Tradicionalmente se definía el desempeño evaluando solamente la efectividad y la eficiencia de una organización, pero esto ha cambiado para incluir la relevancia constante para los interesados directos así como la viabilidad financiera. La organización y sus dirigentes deben tener buenos datos sobre el desempeño organizacional y poder comprender las concesiones recíprocas que se requieren en materia de desempeño.

El capítulo seis aborda las cuestiones metodológicas que conlleva la realización de evaluaciones organizacionales y destaca la importancia de la evaluación para una organización y para los que tienen interés en ella. El capítulo no es prescriptivo sino más bien una orientación en cuanto a lo que se necesita considerar para una evaluación eficiente de la organización.

El capítulo final se interna en las cuestiones relacionadas con la ejecución de la evaluación organizacional. Entre ellas figuran el sentido de propiedad, las evaluaciones ceremoniales, los modelos lógicos y las trampas de los proyectos. También contempla las lecciones aprendidas que pueden llevar a un mejor desempeño organizacional.

Guía rápida para la

EVALUACIÓN ORGANIZACIONAL

Esta guía tiene el propósito de proporcionar un marco para una evaluación organizacional rápida durante visitas breves (de uno a dos días) a una organización.

La guía presenta algunos conceptos clave sobre los cuales reflexionar a medida que se analizan el entorno institucional, la motivación, la capacidad y el desempeño de la organización. Utilice estos conceptos al redactar su informe de evaluación de la organización.

Fuentes de datos

Piense en los datos que usted necesita a medida que realiza su visita. En el proceso de evaluación, intente hacer lo siguiente:

❑ *Reúnase con un grupo adecuado de interesados directos*:
- Funcionarios de ministerios y otros funcionarios gubernamentales
- Clientes, beneficiarios
- Otros donantes, representantes de instituciones financieras internacionales
- Gerentes, directores o administradores de programas que sean relevantes
- Gerentes y directores de recursos humanos y de informática
- Investigadores, profesores u otro personal técnico
- Representantes de los clientes, los interesados directos y la organización
- Personal de apoyo

❑ *Observe las instalaciones pertinentes*:
- Edificios/terrenos
- Sitios de los proyectos
- Áreas de enseñanza, bibliotecas y centros de documentos, laboratorios
- Sistemas de información

❑ *Observe la dinámica entre las personas*:
- Naturaleza de las reuniones con usted (quién asiste, quién preside, etc.)
- Niveles de participación y dedicación del personal
- Procesos de enseñanza y aprendizaje
- Naturaleza del trato con los clientes de la organización
- Cómo se realiza el trabajo; paradigma dominante
- Actitudes hacia el monitoreo y la evaluación

El entorno institucional

Las organizaciones no existen en un vacío. Cada organización se encuentra en un entorno particular que aporta múltiples contextos que influyen en la organización y en su desempeño. Caracterice el entorno institucional de la organización utilizando los siguientes lineamientos.

❑ *Describa y evalúe las reglas formales según las cuales funciona la organización*:

- Marco jurídico
- Derechos de propiedad intelectual
- Mandato
- Derechos laborales

❑ *Describa el ethos institucional según el cual funciona la organización*

- Evolución nacional
- Valores culturales
- Normas
- Tabúes
- Creencias religiosas

❑ *Describa las capacidades según las cuales funciona la organización*:

- Entorno
- Mercado laboral
- Economía
- Tecnología
- Geografía

¿Cuál es el impacto de las fuerzas del entorno en la misión, el desempeño y la capacidad de la organización? ¿De qué formas se muestra amigable u hostil el entorno? ¿Cuáles son las principales oportunidades y los riesgos resultantes del entorno?

CAPACIDAD ORGANIZACIONAL

La capacidad organizacional es la base del desempeño de una organización. Por capacidad se entienden las ocho áreas interrelacionadas que se detallan a continuación. Caracterice la capacidad organizacional utilizando estos lineamientos conceptuales.

❑ *Evalúe las fortalezas y debilidades de la dirección estratégica en la organización*:

- Liderazgo (gestión de la cultura, fijación del rumbo, apoyo al desarrollo de recursos, verificación de que se realizan las tareas)
- Planificación estratégica (exploración del entorno, elaboración de tácticas para lograr los objetivos, metas, misión)
- Manejo del nicho (campos de experiencia y conocimientos, singularidad, reconocimiento de la singularidad).

❑ *Evalúe las fortalezas y debilidades de la gestión financiera*:

- Planificación financiera (gastos operativos, pronóstico de las futuras necesidades en materia monetaria)
- Responsabilización financiera (reglas para el uso de los recursos financieros por parte de los miembros, sistema transparente/verificado).

❑ *Evalúelas las fortalezas y debilidades de la estructura organizacional dentro de la organización*:

- Gobernabilidad (marco jurídico, proceso de toma de decisiones, métodos de fijación del rumbo, vínculos externos)
- Operación (funciones y responsabilidades, coordinación del trabajo, coordinación de sistemas).

❑ *Evalúe las fortalezas y debilidades de la infraestructura organizacional*:

- Administración de instalaciones (luz adecuada, agua limpia, electricidad)
- Gestión tecnológica (equipos, sistemas informativos, hardware/software, biblioteca).

- ❑ *Evalúe las fortalezas y debilidades de los siguientes sistemas, procesos y dimensiones de los recursos humanos*:
- Planificación (contratación, selección, dotación de personal, orientación)
- Desarrollo (gestión del desempeño, monitoreo, evaluación)
- Gestión de carrera (desarrollo de carrera, capacitación)
- Mantenimiento (cuestiones de salud y seguridad, cuestiones de género, calidad de vida en el trabajo).

- ❑ *Evalúe las fortalezas y debilidades de la gestión de programas y servicios*:
- Planificación (identificación de necesidades, fijación de objetivos, alternativas de costos, elaboración de sistemas de evaluación)
- Ejecución (cumplimiento de cronogramas, coordinación de actividades)
- Monitoreo (proyectos y programas, sistemas de evaluación del progreso, comunicación de retroalimentación a los interesados directos).

- ❑ *Evalúe las fortalezas y debilidades de la gestión de procesos dentro de la organización*:
- Resolución de problemas (definición de problemas, recopilación de datos)
- Toma de decisiones (creación de alternativas, decisiones en cuanto a soluciones, decisiones en cuanto a monitoreo)
- Comunicaciones (intercambio de información precisa y vital, logro de entendimiento compartido entre los miembros de la organización)
- Monitoreo y evaluación (generación de datos, acompañamiento del progreso, utilización de información, cambios y mejoras en la organización).

- ❑ *Evalúe las fortalezas y debilidades de los vínculos interorganizacionales*:
- Redes (tipo, índole, membresía adecuada, utilidad, coordinación, relación costos-beneficios)
- Asociaciones (tipo, índole, sostenibilidad)
- Vínculos electrónicos (redes de comunicación, equipo de información, recursos de información, personas de diversas aptitudes y antecedentes).

¿De qué manera influye la capacidad organizacional en el desempeño de la organización? ¿Cuáles son en general los puntos fuertes y débiles de la capacidad organizacional?

Motivación organizacional

No hay dos organizaciones iguales. Cada una tiene un historial, una visión y una misión, una cultura y sistemas de incentivos y recompensas diferenciados. Caracterice el nivel de motivación de acuerdo con estos componentes:

❑ *Analice el historial de la organización*:

- Fecha y proceso de fundación
- Principales recompensas y logros
- Luchas importantes
- Cambios en tamaño, programa, liderazgo.

❑ *Comprenda la cultura de la organización*:

- Actitudes sobre el trabajo
- Actitudes sobre colegas, clientes o interesados directos
- Valores, creencias
- Normas organizacionales subyacentes que guían la organización.

❑ *Comprenda la misión de la organización*

- Evolución de la declaración de la misión
- Metas organizacionales
- Función de la misión en la conformación de la organización, dándole propósito y dirección
- Articulación de investigación/productos de investigación que se valoran.

❑ *Comprenda el sistema de incentivos y recompensas de la organización*:

- Factores clave, valores, motivaciones para promover la productividad
- Libertad intelectual, estímulo, autonomía
- Remuneración, acceso a fondos de donación, oportunidad para progresa
- Reconocimiento de los pares, prestigio.

¿Cómo influye la motivación en el desempeño organizacional? ¿De qué manera influyen positiva y negativamente en la organización su historia, su misión, su cultura y su sistema de incentivos?

Desempeño organizacional

Cada organización debe tratar de cumplir sus metas con una utilización aceptable de recursos mientras asegura la sostenibilidad a largo plazo. "Buen desempeño" significa que el trabajo se realiza en forma efectiva y eficiente y mantiene su relevancia para los interesados directos. Caracterice el desempeño organizacional contestando las siguientes preguntas:

❑ *¿Con qué efectividad se dirige la organización hacia el logro de su misión?*

- Efectividad de los programas principales (principales logros, niveles de aumento de la alfabetización, extensión de nuevos caminos, porcentaje de niñas que reciben educación, nuevos empleos, nivel de productividad de la investigación, nivel de salud de la comunidad; es decir, áreas directamente vinculadas con la misión y la función de la organización)
- Efectividad para satisfacer las expectativas de los clientes (clientes internos y externos atendidos, calidad de los servicios y productos)
- Efectividad para satisfacer las responsabilidades funcionales; por ejemplo, educación (cobertura, logros de los estudiantes)
- Efectividad para proporcionar servicios útiles (prestación de servicios a clientes y beneficiarios, comunidad de investigación, transferencia de tecnología).

❑ *¿Cuál es la efectividad de la organización en el cumplimiento de su misión?*

- Costo de productos y servicios; comparaciones de referencia, si es posible
- Costo de suministro de servicios de gestión interna; comparaciones de referencia
- Percepción de la eficiencia de procedimientos y flujos clave de trabajo
- Uso óptimo de las asignaciones financieras
- Productividad del personal (recambio, ausentismo, productos de investigación).

- ❑ ¿*Ha mantenido la organización su relevancia en el transcurso del tiempo*?
- Revisiones de programas
- Adaptación de la misión
- Satisfacción de las necesidades de los interesados directos
- Adaptación al entorno
- Reputación
- Sostenibilidad en el tiempo
- Sentido empresarial.

- ❑ ¿*Es viable la organización desde el punto de vista financiero*?
- La organización tiene múltiples fuentes de fondos
- Las fuentes de fondos son confiables a mediano y largo plazo
- Los fondos están vinculados al crecimiento o los cambios que ocurran.

¿Cuán bueno es el desempeño de la organización?

Capítulo dos

EL ENTORNO INSTITUCIONAL Y EL DESEMPEÑO ORGANIZACIONAL

Las organizaciones no existen en un vacío. Cada organización se encuentra en un entorno particular al que se halla vinculada inextricablemente. Este entorno proporciona múltiples contextos que afectan a la organización y su desempeño, lo que ella produce y la manera en que funciona (Nabli y Nugent, 1989). A medida que refinamos y ampliamos el marco original de la evaluación organizacional, el concepto de entorno institucional es clave para comprender y explicar las fuerzas que ayudan a conformar el carácter y el desempeño de las organizaciones (Scott, 1995).

Muchos proyectos de desarrollo implementados en organizaciones fracasan parcial o totalmente debido a que la intervención no aborda en forma adecuada el entorno institucional en el cual funciona la organización (UNDP, 1993). Por ejemplo, algunos préstamos para el desarrollo han canalizado recursos hacia nuevos equipos y luego hacia la capacitación del personal para el uso de los nuevos equipos. Sin embargo, cuando esto se realiza en el marco de una administración pública centralizada que carece de las políticas para mantener a las personas capacitadas en el trabajo, los nuevos equipos y la capacitación pueden volverse contraproducentes. Algunos proyectos de préstamos fracasan porque los organismos ejecutores funcionan en entornos tumultuosos que limitan su capacidad de llevarlos a cabo.

Todo esfuerzo destinado a diagnosticar y mejorar el desempeño de una organización requiere una comprensión de las fuerzas externas a la organización que pueden facilitar o inhibir ese desempeño (Savedoff, 1998). Los entornos favorables apoyan a organizaciones e individuos eficaces y eficientes, y la creación de dichos entornos se está volviendo un aspecto cada vez más importante de la asistencia para el desarrollo (Picciotto y Weisner, 1998).

En este capítulo se describe el entorno externo y se lo examina desde una perspectiva de diagnóstico. Se aclaran conceptos que con frecuencia resultan vagos y relaciones que a menudo parecen difusas entre las organizaciones y los entornos en los cuales funcionan. El capítulo también trata brevemente temas que surgen al analizar el entorno de una organización y ofrece preguntas orientadoras para la difícil tarea de examinar ese entorno.

Definiciones

En el capítulo uno se aseveró que el entorno se compone de factores administrativos, tecnológicos, políticos, económicos, socioculturales y otros relacionados con los interesados directos (Lusthaus, Anderson y Murphy, 1995). Esto era congruente con la bibliografía sobre gestión estratégica y sirvió como sistema útil de clasificación. Al ir trabajando con instituciones financieras internacionales que estaban más dedicadas a los niveles sectorial e institucional, fuimos conociendo más la importante interacción que se produce cuando intervienen los bancos en los niveles de sistemas y de organización. Las organizaciones necesitan poder diagnosticar cuál es el entorno favorecedor y también forjar capacidades para influir en dicho entorno y adaptarse a él a medida que evoluciona (Savedoff, 1998).

Al respecto, preparamos una matriz para entender mejor el vínculo entre nuestro enfoque pasado y una aproximación a la evaluación basada más firmemente en la institución, que incluye los componentes de las reglas, el ethos y la capacidad, cada uno de los cuales se tratará en este capítulo.

En la bibliografía económica institucional las reglas son "instituciones" (North, 1995). *Las reglas o instituciones son las leyes y los códigos formales que ejercen influencia positiva o negativa en el comportamiento de las organizaciones por medio de los incentivos y las limitaciones que proporcionan o imponen.* Hay reglas para todas las dimensiones del entorno: algunas son formales mientras que otras son informales y aceptadas por todos. Algunas reglas son explícitas, otras son implícitas; algunas son codificadas, otras no tanto. Las reglas codificadas tienden a hallarse en entornos políticos y administrativos.

El *ethos de una institución abarca las reglas más bien informales de una sociedad; es decir, la historia, los valores culturales, las normas y los tabúes del medio en el cual funcionan las organizaciones.* Al igual que las reglas y otras expectativas no escritas de la sociedad, el ethos institucional impone limitaciones al comportamiento de las organizaciones y de las personas que trabajan en ellas. Si bien los diversos aspectos del ethos institucional

Componentes del entorno organizacional

	Reglas	Ethos	Capacidades
Administrativos/ jurídicos	Marco jurídico	Actitudes hacia la aplicación de la ley	Capacidad de elaborar y aplicar leyes y políticas
Tecnológicos	Protección de la propiedad intelectual	Actitudes sociales hacia la innovación	Elaboración de productos, capacidad de investigación y desarrollo (I&D)
Políticos	Tipo de gobierno (democrático, autoritario)	Actitudes hacia la sociedad civil	Capacidad de organizar la sociedad civil entre otros grupos; conocimiento del electorado, grado de transparencia
Económicos	Claridad y utilidad de las reglas económicas, políticas sobre tasas de interés, etc.	Actitudes hacia la sociedad civil	Capacidad de elaborar un marco de políticas de competencia y examinar sectores industriales, bases de datos de la sociedad, niveles de competencia, bajos costos de transacciones
Ecológicos	Leyes de protección ambiental que afectan a organizaciones e individuos, papel de la geografía	Actitudes hacia el medio ambiente y su efecto en las organizaciones	Capacidad de adaptación y de evaluar el impacto en el medio ambiente
Interesados directos	Derechos laborales, seguridad en el trabajo, reglas sobre la competencia	Actitudes hacia los sectores público y empresarial sin fines de lucro	Capacidad de influencia de los grupos
Socioculturales	Normas religiosas	Percepción de las cuestiones de género	Capacidad de modificar actitudes sociales y culturales

REFORMAS DE MERCADO:
CREAR UN MARCO JURÍDICO PARA APOYAR EL DESARROLLO DEL SECTOR PRIVADO[1]

Mongolia comenzó a apartarse política y culturalmente del dominio soviético con el inicio de la perestroika, en 1984. En 1990 Mongolia empezó a desmantelar su economía impuesta y planificada a nivel central y produjo una amplia gama de reformas orientadas al mercado, incluidas reformas tributarias y legales. En 1988 se eliminó la discriminación legal contra las actividades del sector privado y en 1991 se eliminaron las restricciones a la propiedad privada de manadas de animales. Estas medidas y otras fortalecieron la viabilidad de las organizaciones privadas y tuvieron como resultado la expansión del sector privado en Mongolia.

[1] Extraído de Hahm (1993).

son difíciles de medir y evaluar, son sumamente importantes para moldear el comportamiento y el desempeño de organizaciones que evolucionan en un ámbito dado.

Las capacidades incluyen los recursos humanos disponibles en el mercado laboral, los recursos naturales y los activos geográficos o las limitaciones de un país o de una región, así como la infraestructura y la tecnología disponibles. Hace mucho que se ha reconocido la importancia de estas capacidades para el desarrollo. Con frecuencia fueron el motivo de relaciones imperiales o coloniales. Utilizamos el término "capacidad" para denotar los recursos internos en un punto dado en el tiempo. También lo utilizamos en la sección sobre el entorno para distinguirlo de "aptitud", vocablo reservado en este libro para hablar de las organizaciones. Al caracterizar estos recursos, preferimos el término activo "capacidad", que denota el poder o la habilidad de hacer algo (Morgan, 1998). Por lo tanto, los países quieren desarrollarse sobre la base de sus capacidades y las organizaciones sobre sus aptitudes para crear un entorno favorecedor generalmente preparado para ellas.

GRUPOS ÉTNICOS Y GESTIÓN DE RECURSOS HUMANOS

En un país en que las tensiones étnicas eran fuertes y divisorias, se observó que en el sector privado —y en particular en los sectores financiero y bancario— el acceso a la movilidad ascendente en organizaciones y los ascensos se veían influidos en gran medida por el origen étnico del empleado. En consecuencia, el grupo étnico menos privilegiado tendía a gravitar hacia la administración pública.

CÓMO LA GEOGRAFÍA PUEDE PLANTEAR PROBLEMAS PARA EL DESEMPEÑO ORGANIZACIONAL

Las Bahamas son más de 700 islas, una realidad geográfica que ha tenido un tremendo impacto en el Ministerio de Educación del país. Dado que su mandato es educar a todos los niños del país, el ministerio ha tenido que identificar mecanismos de prestación de servicios que puedan llegar a los niños que habitan en todas las partes de la nación-archipiélago.

En la medida en que un entorno carece de recursos humanos en el mercado laboral, así como de infraestructura y tecnología adecuadas, la disponibilidad de estos valiosos recursos para las organizaciones será limitada. Es probable que esto afecte su modo de funcionamiento y sus logros. Si bien no es imposible que una organización importe o desarrolle estos recursos por cuenta propia, esto puede tener un costo elevado que desgastará la eficiencia organizacional (Datta y Nugent, 1998).

Estos tres componentes del entorno son interdependientes de maneras muy significativas. Por ejemplo, la capacidad de una nación de desarrollar su propia infraestructura o de adaptar y utilizar con efectividad tecnología extranjera, con frecuencia se ve afectada por reglas como derechos culturales y de propiedad intelectual, patentes o derechos de autor. Estos no son los únicos factores del entorno externo que afectan a las organizaciones, pero se encuentran entre los factores identificables más importantes que nos pueden ayudar a comprender y explicar el desempeño organizacional.

REGLAS

Las "reglas del juego" de una sociedad son uno de los ingredientes más importantes del entorno (Datta y Nugent, 1998). Ellas lubrican la maquinaria económica y social. Todas las sociedades requieren reglas apropiadas así como mecanismos justos y eficientes por medio de los cuales puedan aplicarlas. Las organizaciones deben tratar de lograr sus metas dentro de una estructura jurídica o reguladora que facilita o inhibe su trabajo. Los gobiernos y la gobernabilidad tienen considerable influencia en la índole de las reglas de la sociedad y la efectividad con que se aplican.

Reglas administrativas y políticas

Las reglas administrativas y políticas están incorporadas en constituciones, en el derecho tradicional y consuetudinario, en cartas constitutivas, estatutos y códigos civiles, algunos de los cuales tienen importantes repercusiones económicas. Todas las organizaciones tienen funciones especiales en una sociedad. Existen para satisfacer ciertas necesidades de la sociedad; por ejemplo, los gobiernos establecen legalmente los ministerios del medio ambiente debido a una necesidad funcional de proteger el medio ambiente. El gobierno fija las reglas que definen el ministerio y, al hacerlo, traza los principios generales de las relaciones que otras organizaciones tendrán con ese ministerio (Desormeaux, 1998).

Los donantes y entidades de crédito, por lo general, concuerdan en que las cuestiones de economía política son importantes factores determinantes del éxito de los programas que apoyan en el mundo en desarrollo. Pero mientras los donantes y las entidades de crédito con frecuencia requieren reformas económicas como condición de su apoyo, rara vez proporcionan la asistencia directa que se necesita para llevar a cabo e institucionalizar dichas reformas. Es necesario que estas organizaciones traduzcan sus inquietudes en acción mediante la asignación de más ayuda para las reformas institucionales (Weisner, 1998).

Las variables de la economía política que afectan la probabilidad de éxito de las reformas para el desarrollo se tratan in extenso en la bibliografía sobre economía política (Tommasi y Velasco, 1995; Bates y Krueger, 1993; Haggard y Kaufman, 1992). Estas variables incluyen: conflictos sociales, inestabilidad política, tipo de gobierno (dictadura, de mercado libre, conservador, liberal, populista) y si es elegido democráticamente, período que lleva el gobierno en el poder y transparencia del gobierno.

Al emprender la reforma institucional, es importante comprender la Constitución y las leyes del país y determinar quién tiene el poder de cambiarlas. Se considera buena política concentrarse en reformar las estructuras de incentivos a fin de facultar a los beneficiarios y brindarles posibilidades de elegir.

Reglas económicas

Las reglas económicas están incorporadas en contratos, leyes de sociedades y empresas, en el orden financiero y en otras reglas ordinarias y ad hoc promulgadas por organismos como los bancos centrales para controlar tasas de interés, importaciones, exportaciones e inversiones locales y extranjeras (Clague et al., 1997).

Los *derechos de propiedad* afectan profundamente a las organizaciones y a los mercados en los cuales funcionan. Las reglas que rigen los derechos de propiedad *dan a individuos, grupos u organizaciones el poder de controlar recursos escasos y de disfrutar de sus atributos valiosos* (Eggertsson, 1996). Las leyes sobre la tierra, por ejemplo, dan a las personas y organizaciones el poder de controlar y disfrutar de los beneficios de un pedazo de tierra (Ensminger, 1997; Nye, 1997).

Los *contratos laborales*, también basados en la ley, *dan a una organización el derecho o poder de disfrutar de los servicios de un recurso valioso y escaso: la mano de obra*. Los contratos son un medio por el cual las organizaciones y las personas protegen sus derechos de propiedad y estos contratos se basan en la ley (Engerman, 1997; Nabli y Nugent, 1989). De hecho, una organización puede percibirse como un conjunto de contratos: entre accionistas y propietarios, entre accionistas y gerentes, entre gerentes y trabajadores, y entre gerentes y otros interesados directos (acreedores, clientes, etc.). Así, cuando no se aplican las leyes que rigen los contratos y los derechos de propiedad, puede haber una grave repercusión en el desempeño organizacional (Chhibber, 1998; Nugent, 1998).

Los costos de transacción incluyen los costos de hacer cumplir en forma privada los derechos de propiedad, entre otros costos (North, 1990). Cuando los mecanismos públicos que oficialmente hacen cumplir los derechos de propiedad en la sociedad son ineficientes o no confiables, las organizaciones y las personas deben instituir en forma privada controles internos para preservar sus derechos sobre los recursos en cuestión, lo que aumenta sus costos de transacción. En dichas situaciones, las reglas informales y los mecanismos de aplicación con frecuencia evolu-

COSTOS DE TRANSACCIÓN:
CUANDO NO SE HACEN CUMPLIR LOS DERECHOS DE PROPIEDAD

El marco institucional de la antigua Unión Soviética estaba concebido para controlar estrictamente las organizaciones económicas y especificar su estructura con todo detalle. Pero debido a reglas burocráticas engorrosas, poco confiables y prolongadas, inherentes a una economía impuesta de ese tipo, los dirigentes podían hacer cumplir solamente en parte sus derechos de propiedad sobre los recursos económicos. Esto brindaba una oportunidad para que diversos agentes del Estado captaran ingresos económicos (por medios como el soborno, la distorsión, etc.) y establecieran redes informales y clandestinas de relaciones contractuales (Eggertsson, 1996). Este estado de cosas explica en parte la dificultad que persiste aún hoy para llevar a cabo programas de reforma del desarrollo en antiguas economías impuestas.

LAS REGLAS ECONÓMICAS AFECTAN LAS ESTRUCTURAS ORGANIZACIONALES

A mediados de los años ochenta en Brasil abundaban las pequeñas empresas. Este fenómeno se explicaba porque en el sistema legal brasileño había reglas más estrictas y difíciles (incluidas las reglamentaciones tributarias) para las firmas que crecían por encima de los 50 a 60 empleados (Stone, Levy y Portes, 1996). Así, el hecho de que muchas organizaciones brasileñas fueran pequeñas en esa época se debía principalmente a factores institucionales.

cionan y funcionan fuera del ámbito de la estructura institucional oficial o formal (Eriksson, 1998; Greenhill, 1995).

Las reglas económicas y su aplicación en realidad desempeñan una función importante en la determinación de la estructura de las organizaciones en una economía, como se ve más arriba, en el recuadro sobre Brasil.

Aplicación de las reglas

La aplicación de las reglas o instituciones tiene por lo menos la misma importancia que las reglas mismas (Kaji, 1998). En ninguna parte es más evidente esto que en el sector financiero, donde los bancos deben tener una certeza razonable de que las leyes pueden aplicarse y se aplicarán en el caso de que los clientes incurran en incumplimiento (Nugent, 1998). Como es evidente en muchos países en desarrollo, cuando las reglas y sus sistemas de aplicación en el sector financiero son desacer-

LA APLICACIÓN DE LA LEY TRADICIONAL Y EL CRÉDITO RURAL

Las instituciones de crédito formal que utilizaban métodos tradicionales de banca no tuvieron mucho éxito en proporcionar crédito rural a países en desarrollo. Parte del problema fue la incertidumbre en cuanto al cumplimiento de los contratos de préstamos con personas inherentemente pobres que se dedican al riesgoso negocio de la agricultura, donde los rendimientos se ven fuertemente influidos por los caprichos de la naturaleza. La aplicación de contratos tradicionales de préstamos está vinculada con la capacidad de los prestatarios de proporcionar garantías, algo de lo que carecen la mayoría de los campesinos.

tados se puede producir un efecto negativo de propagación en la voluntad de las organizaciones crediticias de otorgar préstamos, en la capacidad de la organización prestataria de contraer préstamos e invertir y, por lo tanto, en el desempeño de la economía en general. Los problemas del crédito rural en muchos países en desarrollo destacan la importancia de que se puedan hacer cumplir las leyes, como puede verse en el recuadro anterior.

Atributos necesarios de las reglas

La aplicación de las reglas formales se basa en gran parte en la coerción o la fuerza sancionadas legalmente o en la amenaza de ello (Chong y Claderon, 1997). No obstante, la eficacia de la aplicación depende en cierta medida de que las personas consideren que las reglas merecen respeto. Si se considera que las reglas no son justas o que no se aplican con justicia, personas y organizaciones tienen más incentivos para evadirlas, con lo cual se aumenta la dificultad y el costo de la aplicación de las reglas. Por lo tanto, entre otros atributos, las buenas reglas deben ser creíbles, aplicadas en forma justa y equitativa, previsibles y flexibles (Burki y Perry, 1998).

La credibilidad se refiere al grado en que las reglas y sus sistemas de aplicación imponen respeto por parte de los que son afectados por ellas. La credibilidad de las

Sistemas de riego en Nepal

En 1993-94, los datos de las Instituciones y Sistemas de Riego de Nepal (NIIS) mostraron que el desempeño de los sistemas dirigidos por los agricultores era mucho mejor que el de los administrados por entidades. El sistema administrado por entidades era un sistema gubernamental creado como intervención financiada para mejorar los resultados del riego. Los agentes de estos sistemas no participaban en la elaboración de las reglas que los regían. La mayoría del personal profesional estaba empleado en las condiciones del burocrático sistema de la administración pública, en el que la remuneración era fija y los ascensos se basaban en su mayor parte en la antigüedad y no en el desempeño. Por su parte, los agentes de los sistemas administrados por agricultores fijaron sus propias reglas y manejaron su propio sistema de donde obtenían su propio capital social, es decir, su conjunto de conocimientos compartidos, entendimientos, instituciones o reglas, y modalidades de interacción. Por lo tanto, tenían más incentivos para lograr un buen desempeño (Ostrom, 1997).

reglas e instituciones depende en parte de bajos costos de transacción y equidad. En este sentido, los bajos costos de transacción se refieren a la capacidad de las reglas y de su aplicación para facilitar y acelerar interacciones e intercambios económicos utilizando mínimos recursos. Equidad quiere decir hasta qué punto las reglas se aplican en forma coherente e imparcial de un individuo o grupo a otro (Hunter y Lewis, 1997).

La previsibilidad es la medida en que los agentes de un ámbito tienen que hacer frente a cambios inesperados de reglas y políticas. Significa hasta qué punto las reglas y sus mecanismos de aplicación cambian con el tiempo en respuesta a las necesidades de la sociedad. Una consideración importante para garantizar la propiedad de las reglas es asegurar que los que se ven afectados por ellas participen activamente en su creación, ya sea directa o indirectamente (Lal, 1996). Este punto se ilustra mejor en el recuadro anterior, donde se comparan dos sistemas de riego en Nepal a comienzos de los años noventa.

Evaluación de las reglas

Una cuestión empírica importante de interés para los profesionales y las entidades de desarrollo es cómo analizar un marco institucional dado y sus mecanismos de aplicación de las reglas (Clague et al., 1997). Se puede ver a las claras que las entidades de desarrollo y las instituciones financieras internacionales han concebido una gran variedad de metodologías para evaluar las reglas nacionales y sectoriales en el marco de las cuales funcionan las organizaciones. Es el efecto directo de las reglas sobre la organización lo que afecta la vida organizacional.

Por lo tanto, las evaluaciones organizacionales que realicen entidades de desarrollo e instituciones financieras internacionales deben examinar la calidad de las reglas. Esto debe hacerse cuando se evalúa el desempeño de proyectos que estas instituciones ya apoyan, cuando se analiza la capacidad de un organismo ejecutor potencial para un préstamo y aun cuando se buscan organizaciones prometedoras como candidatas con las cuales trabajar. En realidad, la clave para que los préstamos para el desarrollo sean fructíferos es identificar asociados organizacionales efectivos a quienes apoyar. Buenas candidatas para estas asociaciones son las organizaciones que genuinamente procuran la reforma y que ya tienen un entorno institucional conducente a ello o se hallan sinceramente comprometidas con la creación de un entorno así (Chhibber, 1998.)

Al respecto, las entidades internacionales deben estar preparadas para dedicar parte de su asistencia al diagnóstico y a la reforma institucionales, sin los cuales muchas de las otras actividades para el desarrollo que apoyan están destinadas a producir resultados menos que satisfactorios. En realidad, algunos organismos internacionales —en especial el Banco Mundial— han concentrado sus esfuerzos para el desarrollo en intervenciones a nivel institucional, apartándose de varios decenios de apoyo a los niveles individual y organizacional.

La importancia de utilizar medidas cuantitativas objetivas para evaluar las reglas y sus sistemas de aplicación está bien reconocida por los profesionales del desarrollo. Pero también se observa la dificultad para obtener dichas medidas (Burki y Perry, 1998), si bien en muchos países existen medidas cuantitativas subjetivas, aunque menos rigurosas, recopiladas por entidades de evaluación del riesgo crediticio. Estas medidas se calculan en diversas escalas y comprenden índices de corrupción, trámites burocráticos, eficiencia de sistemas legales y estabilidad política. Pese a que hay un creciente interés en las reglas del juego, y se ha elaborado una serie de instrumentos para evaluarlas, muchas de ellas son demasiado detalladas y requieren modificaciones si van utilizarse para evaluar el entorno en el cual funcionan las organizaciones (Manning, 2000).

A un nivel más pragmático, evaluar las reglas significa identificar hasta qué punto las reglas existentes ayudan o inhiben a las organizaciones, o facilitan la ejecución de

Preguntas: Reglas

- *¿Tiene la organización que hacer frente a cambios inesperados de reglas y políticas?*
- *¿Puede la organización esperar que el gobierno aplique las principales leyes, reglas y políticas?*
- *¿Está la organización informada sobre los cambios importantes en las reglas?*
- *¿Puede la organización expresar su inquietud cuando los cambios planeados ejercen un efecto en sus intereses?*
- *¿Puede la organización sentirse segura de que las autoridades la protegerán a ella y a su propiedad contra acciones delictivas?*
- *¿Son las reglas (que rigen un sector o área de interés, por ejemplo) lo suficientemente claras y creíbles como para permitir que la organización lleve a cabo transacciones sin altibajos?*
- *¿Son sancionados los responsables de aplicar las reglas por no aplicarlas o por aplicarlas erróneamente (en forma corrupta, con parcialidad o favoritismo, en forma incongruente)?*
- *¿Hace cumplir el poder judicial las reglas (en forma arbitraria, imparcial, imprevisible)?*

préstamos o proyectos. La evaluación siempre debe examinar en qué medida el nivel de riesgo del préstamo o del proyecto está relacionado con la aplicación de las reglas.

Un aspecto de la evaluación organizacional consiste en caracterizar las reglas y los mecanismos para aplicarlas en el entorno de la organización. Las preguntas que aparecen en el recuadro anterior deben incluirse en la evaluación del entorno de una organización.

ETHOS INSTITUCIONAL

Al ir evolucionando con el tiempo, las sociedades recogen experiencias históricas singulares y adquieren un conjunto de valores culturales, normas, preceptos religiosos y tabúes. Estos códigos de conducta implícitos o tácitos pueden agruparse en la historia de la sociedad bajo el amplio epígrafe de *ethos institucional*. En la bibliografía sobre instituciones, esto también se conoce como "las reglas informales del juego". Son estas reglas informales las que con frecuencia proporcionan información sobre por qué algunas reglas se aplican y otras no; o por qué algunas personas tienen poder, cuando su puesto en la organización indica que no lo deberían tener. Las reglas informales de la sociedad ayudan a que comportamientos aparentemente irracionales se vean como racionales.

Historia

La historia de una sociedad es la totalidad de sus experiencias: éxitos, fracasos, guerras, desastres, y el surgimiento de grandes líderes y su influencia en la sociedad. En efecto, la historia tiene importancia. Estos hechos y experiencias influyen en las actitudes, las creencias, la determinación y los principios morales de individuos y organizaciones en la sociedad o en el ambiente.

Así es como la historia ayuda a conformar los valores culturales, las creencias religiosas, la ética y los tabúes que directamente afectan lo que las personas y las organizaciones hacen o pueden hacer en una sociedad y la manera en que lo hacen. Abundan los ejemplos de cómo sucede esto, desde el liberalismo y las proezas económicas de Estados Unidos hasta la influencia de la cultura japonesa en el éxito industrial de ese país, y el estancamiento económico de algunos países en desarrollo que se ha atribuido a factores como culturas tradicionales inhibidoras o hasta al colonialismo (Silos, 1991).

Aplicación del ethos institucional

A diferencia de las reglas formales, que por lo general derivan su legitimidad de la ley, los componentes del ethos institucional obtienen legitimidad del hecho de que están regidos moralmente y apoyados culturalmente (Engerman, 1997). La aplicación de reglas formales tiende a basarse en sanciones legales, mientras que los valores culturales y las costumbres establecidas por lo general se aplican por medio de procesos prescriptivos y evaluativos inherentes a la vida social (Skinner, 1996).

A veces las consideraciones culturales son más importantes que las consideraciones jurídicas formales en la creación de un marco efectivo para los mecanismos destinados a hacer cumplir las reglas. Cuando las entidades de desarrollo proyectan y evalúan el desempeño de sus asociados y organismos ejecutores en países en desarrollo, es esencial que identifiquen los aspectos del ethos institucional que facilitan o limitan la labor de las organizaciones a las que respaldan.

Como puede verse en el recuadro siguiente, el caso del Banco Grameen ilustra la manera en que los factores socioculturales han sido cruciales para crear un sistema bancario rural fructífero en Bangladesh (Khandker, Khalily y Khan, 1995).

APLICACIÓN DE LA GARANTÍA SOCIAL: EL ÉXITO DE LOS BANCOS GRAMEEN

Mientras muchos bancos de crédito rural tradicionales han fracasado, el Banco Grameen ha tenido éxito en el otorgamiento efectivo de crédito rural. Esto se debe en gran medida a que su método bancario se basa en vínculos de garantía social y socioculturales entre los prestatarios en lugar de basarse en la garantía física tradicional que requieren otros bancos. El temor a verse aislados de la sociedad (o de algún grupo social) y las presiones de los miembros del grupo pueden ser bastante efectivos para asegurar que los clientes cumplan con sus contratos de crédito.

Cultura

Las normas culturales y las costumbres establecidas incluyen los hábitos, las maneras de pensar, los valores y las normas informales no escritas de una sociedad. Estas fuerzas socioculturales funcionan en los ámbitos local, nacional y regional, y tienen una profunda influencia en la manera en que las organizaciones realizan sus actividades y

LA CULTURA DE EVITAR RIESGOS

En Japón, donde la lealtad a la propia organización era tradicionalmente parte de la ética de trabajo, las empresas pequeñas y medianas tenían ciertas dificultades en acceder al crédito bancario. La percepción cultural era que las personas deben permanecer con su empleador original. Salir de una empresa y abrir un negocio se consideraba desleal y también signo de incompetencia. ¿Es que la persona no era digna de ser contratada por una organización grande? Como resultado de ello, las empresas pequeñas y medianas tenían dificultades para obtener crédito y, en consecuencia, se encontraban expuestas a mayor riesgo financiero.

en lo que valoran en términos de productos y efectos (Mauro, 1995). Por ejemplo, en una cultura indígena las costumbres establecidas inciden en la ética de trabajo y en la manera en que las personas se relacionan entre sí en esa cultura. Las características culturales afectan el grado de tolerancia del riesgo (o de evasión del riesgo) de una sociedad, así como el apoyo a la iniciativa individual, y dichas características a su vez pueden tener influencias negativas o positivas en las organizaciones (Engerman, 1997).

Preguntas: Ethos institucional

- *¿Cuáles son los hechos memorables en la historia de la sociedad que se relacionan con la organización (historia de la investigación, banca, etc.)?*
- *¿Qué es lo que cabe destacar en la evolución de la industria o del sector al cual pertenece la organización?*
- *¿Existen alicientes e incentivos o desincentivos para un tipo particular de organización, su producto o sus métodos de trabajo (incentivos o desincentivos de tipo cultural o de influencia histórica)?*
- *¿Qué factores históricos, culturales o religiosos de la sociedad es probable que afecten negativamente a la organización (luchas étnicas o de otra clase, intolerancia y fanatismo religioso, violencia y delincuencia, corrupción y despotismo, etc.)?*
- *¿Qué factores históricos, culturales o religiosos de la sociedad es probable que influyan en forma positiva en la organización?*

Capacidades

Además de las reglas y del ethos, toda sociedad tiene una cierta combinación de recursos que influye en el tipo y la escala de actividades que llevan a cabo las personas y las organizaciones, así como también en la medida del éxito de sus esfuerzos. Entre ellos figuran recursos naturales, recursos humanos, recursos financieros, infraestructura (transporte, carreteras, electricidad, telecomunicaciones) y tecnología. En conjunto forman lo que llamamos "capacidades". Se combinan con las reglas y el ethos de la institución para crear un entorno favorecedor o inhibidor para las organizaciones y el desarrollo.

Una cuestión de importancia para todos los países es la inquietud mundial sobre el medio ambiente. Las sociedades modernas consideran la protección del medio ambiente como un objetivo esencial. En los países en desarrollo con frecuencia se requiere la aprobación explícita de los aspectos ambientales antes de que una organización pueda llevar a cabo un nuevo proyecto. Si la organización no cumple con algunas de las reglamentaciones inherentes al medio ambiente, esto puede causar presiones políticas de activistas ambientales nacionales o extranjeros.

Dimensiones

Las percepciones de cuáles capacidades o recursos son más críticos para el desarrollo han cambiado con el tiempo, pasando de los recursos naturales a los recursos humanos, el capital y la tecnología. Hay cada vez más consenso sobre la idea de que un entorno es una combinación de todos los recursos y del marco institucional (reglas y ethos). No existe una combinación ideal única. La experiencia demuestra que en un mundo sumamente interdependiente es posible compensar la escasez de un recurso (por ejemplo, recursos naturales en Japón) mediante la creación de vínculos y el fortalecimiento o desarrollo de otros recursos (capital humano y tecnología).

En consecuencia, desde una perspectiva global a la asistencia para el desarrollo, la pregunta ya no es si lo más crucial para el crecimiento de los países en desarrollo es más capacitación o más transferencia de equipo y tecnología. Antes bien, la pregunta es: ¿qué combinación de capacitación, tecnología, reformas institucionales, y así sucesivamente, es apropiada para crear un macroentorno favorecedor que aumente al máximo la utilización de los recursos en un contexto específico?

Recursos

Estos temas se tratan en la bibliografía cada vez más abundante sobre el fortalecimiento de la capacidad y el desarrollo y no es nuestro objetivo examinarlos aquí. Sin embargo, es importante comprender que la disponibilidad o la escasez de estas capacidades a un macronivel puede influir en el desempeño de organizaciones específicas a menores niveles. Las organizaciones necesitan buenos recursos humanos y otros recursos básicos (infraestructura, tecnología y finanzas) para mejorar su capacidad de desempeño (véase el capítulo tres). Pero deben contar en gran medida con un entorno amplio para proporcionar estos recursos. La cantidad y la calidad de los recursos disponibles dependerán del entorno institucional y normativo.

Fuerza laboral

La cantidad y la calidad de la fuerza laboral básica disponible para organizaciones tanto del sector público como del sector privado se ve influida en cierto modo por la calidad de la educación formal y técnica del país. A su vez, esto es función de las normas y reglas que el gobierno establece con el tiempo a fin de crear los incentivos necesarios para el desarrollo de un sistema efectivo de educación. En otras palabras, una solución sostenida y a largo plazo para las brechas en materia de capacidad y recursos humanos en los países en desarrollo requiere mucho más que conceder becas a un puñado de ciudadanos para que estudien en universidades de países desarrollados. Se necesita un enfoque más radical, que requiera reformas institucionales destinadas a crear los incentivos adecuados.

Acceso a tecnología y sistemas

El mismo argumento se aplica al desarrollo de tecnologías autóctonas y sistemas financieros efectivos. Este punto ilustra la influencia primordial que ejercen las reglas y, como se señaló anteriormente, la interdependencia que existe entre los diversos componentes del entorno. Antes de lanzar programas ambiciosos para desarrollar capacidades, es importante realizar un minucioso análisis institucional. Esto comprende el trazado de un mapa del entorno institucional en términos de políticas, capacidad administrativa, cultura, etc. de manera que incluya a todos los interesados directos y mida su nivel de propiedad y compromiso con la reforma.

Preguntas: Capacidades

- *¿Hasta qué punto tiene la organización acceso a un mercado laboral adecuado?¿Cuán importantes son las limitaciones laborales para el desempeño de la organización?*
- *¿Hasta qué punto tiene la organización acceso a un mercado de capital adecuado? ¿Cuán importantes son las limitaciones de los mercados de capital para el desempeño de la organización?*
- *¿Hasta qué punto tiene la organización acceso a tecnología adecuada de modo que pueda suministrar sus bienes y servicios de manera efectiva y eficiente?*
- *¿Es adecuada la infraestructura local (sistemas viales y de transporte, electricidad y telecomunicaciones) para permitir que organizaciones de los sectores privado y público lleven a cabo sus actividades en forma efectiva y eficiente?*
- *Las políticas tecnológicas y los alicientes a la inversión, ¿apoyan a la organización que se está estudiando?*
- *¿Existen políticas nacionales efectivas sobre ciencia y tecnología (incluida la informática)? En caso afirmativo, ¿en qué medida se implantan bien estas políticas?*
- *¿Son el sistema de gobierno y el medio institucional conducentes a la adquisición de tecnología por parte de las organizaciones y al desarrollo de tecnología local?*

CONCLUSIONES

En suma, hay varios factores externos a la organización que ejercen profunda influencia en su estructura, su desempeño y, en algunos casos, su existencia misma. Estos factores se combinan para crear un entorno en el cual individuos y organizaciones logran sus metas de manera más o menos eficiente. A fin de facilitar la discusión en el contexto de nuestro marco institucional y organizacional en evolución, identificamos tres fuerzas en el entorno: las reglas formales del juego, el ethos de la institución y las capacidades.

El debate del entorno se concentró principalmente en el ambiente distante, que se relaciona con reglas que no son específicas de ninguna organización ni conjunto de organizaciones, pero que influyen en las actividades y el desempeño de todas las organizaciones. No obstante, desde el punto de vista de una organización en particular, es útil distinguir el ambiente próximo del ambiente distante. Este ambiente próximo comprende reglas concebidas para regular una organización específica o el sector al cual ella pertenece (sector privado, sector público, ONG, sector manufacturero, sector de servicios, etc.).

Para concluir, los conceptos presentados en este capítulo sugieren varias preguntas que son de importancia crucial para donantes y entidades de desarrollo, y para el éxito de su existencia y de sus futuras intervenciones en países en desarrollo:

- ¿Hasta qué punto, y de qué manera, pueden las entidades de inversión externa cambiar el entorno?
- ¿En qué condiciones esos organismos desearían apoyar a una organización, o a un conjunto de organizaciones, sin invertir en crear un entorno favorable?
- ¿Cuán receptivos al cambio tienen probabilidad de ser el grupo o los grupos destinatarios?
- ¿Cuán receptivos tienen probabilidad de ser los políticos y otros beneficiarios del sistema existente?
- ¿Hasta qué punto la resistencia al cambio de varios grupos pondría freno al cambio que se requiere?

En el apéndice 1 se puede encontrar una lista completa de preguntas sobre todos estos temas en relación con el entorno.

Capítulo tres

CAPACIDAD

Desde hace algún tiempo, varias entidades de desarrollo han destacado que las opciones de inversión deben concentrarse en fortalecer la capacidad de las organizaciones locales para resolver sus problemas de desarrollo. El Programa de las Naciones Unidas para el Desarrollo (1999) señala que crear capacidad constituye una estrategia clave para su trabajo. El Centro de Investigaciones para el Desarrollo Internacional (1987) describe los esfuerzos para asegurar el desarrollo sostenible por medio de un enfoque concentrado y holístico destinado a fortalecer la capacidad de las entidades que contribuye a financiar. Otros organismos internacionales, como el Banco Interamericano de Desarrollo (BID), el Banco Mundial y el Fondo de las Naciones Unidas para la Infancia (UNICEF), tienen interés en asegurar —y están comprometidos en ello— que las organizaciones que respaldan en países en desarrollo consoliden la capacidad necesaria para funcionar por su propia cuenta a fin de cumplir con sus compromisos de reembolso.

La experiencia de estas entidades de desarrollo señala que facilitar el cambio a nivel organizacional es más difícil y complejo desde el punto de vista conceptual y práctico que el simple apoyo al proyecto. En el centro de esta complejidad está nuestra comprensión embriónica de fortalecer la capacidad organizacional en el contexto del desarrollo (Lusthaus, Adrien y Perstinger, 1999).

Nuestro marco para considerar la capacidad organizacional conlleva ocho campos interrelacionados que se encuentran en la base del desempeño de una organización. Estos son *liderazgo estratégico, estructura organizacional, recursos humanos, gestión financiera, infraestructura, gestión de programas y servicios, gestión de procesos y vínculos entre organizaciones*. Cada uno de estos campos, que se tratan en este capítulo, comprende varios subcomponentes que varían en importancia entre una organización y otra (véase el cuadro "Ocho campos de capacidad organizacional y sus diversos componentes").

Ocho campos de capacidad organizacional y sus diversos componentes	
Liderazgo estratégico	Liderazgo, planificación estratégica, gestión de nichos
Estructura organizacional y gobernabilidad	Estructura de gobernabilidad, estructura operativa
Recursos humanos	Planificación, dotación de personal, desarrollo, evaluación y recompensas, mantenimiento de relaciones humanas eficaces
Gestión financiera	Planificación financiera, responsabilización financiera, estados y sistemas financieros
Infraestructura	Administración de instalaciones, gestión de tecnología
Gestión de programas y servicios	Planificación, ejecución y supervisión de programas y proyectos
Gestión de procesos	Resolución de problemas, toma de decisiones, comunicaciones, monitoreo y evaluación
Vínculos entre organizaciones	Planificación, ejecución y supervisión de redes y alianzas

Liderazgo estratégico

El liderazgo estratégico se refiere a todas las actividades que fijan el rumbo para la organización y la ayudan a mantenerse en el servicio de su misión. El liderazgo estratégico está relacionado con la visión de la organización, así como con las ideas y acciones que la hacen única. Es el proceso de fijar metas organizacionales claras y dirigir los esfuerzos del personal y otras partes interesadas hacia el cumplimiento de los objetivos de la organización (Mintzberg y Quinn, 1995).

Por lo tanto, en esencia, el liderazgo estratégico tiene que ver con la capacidad de la organización de influir en sus interesados internos y externos para que apoyen las direcciones organizacionales. El liderazgo estratégico necesita facultar a sus miembros para crear los cambios que sean necesarios para que una organización tenga un buen desempeño y sobreviva (Byrd, 1987). Va más allá de la simple planificación, en el sentido de que crea maneras de aclarar y lograr las metas organizacionales mirando dentro y fuera de la organización. Establece el escenario para la acción de la organización y las metodologías que esta utilizará para producir los resultados requeridos. En consecuencia, el liderazgo estratégico de una organización comprende la creación de formas de inspirar a sus miembros y a los interesados directos para que se desempeñen de tal modo que se avance hacia el logro de la misión, mientras se adapta a las fuerzas externas o las amortigua.

Definición y dimensiones

El liderazgo es un ingrediente clave de este componente. Algunos científicos de la gestión creen que muchas organizaciones tienen relativamente poca dirección y mucha administración (Kotter, 1990). Nuestra experiencia demuestra que esto es cierto en muchas organizaciones en las que los dirigentes o gerentes superiores con frecuencia concentran demasiada atención en adaptaciones al entorno y a las estructuras internas y muy poca en el entorno externo, más amplio y cambiante (Hesselbein, Goldsmith y Beckhard, 1996).

Este enfoque holístico externo tan necesario ayuda a los dirigentes a identificar y definir la posición futura a largo plazo de la organización, así como a concebir y llevar a cabo estrategias que conducirán con éxito a la organización a ese fin. Muchas organizaciones carecen del liderazgo estratégico, que definimos como *la capacidad de administrar por medio de otros, prever oportunidades y limitaciones, ayudar a la orga-*

EL BID Y EL LIDERAZGO ESTRATÉGICO

Muchas organizaciones actualmente están considerando con mucho cuidado su mandato y la manera en que lo llevan a la práctica. Esto es cierto tanto para las ONG pequeñas que se dedican al medio ambiente como para las grandes entidades internacionales. En los últimos años el BID ha vuelto a enfocar estratégicamente su trabajo y su acercamiento a ese trabajo. Las conversaciones sostenidas a todos los niveles de la organización han llevado a nuevas maneras de trabajar y de pensar. En un documento de trabajo preparado por la institución, funcionarios superiores del nivel operativo analizan los puntos fuertes y débiles de su entorno interno y externo. Es en parte visión, en parte plan y en parte volver a inventar quiénes son; en otras palabras, es un intento de realizar liderazgo estratégico, es decir, de efectuar el cambio mediante el análisis de las condiciones internas y externas.

nización a cambiar en forma fructífera y adecuada en el proceso de efectuar el cambio, y dar cabida a condiciones tanto externas como internas y conciliarlas.

La tarea de dar cabida a condiciones externas e internas y conciliarlas es compleja. El resultado del liderazgo estratégico efectivo es que la dirección y la acción estén alineadas. Una organización dirigida de manera estratégica se dedicará en forma continua al proceso de cambio, adaptando y siguiendo un camino que tenga sentido para sus miembros y para los interesados externos que financian la organización o le confieren reputación. El liderazgo estratégico consta de tres dimensiones principales, a saber: liderazgo, planificación estratégica y gestión de nichos.

Liderazgo

El *liderazgo es básicamente el proceso mediante el cual los líderes influyen en las aptitudes, los comportamientos y los valores de otros con miras a lograr las metas organizacionales* (Vecchio, 1995). En realidad, nadie puede negar su importancia crítica para el éxito de toda organización, no importa dónde esté situada la organización o qué haga. Salopek (1998) presenta cuatro cualidades fundamentales del liderazgo, cada una de las cuales tiene varias competencias especializadas y afines. Estas cualidades se relacionan con la capacidad de convertirse en y actuar como:

- Colaboradores diestros en facilitar, moderar y fomentar el diálogo;
- Innovadores diestros en crear la visión, abogar por ella y difundirla;
- Integradores diestros en organizar, mejorar y establecer vínculos;
- Productores diestros en proyectar, mejorar y medir.

Un líder eficaz debe poseer estas cualidades y competencias y debe fusionarlas en una cualidad única de liderazgo que personifique lo que en conjunto significan (Bennis y Goldsmith, 1997). Este estilo se vuelve operativo en las acciones organizacionales del dirigente.

La necesidad de cualidades de liderazgo no se limita a los gerentes ejecutivos principales sino que se extiende a los trabajadores de todos los niveles de la organización. El liderazgo existe en muchos lugares dentro de la organización tanto formal como informalmente. El liderazgo formal, que es el que ejercen los nombrados o elegidos para cargos de autoridad, conlleva actividades como fijar la dirección, proporcionar símbolos de la misión, asegurar que se realicen las tareas, apoyar el desarrollo de recursos y modelar la importancia de los clientes.

Por otra parte, las personas que se vuelven influyentes ejercen liderazgo informal porque poseen aptitudes o recursos especiales valorados o necesitados por otros (Handy, 1997). Entre los ejemplos del liderazgo informal figuran el ser el puntero de la reorganización de la biblioteca profesional o el iniciar un enfoque innovador y multidisciplinario para un problema de investigación (Tichy, 1997).

En organismos con liderazgo efectivo cada trabajador cree que debe y puede contribuir al éxito de la organización, actuar como asociado en ella, dirigir sus acciones en gran medida por sí mismo y asumir las responsabilidades de sus acciones y contribuciones. Como grupo, los trabajadores se sienten facultados y tienen los conocimientos, aptitudes, oportunidades, orientaciones e iniciativa personal necesarios para lograr un desempeño eficaz (Nanus, 1989).

Preguntas: Liderazgo

- *¿Apoyan las personas de la organización un liderazgo formal?*
- *¿Adoptan las personas de la organización funciones de liderazgo informal positivo?*
- *¿Reconoce la organización la importancia del liderazgo distributivo?*
- *¿Está dispuesto el personal de la organización a asumir funciones de liderazgo?*
- *¿Está el personal dispuesto a probar nuevas sugerencias formuladas por los que se hallan en puestos de liderazgo?*
- *¿Brindan los interesados directos internos y externos su apoyo al liderazgo formal de la organización?*
- *¿Tienen todos los miembros del personal la oportunidad de sugerir cambios en la organización?*
- *¿Recibe su recompensa el líder que apoya las metas de la organización?*

Planificación estratégica

La planificación estratégica se relaciona con la modalidad de las respuestas calculadas al entorno, incluida la distribución de recursos que hacen posible que una organización logre sus metas. Es un proceso disciplinario y creativo para determinar dónde debería estar la organización en el futuro y cómo llevarla hacia ahí (Graf, Hemmasi y Srong, 1996). La planificación estratégica comprende formular y realizar actividades que lleven al éxito de la

OTROS FACTORES QUE NECESITAN UN EXAMEN CUIDADOSO

La necesidad de tener en cuenta factores institucionales y sociopolíticos más amplios es de suma importancia en la planificación estratégica y en la formulación de estrategias. Cada elemento de la estrategia (objetivos, actividades y recursos) se ve limitado por variables del entorno político, social, tecnológico y económico, en particular en las organizaciones públicas. Por ejemplo, en el caso de ciertas organizaciones de investigación, la política de ciencia y tecnología del gobierno es una variable de vital importancia. Del mismo modo, los cambios en las políticas macroeconómicas que afectan las tasas de interés y las reglas de inversión en países en desarrollo son cruciales tanto para las organizaciones locales como para las entidades financieras asociadas.

organización a largo plazo. Esencialmente es un proceso de toma de decisiones que comprende una búsqueda de respuestas a preguntas sencillas pero críticas y fundamentales: ¿Qué está haciendo la organización? ¿Cómo está haciendo lo que hace? ¿Adónde debería dirigirse en el futuro? ¿Qué debería hacer ahora para llegar allí?

La planificación estratégica cubre temas que abarcan todo el espectro de la organización, desde preguntas introspectivas sobre cuál es o debería ser la personalidad de la organización hasta cuestiones de operación estratégica que conectan el punto focal en el futuro con el trabajo que debe hacerse para el progreso de la organización. El plan estratégico en sí es un documento escrito que fija las metas, prioridades y tácticas específicas que la organización tiene el propósito de emplear para asegurar el buen desempeño (Kaplan y Norton, 1996).

La planificación estratégica es un proceso participativo que engendra un compromiso compartido con las direcciones de la organización (Ketchen, Thomas y McDaniel, 1996). La formulación de la estrategia comienza con la identificación o aclaración de metas y objetivos y la determinación de los métodos para alcanzarlos. Comprende la exploración de cuestiones fundamentales como las siguientes: ¿Cuáles son los principales servicios que ofrece la organización? ¿Quiénes son sus clientes y qué tipo y calidad de servicios preferirían? ¿Están de acuerdo los trabajadores con la dirección de la organización? ¿A qué nuevas direcciones debería encaminarse la organización?

Por lo tanto, la planificación estratégica deberá incluir, por lo general, una amplia gama de oportunidades, amenazas y limitaciones presentadas por el entorno. Esto significa que la organización debe preguntarse repetidamente: ¿Cuáles son las acciones potenciales o pendientes que tienen probabilidad de influir (positiva o negativamente) en lo que hace y planea hacer? ¿Cómo puede la organización poner freno a las influencias negativas o mitigarlas, así como sacarles partido a las oportunidades potenciales?

Otra cuestión estratégica para la supervivencia de una organización es la adquisición de recursos en los campos vitales de financiamiento, tecnología, infraestructura y personal. La planificación estratégica debe procurar adecuadamente estos recursos anticipando y capitalizando las oportunidades en el entorno externo que podrían producirlas o apoyarlas. También implica prever las amenazas a los recursos de la organización e intervenir (en general, políticamente) para velar por el resguardo de su desempeño y de su supervivencia (Korey, 1995).

Por lo general este nivel de liderazgo e intervención se encuentra entre el nivel ejecutivo principal de la organización y el organismo dirigente del país. La adquisición de recursos comprende estar constantemente a la expectativa para crear oportunidades que aumenten los recursos de la organización. Esto se logra mediante la formación de nuevas alianzas y asociaciones y forjando nuevas maneras de pensar sobre la generación de recursos (Baron, 1995).

Para que las estrategias se vuelvan operativas es necesario que se comuniquen, se procesen y se examinen de conformidad con los comentarios recibidos de los inte-

Preguntas: Planificación estratégica

- *¿Existe una estrategia formal e informal de la organización?¿Respalda la estrategia un nivel elevado de desempeño?*
- *¿Apoyan la asamblea de gobernadores, los gerentes superiores y los miembros del personal la estrategia de la organización?*
- *¿Es la estrategia aceptada y apoyada en la organización en general?*
- *¿Ha ayudado la estrategia a aclarar prioridades y fijar indicadores, dando de este modo a la organización una manera de evaluar su desempeño?*
- *¿Se utiliza la estrategia como una manera de ayudar a tomar decisiones?*
- *¿Es la estrategia un impedimento o un facilitador para el fortalecimiento de la capacidad o el mejoramiento del desempeño?*
- *¿Existe un proceso para aclarar y modificar la estrategia de la organización?*
- *¿Existe un proceso permanente para explorar el entorno a fin de considerar amenazas y oportunidades potenciales?*
- *¿Identifica la estrategia organizacional las oportunidades y las limitaciones en cuanto a áreas básicas de recursos relacionadas con el mejoramiento o el deterioro del desempeño?*

resados directos tanto internos como externos. Todos los miembros de la organización necesitan trabajar para hacer que el plan estratégico sea una realidad, desde la administración superior hasta el empleado de nivel más bajo (Mintzberg y Quinn, 1995). La implantación de la estrategia requiere ajustar los recursos y actividades a los objetivos y, en caso necesario, adaptar la escala de las actividades a las limitaciones de los recursos (humanos, financieros, tecnológicos y de infraestructura).

Gestión de nichos

En la sociedad global y sumamente competitiva de hoy, el éxito de una organización depende en parte de su capacidad para ejercer una función única en la sociedad al ofrecer un servicio o producto único. *La gestión de nichos comprende esencialmente identificar y luego concentrarse en una capacidad (o conjunto de capacidades) que sea competitivamente valiosa y en la que la organización aventaje a sus rivales, o en la que pueda tener un mejor desempeño.*

La gestión de nichos comprende identificar la competencia distintiva que posee la organización con el objetivo primordial de obtener una ventaja competitiva en el mercado. La gestión de nichos implica forjar una esfera particular para la organización en el mercado que se ajuste a sus experiencias particulares y competencias distintivas. Un nicho dentro de una organización es una plataforma para la integración que surge de un proceso de interacción al que dan forma muchos agentes tanto interna como externamente (Beaton, 1994).

En el sector privado, la función de márketing evalúa la imagen o posición de una organización en el mercado y toma decisiones estratégicas en relación con los mercados, servicios y productos a los que se dirige (Beesley, 1995). Este modelo no se aleja mucho de las organizaciones del sector público que, para su supervivencia, deben cultivar cada vez más a los clientes adecuados y otras partes interesadas, asegurar que sus productos y servicios satisfagan las necesidades del público consumidor y de los proveedores de fondos (Cohen, 1993). Sin embargo, si bien las organizaciones del sector público se están volviendo gradualmente interesadas en su propio nicho, son más lentas al reaccionar a la importancia de ser identificadas en un nicho y tienden a reaccionar más lentamente a los cambios en clientes y beneficiarios.

En un número cada vez mayor de organizaciones del sector público, así como en algunas organizaciones no gubernamentales, la gestión de nichos puede limitarse al desarrollo de la capacidad para entregar un producto o prestar un servicio de manera tan característica que garantice el futuro financiamiento continuo del gobierno y de otras entidades (a menudo con preferencia por sobre las organizacio-

CÓMO HALLAR EL NICHO APROPIADO PARA LA CANADA MORTGAGE AND HOUSING CORPORATION

Canadá creó varias entidades independientes que inicialmente eran parte de la estructura gubernamental, pero que ahora son entidades jurídicas separadas, independientes o de propiedad parcial o total del gobierno. Una organización que se ha examinado como parte de las medidas de reestructuración de Canadá para mejorar la eficiencia y la efectividad del gobierno es la Canada Mortgage and Housing Corporation (Sociedad de Préstamos Hipotecarios y Vivienda de Canadá, CMHC). La CMHC ha sido la entidad nacional de la vivienda de Canadá durante más de 50 años. En junio de 1999 las enmiendas a la Ley Nacional de Vivienda dieron a la CMHC un mandato específico de promover y apoyar la exportación de productos, servicios y experiencia canadiense en materia de vivienda a todo el mundo. En 1997 se estableció el Canadian Housing Export Centre (Centro Canadiense de Exportación de Vivienda, CHEC) para ayudar a la industria de la vivienda a comercializar su excelencia en el extranjero y coordinar la exportación de los propios conocimientos de la CMHC.

A nivel nacional, la CMHC ha tenido éxito en promover la propiedad de viviendas y apoyar a la industria canadiense de desarrollo de la vivienda. No obstante, el desarrollo de esa industria también está vinculado a su capacidad de ser competitiva a nivel internacional. Por lo tanto, como parte de su actividad operativa y, a la larga, de su desempeño como entidad, la CMHC necesita crear maneras de apoyar la internacionalización de esta industria. Pero, ¿qué le conviene apoyar a la CMHC? ¿Cuáles son los puntos de ventaja comparativa? Se puede ver a las claras que no todos los aspectos de una industria que se formó para responder a un mercado de vivienda "del norte" son relevantes en todo el mundo.

La gestión del nicho es una función organizacional que obliga a los gerentes a ir más allá de los asuntos internos para considerar el entorno más vasto y las cuestiones más amplias del momento. Si esta función se descuida, la capacidad de la organización de adaptarse a la cambiante situación global se ve gravemente desgastada.

nes rivales). Forjar relaciones y estar al tanto de las vicisitudes del entorno son partes integrales de este proceso de gestión. Significa que las comunicaciones externas son importantes, ya que pueden ser necesarias para estimular la obtención de fondos o para estimular la toma de conciencia.

Identificar las competencias características y las necesidades de los clientes es especialmente arduo en países en desarrollo, debido a la crónica falta de información. Esto hace difícil recolectar información sobre los competidores y sobre los clientes actuales y potenciales. Ciertos aspectos de la gestión de nicho son más difí-

Autotransformación: el Comité de Socorro de Bangladesh y el Centro Internacional de Investigación sobre Enfermedades Diarreicas

El Centro Internacional de Investigación sobre Enfermedades Diarreicas (ICDDR) y el Comité de Socorro de Bangladesh (BRAC) son dos importantes organizaciones sin fines de lucro de Bangladesh. Ambas ilustran la importancia de la información como base para que una organización evolucione.

El BRAC es una de las ONG de desarrollo más exitosas del mundo en desarrollo. Cuenta con ingresos de más de US$257 millones y trabaja con millones de pobres en Bangladesh en una amplia variedad de áreas de desarrollo. Sin embargo, los tiempos están cambiando en el mundo en desarrollo. Primero, a título global, la asistencia para el desarrollo ha disminuido. Esto reducirá la capacidad del BRAC para acceder a la asistencia para el desarrollo como aspecto importante de su propio crecimiento y desarrollo. En segundo lugar, es cada vez más evidente la necesidad de inventar nuevos enfoques para el desarrollo si se quiere reducir la pobreza. Armado con información orientada al mercado, el BRAC está creando nuevos nichos para sí mismo y para la comunidad de ONG de desarrollo.

Una de sus nuevas actividades es el ingreso al mundo de la capacitación en informática. Se trata de una empresa conjunta con IBM para crear un importante centro de capacitación para posibles profesionales de la informática en Bangladesh. La alianza entre el sector privado y las ONG es importante para apoyar el desarrollo del sector de la informática del país. Es una prioridad del gobierno, pero difícil de llevar a cabo por este.

En un contexto diferente, pero con un uso analítico similar de la información, el ICDDR de Bangladesh está tratando de transformarse en un "centro de excelencia" enfocado en la nutrición, más que en las enfermedades diarreicas. La investigación realizada por el ICDDR señala que se puede realizar considerable progreso para combatir las enfermedades diarreicas si este Centro trabaja sobre el aspecto nutricional del problema. Esto abre nuevos caminos a la investigación y al trabajo para este centro de investigación de primera clase.

ciles en estos países. Sin embargo, a medida que las organizaciones de los países en desarrollo maduren, la información en general mejorará y la información que se concentre en temas específicos de interés (nichos) se integrará mejor al proceso de toma de decisiones (Beaton, 1994).

Preguntas: Gestión de nichos

- *¿Ha definido la organización su lugar (o lugares) distintivo en un sector en términos de filosofía, misión y metas?*
- *¿Se ajustan sus puntos fuertes al nicho seleccionado?*
- *¿Realiza la organización evaluaciones de las fortalezas competitivas para identificar competencias básicas y peculiares que revelan las fortalezas y debilidades dentro de su nicho (posición competitiva)?*
- *¿Procura la organización conseguir información sobre los productos y servicios que los clientes quieren?*
- *¿Recopila la organización información sobre su sector (mercado) y su función en ese sector o mercado?*
- *¿Conocen los clientes potenciales los programas y servicios que representan el nicho, o pueden hallar información sobre ello?*
- *¿Se responde a la equidad por medio de este nicho? Por ejemplo, ¿se atiende en este nicho a las mujeres y a otros grupos subrepresentados?*
- *¿Tiene la organización suficiente apoyo financiero para mantener su nicho?¿Comunica o promueve su nicho a los interesados directos internos y externos?*

ESTRUCTURA ORGANIZACIONAL

La capacidad de una organización de estructurarse y reestructurarse para adaptarse a condiciones internas y externas cambiantes es importante para aumentar al máximo el desempeño organizacional. A diferencia de otras capacidades, la estructuración y reestructuración de una organización no sucede formalmente de manera constante, pero siempre hay adaptaciones de la estructura. Por estructura organizacional se entiende la capacidad de una organización de dividir el trabajo y asignar funciones y responsabilidades a personas y grupos de la organización, así como el proceso mediante el cual la organización trata de coordinar su labor y sus grupos. También se refiere a las relaciones relativas entre las divisiones del trabajo.

- ¿Quién tiene autoridad sobre quién?
- ¿Cómo y por qué debe una organización dividir el trabajo individualmente y agrupando a personas?

- ¿Cómo deben coordinar las organizaciones su trabajo para aumentar al máximo los beneficios de la división del trabajo?
- ¿Qué buscan las personas para indicar que los problemas son de índole estructural en lugar de algún otro tipo de problema, como el de liderazgo?

Durante mucho tiempo, la estructura organizacional era de interés para los profesionales y pensadores del campo de la gestión. A comienzos del siglo XX los escritos se centraban en la estructura formal (Weber, 1947), la cual evolucionó hacia diversas maneras de organizar el trabajo (Taylor, 1947). Esto llevó a un período de consideración de la estructura informal (Roethlisberger y Dickson, 1939). Esta evolución, a su vez, llevó a una variedad de nuevos enfoques: "ad hocracia" (Bennis, 1969), matriz (Galbraith, 1973), imprevistos (Lawrence y Lorsch, 1967) y TQM (Deming, 1986).

Continúan los debates sobre la importancia de temas como las etapas de desarrollo organizacional (¿deberían las nuevas organizaciones estructurarse en forma diferente de las antiguas?), el tamaño de la organización (¿cuándo debería el tamaño determinar la manera en que debe dividirse el trabajo?) y centralización versus descentralización en términos de estructura organizacional. En los últimos años el debate sobre la estructura se ha vuelto más complicado. El campo se ha visto más animado por discusiones sobre la influencia de la tecnología en la estructura, la importancia de la estructura de gobernabilidad y nuevas cuestiones planteadas por investigadores feministas sobre la índole misma de la organización así como las cuestiones fundamentales del poder.

En nuestro propio trabajo con donantes (CIID, CIDA) y bancos de desarrollo (BID, Banco Mundial), se halló que la reestructuración era una de las respuestas frecuentes para contrarrestar un desempeño deficiente. ¿Por qué sucede esto? ¿Indica la experiencia que la reestructuración proporciona una alta probabilidad de mejorar el desempeño? ¿Qué más podría hacer la reestructuración?

Es útil pensar en dos aspectos separados pero conectados de la estructura organizacional. El primero es la estructura de gobernabilidad que representa la propiedad o el sistema legal de orientación de la organización. Aquí la estructura se relaciona con la responsabilidad final, legal y social, de la organización. El segundo es la estructura operativa: cómo transforma una organización los recursos en bienes y servicios para los fines programados. Al evaluar la estructura, deben explorarse estos dos aspectos.

Estructura de gobernabilidad

En un sentido, el término gobernabilidad se usa para referirse a las cuestiones y problemas que se presentan al alinear los intereses de los que manejan una organización con los de los que son responsables de sus resultados, los propietarios de una organización y aquellos ajenos a ella que tienen interés en la organización. Separar la responsabilidad de gobernar o ser propietario de la gestión plantea cuestiones que revisten importancia estratégica para el éxito o desempeño de toda organización moderna (Mueller, 1995).

En organizaciones gubernamentales el pueblo del país es el último interesado de la estructura de gobierno. La gobernabilidad se ejerce a través del gobierno y por medio de un ministro responsable de la entidad específica (Mintzberg y Quinn, 1995). A nivel gubernamental, los ministros y sus equipos manejan la burocracia y tratan de ligar la política pública con la acción burocrática.

En organizaciones no gubernamentales la estructura de gobernabilidad proporciona una función de vigilancia y es responsable de actuar en nombre de sus miembros o por el bien público. En una organización del sector privado la pregunta crítica es: ¿qué puede hacerse para asegurar que la administración actúe según los mejores intereses de los propietarios o accionistas (aumentar al máximo la riqueza de los propietarios, que es lo mismo que aumentar al máximo el valor de la organización)? En otras palabras, ¿cómo debe estructurarse la gobernabilidad de la organización y qué medidas de salvaguardia pueden aplicarse para crear congruencia entre la gobernabilidad y las metas personales de los administradores?

En organizaciones del sector público, en especial en empresas estatales, donde la idea de propiedad no está definida tan claramente como en el sector privado, el problema de la gobernabilidad se está volviendo cada vez más importante (CCAF, 1996). Los gerentes del sector público se encuentran con frecuencia sujetos a controles menos rígidos y es probable que tengan mayores incentivos para satisfacer sus propios intereses a expensas de las metas de la organización. Si a esto se agregan el marco institucional y los mecanismos de aplicación ineficaces y negligentes que caracterizan a muchos medios de intervención en países en desarrollo, se tiene la receta perfecta para la mala administración masiva del sector público (CCAF, 1996).

En este contexto de estructura de gobernabilidad, la junta directiva y el documento constitutivo de la organización proporcionan el marco jurídico y de política así como la dirección para el funcionamiento de la organización. En un sentido más amplio, se concibe la gobernabilidad como el punto en el cual se juntan los ámbitos externo e interno. La estructura de gobernabilidad aborda los problemas de

ESTRUCTURA ORGANIZACIONAL: UN PROCEDIMIENTO PERMANENTE

En muchos países en desarrollo, la propiedad de la tierra es una fuente de riqueza y de poder. En Belice, el terreno de los parques (casi un tercio de toda la tierra) es oficialmente propiedad del gobierno y es administrado por una entidad gubernamental y una junta de supervisión.

La responsabilidad crítica de la entidad gubernamental era proporcionar una gestión ambiental efectiva de variables clave que influyen en el desarrollo económico nacional. Toda debilidad operativa o repercusión reducida de los recursos fiscales asignados afectaría la sostenibilidad del uso de la tierra, los recursos forestales e hídricos, los minerales y, por último, los arrecifes de coral. La gestión de estos recursos requería evitar la confusión y la duplicación derrochadora. Esto era importante en el marco de la política fiscal restrictiva del gobierno y las recientes medidas de reducción de gastos.

En enero de 1999 la entidad informó al BID de su próxima actividad de reorganización. La orientación principal de esta actividad era elaborar la estructura organizacional apropiada, diseñar nuevos procedimientos y capacitar al personal existente. Era necesario examinar la planificación estratégica de la entidad, su capacidad y desempeño organizacional, así como aclarar cuestiones organizacionales con el fin de mejorar el desempeño y lograr los resultados con los interesados directos clave de los sectores público y privado del país.

Para lograr su objetivo, la entidad tenía que coordinar las actividades ambientales de todos sus departamentos. Los tres departamentos y una unidad, junto con varias autoridades interdepartamentales y la oficina de los comités de geología y petróleo, se crearon en diferentes momentos en respuesta a cuestiones específicas y por medio de diferentes leyes. Si bien cada departamento y autoridad compartían la responsabilidad de la asignación sostenible de los recursos naturales relacionados y su gestión, esas vinculaciones no se reflejaban en los procedimientos organizacionales y administrativos de la entidad.

Las principales actividades que se necesitaba coordinar eran: (a) asignación de personal, (b) presupuesto de los recursos fiscales, (c) coordinación en el terreno y asignación de responsabilidades, (d) monitoreo del uso efectivo de los recursos, (e) evaluación del impacto del uso de los recursos y (f) sistemas de manejo de datos y de intercambio de información para el monitoreo del uso de los recursos. Por último, para un mejor desempeño, la entidad requería el apoyo de un mecanismo de coordinación interministerial de alto nivel para lograr la gestión efectiva del medio ambiente.

La responsabilidad de las diversas actividades estaba repartida entre varias instituciones gubernamentales. Era necesario establecer medidas efectivas para una coordinación interinstitucional eficiente. En la actualidad la entidad está dedicada a un proceso de reestructuración a mediano plazo.

vincular o armonizar los intereses en conflicto de todas las partes interesadas (internas y externas, incluido el público en general) con las metas y la misión de la organización (Carver, 1996).

Una buena junta directiva está al tanto de los dos ámbitos. Determina si pueden sostenerse las metas de la organización y si estas coinciden con las metas nacionales de desarrollo, así como si la organización está respondiendo de manera adecuada a las grandes tendencias en el campo y dentro de un ámbito más amplio, y si satisface las necesidades de aquellos a quienes presta servicio.

Es a nivel de la gobernabilidad donde se resuelven los conflictos de intereses, se discuten y se solucionan de manera oportuna las cuestiones de políticas, se fijan las políticas organizacionales y se aprueban los presupuestos de capital y de operaciones. El poder y la política de la organización inevitablemente radican aquí, porque el órgano de gobierno es con frecuencia un foro para ventilar las exigencias

Preguntas: Estructura de gobernabilidad

- *¿Tiene la estructura de gobernabilidad una manera claramente definida de examinar y fijar la dirección organizacional?*
- *¿Cuenta el organismo de gobierno con un grupo que esté a cargo de explorar el entorno externo e interno para comprender las fuerzas que repercuten en la organización y en su desempeño?*
- *¿Tiene la estructura de gobernabilidad un grupo que examina las garantías y los incentivos para asegurar que los gerentes de toda la organización no pongan en riesgo las metas de la organización para atender los intereses de sus metas personales?*
- *¿Posee el organismo de gobernabilidad un grupo responsable de responder en forma adecuada a las grandes tendencias e influencias del entorno, ya sean ellas sociales, políticas o económicas? Por ejemplo, ¿se reflejan las cuestiones tanto de calidad como de equidad en las actas y las discusiones?*
- *¿Estipula el documento constitutivo de la organización un marco adecuado para crear medidas estructurales destinadas a llevar a cabo la misión de la organización? ¿Es este marco adecuado para tratar las fuerzas externas que desafían a la organización?*
- *¿Cuenta la estructura de gobernabilidad con los diversos comités necesarios para asegurar la responsabilización legal y organizacional?*
- *¿Tiene la estructura de gobernabilidad los mecanismos para examinar y evaluar el desempeño organizacional y, en caso apropiado, crear las condiciones para respaldar el cambio?*

internas y resolverlas dentro de los límites de la realidad de los fondos. El organismo de gobierno se dedica a la dirección estratégica y las prioridades, la representación de los interesados, el patrimonio de la entidad, las fuerzas del entorno externo (positivas y negativas) y los recursos básicos.

Estructura operativa

La estructura operativa de una organización es el sistema de relaciones de trabajo a las que se llega para dividir y coordinar las tareas de las personas y grupos que trabajan con un objetivo común. La mayoría de las personas visualizan una estructura organizacional en términos del organigrama conocido. No obstante, la estructura es mucho más que eso. Comprende la división del trabajo, incluidas las funciones, la responsabilidad y la autoridad, así como la coordinación del trabajo en unidades y grupos interunidades e intraunidades. Se debe evaluar la estructura para ver si facilita u obstaculiza el movimiento hacia la misión y las metas (Meyer, 1995).

La tarea de crear unidades de trabajo o departamentos apropiados y manejables ha desafiado a gerentes y estudiosos del desarrollo organizacional durante decenios. Ahora nos damos cuenta de que la estructura "ideal" es la que mejor se adapta a la situación. Lo que se cuestiona es si la estructura de la organización apoya o inhibe la capacidad de la organización para realizar su tarea.

Al considerar la estructura, nos interesa hasta qué punto las personas, los departamentos u otros grupos comprenden sus funciones en la organización, si tienen la autoridad para llevar a cabo sus funciones y si son responsables de rendir cuentas de su trabajo.

La estructura también incluye cuestiones de coordinación (Mintzberg y Quinn, 1995). La coordinación es el proceso de vincular actividades especializadas de individuos o grupos de modo que estos puedan trabajar y lo hagan hacia fines comunes. El proceso de coordinación ayuda a las personas a trabajar en armonía al proporcionar sistemas y mecanismos para comprender y comunicar sus actividades.

En organizaciones en las que la innovación y la productividad son clave, el trabajo interdisciplinario en equipo es una ventaja competitiva. Se forman redes enteras en las que las mejores mentes abordan en forma colectiva los difíciles problemas de investigación, en las que cada contribuyente aporta su propia perspectiva o conocimientos especializados. La facilidad con la cual la institución de investigación suministra los enfoques interdisciplinarios a los proyectos de investigación es un indicador de la salud organizacional.

Muchas variables ejercen influencia en la estructura de la organización, como la historia, el tamaño, la tecnología, las metas organizacionales, la estrategia, la gobernabilidad, los fondos y otras presiones del entorno externo, los campos específicos de investigación y la tecnología.

Otra consideración estructural importante es la manera en la cual se comparte la autoridad. Hay un amplio espectro de organizaciones, desde las descentralizadas hasta las centralizadas, desde las sumamente participativas hasta las autoritarias. Cada aspecto de la estructura (centralización-participación) es una reacción a condiciones tanto internas como externas. Hoy en día muchas organizaciones, en particular las gubernamentales, están interesadas en maneras de descentralizar la autoridad y aumentar la participación de los miembros de la organización.

Preguntas: Estructura operativa

- *¿Están apoyadas por su estructura la misión y las metas de la organización?*
- *¿Están las funciones de la organización (de grupos y de individuos) definidas claramente pero con la suficiente flexibilidad para adaptarse a las necesidades cambiantes?*
- *¿Están coordinadas las líneas o divisiones departamentales entre grupos para mejorar el desempeño? ¿O están las líneas departamentales guardadas celosamente, sirviendo de impedimentos a la colaboración?*
- *La estructura,¿apoya o inhibe una eficiente producción de bienes o de servicios?*
- *¿Están formadas las unidades de coordinación para facilitar el desempeño?*
- *¿Existen líneas claras de autoridad y responsabilización (de individuo, grupo y organización)?*
- *¿Tienen las personas la autoridad de fijar programas que apoyen un mejor desempeño?*
- *¿Son adecuados los grupos de trabajo y las unidades para llevar a cabo la estrategia de la organización y mejorar el desempeño?*
- *¿Hasta qué punto es centralizada (o descentralizada) la toma de decisiones?¿Tiene el enfoque vigente consecuencias negativas, como productividad entorpecida, bajo nivel de ánimo, etc.?*
- *¿Está claro quién tiene la responsabilidad del desempeño?¿Tiene la estructura de responsabilidad y de autoridad sentido organizacional y facilita el trabajo?*
- *Están las unidades funcionales adecuadamente centralizadas o descentralizadas?*
- *¿Están los procesos de trabajo estructurados en forma clara y adecuada?*
- *¿Están los principios de calidad incorporados a las funciones y responsabilidades?*

Descentralización en Burkina Faso

Uno de los aspectos importantes de la descentralización es la transferencia que se produce entre organismos nacionales y regionales y municipalidades. En muchas partes del mundo, se reconoce cada vez más que los gobiernos deben descentralizar su estructura organizacional con el fin de proporcionar efectivamente a los ciudadanos el acceso a la amplia gama de servicios sanitarios, educativos, ambientales, culturales y económicos que necesitan. En Burkina Faso el gobierno nacional está trabajando con las autoridades municipales para mejorar la información y el conocimiento locales sobre la ciudadanía y los servicios que esta necesita y quiere. Se ha descentralizado la responsabilidad de proporcionar varios servicios sociales y se está elaborando un sistema de información para ayudar con el financiamiento y la supervisión de esta estructura descentralizada.

En general, este interés surge de varias ideas. En primer lugar, el desempeño de la organización puede mejorarse si la toma de decisiones operativas está más cerca de las fuentes concretas de información. En segundo lugar, es más probable que las personas que trabajan en organizaciones asuman la responsabilidad de sus actos si participan en el proceso de toma de decisiones. Sea la estructura misma centralizada, descentralizada o participativa, está claro que estos aspectos de estructura son importantes para mejorar el desempeño de la organización.

Recursos humanos

La gestión de los recursos humanos comprende la planificación, ejecución y supervisión de la fuerza laboral de la organización. Otra manera de considerar los recursos humanos de la organización es en términos de "capital humano", expresión que se refiere a los conocimientos y las aptitudes de la fuerza de trabajo. Puede verse claramente que los recursos humanos de toda organización constituyen su activo más valioso. En opinión de muchos ejecutivos de alto nivel, los empleados son la fuente clave de la ventaja competitiva de una organización. (Brown y Kraft, 1998; Chilton, 1994).

Es de importancia crítica para la gestión efectiva de los recursos humanos desarrollar e inculcar valores básicos en toda la organización (Down, Mardi, Connolly y Johnson, 1997). Entre estos valores figuran la integridad y la honradez, el compromiso con la misión de la organización, la responsabilización y el orgullo del trabajo propio, el compromiso con la excelencia y la generación de confianza. Estos valores forman la base para crear cohesión y espíritu de equipo, así como para elaborar políticas, procedimientos y programas que se concentran en satisfacer las necesidades de los clientes.

La función de la gestión de recursos humanos tiene a su cargo la planificación y el control de los recursos humanos para asegurarse de que se satisfagan las necesidades de las personas de modo que puedan trabajar para lograr las metas de la organización. El compromiso para satisfacer las necesidades de los empleados no es tan solo una función altruista; es sumamente probable que los empleados que se sienten razonablemente cómodos con las condiciones de trabajo y estimulados por el medio ambiente sean productivos (Miron, Leichtman y Atkins, 1993).

En las burocracias gubernamentales tradicionales muchas funciones de recursos humanos están centralizadas en un ministerio y con frecuencia no están bajo el control de burocracias organizacionales individuales. Sin embargo, cada vez más, como parte de las reformas generales del sector público, los ministerios y entidades gubernamentales están asumiendo el control de algunas de estas funciones. Desde una perspectiva organizacional, el control de los recursos humanos es crítico para responsabilizar a los gerentes del desempeño organizacional. No obstante, el progreso en este campo ha sido lento.

En las secciones siguientes se examinan cinco aspectos de la gestión de recursos humanos: planificación, dotación de personal, desarrollo, evaluación y recompensas, y mantenimiento de relaciones efectivas.

Planificación de los recursos humanos

La planificación de los recursos humanos comprende programar las necesidades de recursos humanos de la organización y establecer los pasos necesarios para satisfacer esas necesidades. Esta planificación es el primer paso de toda gestión efectiva de los recursos humanos. La planificación de los recursos humanos debe estar estrechamente vinculada con los objetivos estratégicos y la misión de la organización. Aun en regiones del mundo donde existe una fuerza de trabajo abundante y bien instruida, dicha planificación es un desafío porque las necesidades de la organización están cambiando constantemente y a veces no convergen (Cockerill, Hunt y Schroder, 1995).

El desafío es aun mayor si los recursos humanos del mercado a los que recurre la organización para contratar son limitados debido a factores como la fuga de cerebros o porque los sueldos del mercado laboral del sector privado son más atrayentes (Colvard, 1994). Es bastante difícil realizar proyecciones en estos ambientes.

Preguntas: Planificación

- *¿Hasta qué punto la capacidad de la organización de planificar sus necesidades de recursos humanos repercute en su desempeño?*
- *¿Se encuentran las personas adecuadas en los puestos correspondientes en la organización?*
- *¿Puede la organización pronosticar sus exigencias actuales y futuras de recursos humanos?*
- *¿Sabe la organización cómo y dónde identificar a las personas que poseen las aptitudes necesarias para satisfacer sus necesidades?*
- *¿Puede la organización vincular su misión y sus metas a su planificación de recursos humanos?*
- *¿Ha elaborado la organización un manual de política de personal?*

Dotación de recursos humanos

Un paso importante en la implantación de un plan de recursos humanos es contratar y capacitar a nuevas personas para que lleven a cabo el trabajo de la organización. *Dotar de personal a una organización significa buscar, seleccionar y orientar a personas que tengan el grado apropiado de conocimientos, aptitudes, comportamientos y valores para satisfacer las necesidades de la organización.*

La dotación de personal también implica responder a las tendencias de la fuerza laboral y ayudar a las personas a ajustarse al entorno en el cual funciona la organización.

La capacidad de dotación de personal se relaciona con la habilidad de una organización para identificar los tipos de recursos humanos que necesita para tener un buen desempeño (McNerney, 1995). Esto se realiza por medio de una variedad de técnicas relacionadas con la evaluación de empleos y necesidades, el estudio de las competencias básicas, el análisis de la competencia de los recursos humanos de la organización, etc. Una organización debe hallar nuevos miembros que no solamente satisfagan la demanda actual de servicios de recursos humanos sino también las necesidades futuras.

Hace pensar seriamente el hecho de que las personas que se contratan hoy en muchas organizaciones gubernamentales bien podrían ser los empleados de dentro de 20 o 30 años. Si bien no hay garantías con respecto al modo en que madurarán las personas en su función organizacional, la selección inicial y la capacitación cumplen una importante función en asegurar un buen desempeño a largo plazo.

Implicaciones de las tendencias sociales en los recursos humanos

- Presiones para aumentar los beneficios de los empleados.
- Necesidad de aumentar las aptitudes de gestión multicultural.
- Mayor énfasis en atraer y retener mano de obra calificada.
- Desarrollo de políticas necesarias con respecto a la flexibilidad de horarios.
- Diseño de trabajo necesario para aumentar la autonomía del empleado.
- Elaboración de políticas necesarias para tener en cuenta las cambiantes estructuras familiares.
- Contratación necesaria para manejar las necesidades de contratación externa y de corta duración.
- Necesidad de desarrollar aptitudes de liderazgo participativo.
- Aptitudes de diseño organizacional necesarias para aumentar la descentralización.

Implicaciones de las tendencias económicas en los recursos humanos

- Las presiones para bajar los costos aumentan la concentración en los resultados de las iniciativas de los recursos humanos.
- Necesidad cada vez mayor de que las aptitudes concuerden con las culturas organizacionales.
- Se requiere una rápida respuesta para evaluar e informar sobre el inventario de aptitudes.
- Mayor necesidad de aptitudes que impulsen el diseño organizacional.
- Necesidad de concentrarse en los beneficios de los modos de vida y las condiciones de trabajo para los empleados.

Implicaciones de las tendencias políticas en los recursos humanos

- Mayor necesidad de que los recursos humanos tengan conocimientos y experiencia en interpretar y aplicar nueva legislación sobre recursos humanos.

Implicaciones de las tendencias tecnológicas en los recursos humanos

- Se requieren más aptitudes tecnológicas para todos los miembros del personal, incluido el personal de recursos humanos.
- Rediseñar los cargos para abordar las exigencias del trabajo a distancia.
- Rediseñar el proceso de gestión para dirigir a las personas que trabajan a distancia.
- Capacitación puntual.
- Se necesitan más aptitudes para analizar y sintetizar información para todo el personal de la mayoría de los niveles.

Preguntas: Dotación de personal

- *¿Hasta qué punto la organización tiene procedimientos adecuados de dotación de personal para asegurar que conoce el tipo de personal que se necesita para un alto desempeño?*
- *¿Posee la organización un enfoque competente de la dotación de personal?*
- *¿Tiene la organización descripciones adecuadas de puestos, análisis de competencias o equivalentes para determinar qué personal se necesita?*
- *¿Tiene la organización un sistema adecuado para seleccionar candidatos (análisis de curriculum vitae, realización de entrevistas y verificación de referencias)?*
- *¿Están las personas a cargo de la selección capacitadas en forma adecuada para llevar a cabo esta función (aptitudes de entrevista y de escucha, cortesía y buen criterio)?*
- *¿Está el material de contratación y selección (anuncios, avisos, preguntas de entrevista) libre de discriminación (por motivos de género, de religión)? ¿Es dicho material transparente?*
- *¿Hay alguien que conozca tanto las funciones cotidianas de la organización así como su visión a largo plazo que esté disponible para orientar a los nuevos miembros del personal?*

Desarrollo de los recursos humanos

La formación de las aptitudes, los conocimientos y las actitudes de los recursos humanos se está volviendo cada vez más una parte importante de la labor de una organización. En un período de cambio rápido, el personal de una organización necesita adaptarse a condiciones cambiantes (Bennett, 1993). Por ejemplo, hoy los funcionarios públicos necesitan saber cómo trabajar con una amplia variedad de partes interesadas. En el sector manufacturero las nuevas tecnologías han revolucionado la producción de bienes. Hoy en día los empleados necesitan adaptarse, cambiar y aprender en casi todos los aspectos del trabajo. Esta es la función de desarrollo de los recursos humanos de una organización.

Desarrollar los recursos humanos en una organización significa mejorar el desempeño del empleado mediante el aumento o el mejoramiento de sus aptitudes, conocimientos y actitudes. Esto permite que la organización elimine o impida deficiencias en el desempeño, hace que los empleados sean más flexibles y adaptables, y aumenta el compromiso del personal con la organización. El desarrollo de recursos humanos puede adoptar varias formas, como capacitación para el empleo, capacitación para la función dentro de la

LA CAPACITACIÓN POR SÍ SOLA NO SIEMPRE RESUELVE EL PROBLEMA

El desarrollo de recursos humanos en las organizaciones por medio de la formación y la capacitación constituye una manera habitual de abordar necesidades organizacionales identificadas. Sin embargo, es posible que al atender una necesidad de capacitación de un individuo no se aborde el problema organizacional de fondo.

Durante la mayor parte de la década de los ochenta y parte de la de los noventa, los donantes trataron de mejorar el desempeño de los aeropuertos de las islas de Barlovento y Sotavento. Esto requería mejorar los sistemas de mantenimiento en los aeropuertos, actualizar las ayudas a la navegación y emprender el desarrollo institucional y de la infraestructura. Como se utilizaban nuevas tecnologías para actualizar el equipo de navegación y automatizar varias funciones en el aeropuerto, era claro que la capacitación y el desarrollo del personal constituían parte integral de la intervención.

Un análisis de las enseñanzas recogidas señaló que la capacitación tuvo más éxito cuando fue parte de un conjunto integrado de actividades que incluyó incentivos para estimular al personal a utilizarla en el trabajo (Universalia, 1991). En particular, el desempeño relacionado con el uso de nuevas ayudas a la navegación mejoró cuando se realizaron cambios en la política institucional, en la organización (descentralización de la autoridad) y en los individuos (revisión del desempeño).

organización o capacitación para una carrera. Esto puede incluir desarrollo de carrera, planificación de la sucesión o actividades de desarrollo organizacional. Un aspecto importante del sistema de desarrollo de recursos humanos es el hecho de contar con las aptitudes adecuadas de las personas en el momento oportuno.

Los programas de capacitación y desarrollo del personal constituyen un enfoque conocido y efectivo del desarrollo de capital humano (Harrison, 1997). El objetivo básico de dichos programas es hacer posible que los empleados adquieran los conocimientos y las aptitudes que se requieren para que mejore su desempeño en el trabajo. Los programas de capacitación y desarrollo para la administración pueden facilitar el desarrollo de aptitudes y mejorar la comunicación entre el personal al suministrarle un idioma común, formar redes de empleados y establecer una visión común para la empresa. Estos programas promueven la cohesión al ayudar a los empleados a socializar, al inculcarles un conjunto común de valores básicos y al mejorar las aptitudes de los empleados que son críticas para las operaciones clave de la organización y para sus competencias básicas y distintivas (Hagen, Hassan y Amin, 1998).

Históricamente, en el trabajo sobre el desarrollo se ha invertido mucho en capacitación. En numerosos proyectos de desarrollo se percibe que la capacitación como parte de la asistencia técnica es una panacea para el desempeño deficiente de los individuos. Es fácil desembolsar fondos para actividades de capacitación y también es fácil obtener resultados visibles. Como tal, es una táctica bastante segura. Pero desafortunadamente, la capacitación puede no ser la intervención más adecuada para mejorar la productividad del empleado y, por lo tanto, el desempeño de la organización. Muchos observadores dudan de que la capacitación sea una manera efectiva de mejorar el desempeño en los países en desarrollo porque con frecuencia se presenta aislada y no está vinculada con la infraestructura, las necesidades de empleo, las estructuras de incentivos o los procedimientos de evaluación. Más aún, en muchos países en desarrollo la capacitación se convierte en el medio gracias al cual los empleados abandonan la administración pública. En consecuencia, está claro que hay que actuar con cuidado y equilibrio.

Preguntas: Desarrollo de los recursos humanos

- *¿Hasta qué punto la organización tiene un enfoque general del desarrollo de los recursos humanos?*
- *¿Cuenta la organización con una política de capacitación y desarrollo?*
- *¿Tiene un presupuesto para capacitación y desarrollo y una manera de hacer un seguimiento de estos costos?*
- *¿Estimula la organización a los empleados para que continúen el aprendizaje y el desarrollo (proporcionando incentivos al aprendizaje, cubriendo costos de capacitación)?*
- *¿Existe alguien en la organización capaz de identificar las necesidades de capacitación?*
- *¿Apoya la organización la aplicación y transferencia del nuevo aprendizaje en el trabajo?*
- *¿Está la capacitación impulsada por la demanda (responde a necesidades de la organización) en lugar de serlo por la oferta (responde a lo que se ofrece en el mercado o a lo que ofrece un donante)?*
- *¿Puede la organización evaluar la capacitación y su efecto en el desempeño? ¿Lo hace?*
- *¿Cuenta la organización con planes para guiar a los empleados más jóvenes en su carrera?*
- *¿Tiene la organización una manera de abordar la sucesión?*
- *¿Ven las personas oportunidades para hacer carrera en la organización?*

Evaluación de los recursos humanos y recompensas

Un aspecto importante de la función de gestión de recursos humanos es el sistema y el enfoque que la organización utiliza para recoger información y proporcionar comentarios a los individuos o equipos. *Esto implica evaluar la contribución de cada miembro del personal para distribuir recompensas (directas e indirectas, monetarias y no monetarias) dentro del marco de las reglamentaciones jurídicas de la región y la capacidad de pago de la organización.* El sistema de evaluación y recompensas debe ayudar a la organización a retener a los buenos empleados, motivar al personal, administrar el pago dentro de los límites de las reglamentaciones jurídicas, facilitar los objetivos estratégicos de la organización y apoyar el aprendizaje individual.

El sistema de evaluación e incentivos es un componente clave del análisis de una organización y está relacionado con su desempeño general. Cuando se consideran estos componentes, deben abordarse una serie de cuestiones. Con respecto a la evaluación del personal, se necesita un enfoque organizacional que vincule las necesidades de la organización con las exigencias del puesto. Las estructuras de incentivos y recompensas de una organización son complejas de entender y tratar. Hay recompensas monetarias y no monetarias que interactúan como recompensas (y castigos) en todas las organizaciones. Las personas escogen qué hacer según lo

¿CUÁL ES EL SISTEMA "ADECUADO" DE INCENTIVOS?

Uno de los grandes problemas de la administración pública de los países en desarrollo es cómo evaluar y remunerar adecuadamente al personal por desempeño normal o excepcional. Se trata de una cuestión compleja por varios motivos. En primer lugar, con frecuencia es difícil identificar criterios de desempeño objetivos para muchos puestos de la administración pública que pueden requerir una concesión recíproca de control (asegurarse de que las personas merecen los servicios del gobierno) y el suministro concreto del servicio. También es difícil crear sistemas justos y equitativos de calificación de puestos. Históricamente, el trabajo dominado por mujeres en la enseñanza y la enfermería se pagaba menos que otros empleos del gobierno que requerían menos capacitación y con frecuencia menos responsabilidad.

En algunos gobiernos existe la necesidad de emitir juicios sutiles. Por ejemplo, el otorgamiento de licencias para alimentos requiere la protección del público así como del aspecto del servicio. ¿Cuál de ellos debe recompensarse? Además, en muchos países en desarrollo y desarrollados las asociaciones de empleados del gobierno no han adoptado esquemas de pago por mérito o por desempeño. La dificultad de no contar con sistemas adecuados de incentivo es que los empleados mismos crean el sistema.

que entienden de estos incentivos: si han de trabajar o no, cuán arduamente trabajar, etc. (Gerhart y Milkovich, 1990).

No todo el mundo se siente motivado por las mismas recompensas. A algunas personas las motiva el dinero, a otras no tanto. Algunas quieren títulos o cargos de prestigio, mientras que a otras esto no les importa. En algunas organizaciones los bajos incentivos llevan a ausencias o corrupción. En países con sindicatos laborales más poderosos, los incentivos débiles pueden afectar las relaciones con los sindicatos y aun provocar huelgas. Con respecto a este campo de análisis, vale la pena tratar de comprender las modalidades tanto visibles como subyacentes de la organización.

Preguntas: Evaluación y recompensas

- *¿Hasta qué punto la organización tiene sistemas justos y motivados de evaluación y recompensa?*
- *¿Cuenta la organización con una política de remuneración que cumple con las reglas y los reglamentos del país?*
- *¿Ve el personal una correlación adecuada entre remuneración y desempeño?*
- *¿Están satisfechos en general los miembros del personal con su remuneración?*
- *¿Son los sistemas de remuneración competitivos a nivel externo para el sector?*
- *¿Existe equidad interna de sueldos y prestaciones (por ejemplo, igual remuneración por trabajo de igual valor)?*
- *¿Existen diferenciales de remuneración apropiados para motivar al personal?*
- *¿Motiva la organización al personal con recompensas monetarias y no monetarias?*

Mantener relaciones efectivas con el personal

En esta era de competencia global, mantener una fuerza de trabajo que brinde apoyo y esté contenta se está volviendo cada vez más importante. Hoy en día es cada vez más difícil hallar personas con las aptitudes adecuadas por el precio adecuado. Cuando una organización capacita a su personal, está invirtiendo en la productividad del futuro. Crear las estructuras de trabajo y de apoyo para mantener una fuerza laboral leal es difícil pero importante para una organización. *Este aspecto de la función de recursos humanos se relaciona con todos los programas y sistemas con que se cuenta para asegurar que los empleados estén protegidos y se los trate de conformidad con la legislación adecua-*

da. Comprende todas las actividades que la organización lleva a cabo para abordar cuestiones de salud y seguridad, derechos humanos, calidad de las condiciones de trabajo y, en ámbitos sindicalizados, negociación colectiva. En esencia, representa las medidas concretas que la organización ha tomado para inculcar a los empleados sentimientos de propiedad, autodominio, responsabilidad y autorrespeto. Lo que la organización hace exactamente para producir estos resultados varía según la índole de la organización, su estilo de dirección y su entorno cultural.

Preguntas: Relaciones con los empleados

- *¿Hasta qué punto la organización tiene relaciones efectivas entre su personal?*
- *¿Se sienten las personas de la organización protegidas en el sentido de que no se aprovechen de ellas (por medio de un acuerdo colectivo o de políticas apropiadas de personal)?*
- *¿Existen en la organización medidas y procedimientos para tratar a personas con problemas emocionales o físicos?*
- *¿Procura la organización maneras de aumentar la lealtad y el compromiso del personal?*
- *¿Es generalmente bueno el estado de ánimo en la organización?*
- *¿Cuenta la organización con medidas para abordar situaciones de acoso en el trabajo?*
- *¿Cuenta la organización, si corresponde, con una política de salud y seguridad?*
- *¿Son raros los accidentes relacionados con el trabajo?*

GESTIÓN FINANCIERA

La gestión de los recursos financieros de una organización es una función crítica. La buena gestión del presupuesto, el mantenimiento de registros financieros y la declaración de datos son esenciales para el funcionamiento general de la organización (Berry et al., 1985). Aseguran que la junta directiva y los gerentes cuenten con la información que necesitan para tomar decisiones y asignar los recursos de la organización. También inspiran la confianza de las entidades financieras que están interesadas en la responsabilización financiera y en la gestión financiera acertada (Goddard y Powell, 1994). *La gestión financiera comprende la planificación, la ejecución y el monitoreo de los recursos monetarios de una organización. Junto con los recursos humanos, proporciona los principales insumos con los cuales una organización elabora sus productos y servicios.*

Las personas responsables de la gestión financiera de la organización necesitan planificar y presupuestar recursos (presupuestos operativo y de capital), manejar la gestión de caja y la declaración contable y financiera. La junta directiva y los gerentes superiores deben participar en la gestión financiera y tener bien claro lo relativo a la rendición de cuentas. La organización también requiere personas calificadas tanto a nivel directivo como de personal para llevar a cabo el análisis financiero y el trabajo (Brikin y Woodward, 1997).

Los estados financieros, incluido el balance y el estado de los ingresos, son barómetros de la solidez de la organización. Los procedimientos financieros internos acertados con respecto a la administración de los fondos operativos de la organización y de las donaciones para programas individuales garantizan la asignación adecuada de los fondos. En general, las grandes metas de la organización deben ser apoyadas por el presupuesto. Por ejemplo, si el intercambio de información a nivel internacional es una de las prioridades de la organización, el presupuesto debe asignar fondos para sistemas electrónicos de datos, recibir visitantes internacionales y otras actividades afines que respalden esta meta.

La gestión financiera incluye planificación financiera, responsabilización financiera y estados y sistemas financieros, todo lo cual se tratará en forma individual en esta sección. El forjar un sistema financiero transparente con personal competente ayuda a muchos países a combatir la corrupción.

Planificación financiera

Las organizaciones requieren recursos para funcionar. Se necesitan recursos financieros para pagar los gastos en que incurre una organización a corto y largo plazo (Schick, 1993). Para asegurar que haya suficiente dinero disponible, la organización debe realizar lo siguiente:

- Prever los gastos operativos.
- Determinar el monto de los fondos necesarios para gastos de capital.
- Prever cuándo y cuánto dinero en efectivo se necesita durante un período determinado.

La planificación financiera es la capacidad de la organización de pronosticar sus futuras necesidades monetarias. Esto comprende una variedad de herramientas de pronóstico. En el sector gubernamental una organización necesita calcular sus gastos operativos comprometidos así como toda nueva actividad que planifique realizar. Debido a que los gobiernos por lo general imputan la mayoría de los gastos de capital en el año en que ocurren (no utilizan la idea de depreciación), también necesitan calcular el costo total de los gastos de capital (Goddard y Powell, 1994).

Por el contrario, las organizaciones del sector privado y la mayoría de las ONG necesitan determinar los ingresos que prevén que obtendrán de la venta de sus bienes y servicios. En este contexto, si pueden tomar en préstamo fondos a largo plazo en el mercado, pueden adquirir equipos de capital en el año en curso y no pagarlos totalmente hasta más adelante.

Sin embargo, la determinación de los recursos disponibles no es la única planificación que requieren las organizaciones. Entidades tanto públicas como privadas necesitan determinar cuándo tendrán el dinero para pagar los gastos en que incurren. El pronóstico de las necesidades de efectivo es una tarea ardua para organizaciones privadas y públicas.

La capacidad de planificar los ingresos y las necesidades de efectivo proporciona un marco dentro del cual una organización puede tomar decisiones sobre las necesidades actuales y futuras de programas y de capital. La planificación financie-

Preguntas: Planificación financiera

- *¿Se lleva a cabo una planificación financiera ordinaria y periódica para apoyar el desempeño?*
- *¿Existe una planificación presupuestaria adecuada?*
- *¿Se analizan las necesidades de efectivo por medio de declaraciones de flujo de fondos?*
- *¿Son oportunos los planes presupuestarios?*
- *¿Se actualizan los planes presupuestarios a medida que se recibe información financiera?*
- *¿Participan los miembros del cuerpo directivo en la planificación y supervisión financiera?*
- *¿Son adecuados los recursos humanos para asegurar una planificación financiera efectiva?*
- *¿Se administra en forma adecuada el financiamiento de donaciones o préstamos?*
- *¿Se observan y analizan las comparaciones de los presupuestos reales y planificados para tomar decisiones?*
- *¿Existen pronósticos adecuados de capital y equipo?*
- *¿Se proporcionan informes a los gerentes principales, a la junta directiva y a las entidades de financiamiento con regularidad (por lo menos una vez cada trimestre)?*
- *¿Se proporciona la información financiera de manera oportuna a los que la necesitan?*

ra de una organización debe incluir sus necesidades financieras de corto y largo plazo, junto con sus necesidades de efectivo.

Responsabilización financiera

Uno de los aspectos más estructurados de la vida de una organización es mantener registros de los recursos financieros. En la mayoría de las organizaciones gubernamentales y privadas hay procedimientos que rigen la solicitud y el uso de estos recursos. Normalmente los miembros de las organizaciones no pueden disponer de los recursos financieros de una organización a menos que sigan reglas establecidas y obtengan las diversas aprobaciones que se requieren. La base de la responsabilización financiera es la capacidad de dar cuenta del uso de los recursos proporcionados a una organización (Birkin y Woodward, 1997; Schick, 1993).

Cuidar las finanzas y dar cuenta de ellas en una organización son requisitos previos necesarios para lograr la confianza externa. Esto sucede normalmente en un sistema sumamente estructurado, basado en reglas, que es transparente y que se verifica por medio de varios procedimientos de monitoreo (véase la siguiente sección). La estructura de las reglas y la transparencia se hacen operativas por medio

Preguntas: Responsabilización financiera

- *¿Siguen los miembros de la organización procedimientos financieros enunciados con claridad?*
- *¿Están satisfechos los auditores con los controles de la organización en cuanto a efectivos y activos?*
- *¿Existe una regla claramente establecida que estipula cuándo comienza y cuándo termina el año organizacional?*
- *¿Examina de ordinario la junta directiva las políticas y procedimientos financieros con el fin de evaluar si son adecuados, inadecuados o excesivos?*
- *¿Hay miembros del personal y del directorio que son competentes y comprenden la función de los procedimientos y la información financieros?*
- *¿Se halla la información dentro del contexto de un plan estratégico o de negocios?*
- *¿Existe un comité de la junta directiva que supervisa las cuestiones financieras? ¿Existe un comité de gestión?*

de documentos estándar que necesitan ser completados y aprobados a diversos niveles de una organización. Es siguiendo estas reglas y procedimientos de aprobación como se desarrolla la responsabilización.

A muchas organizaciones se las llama peyorativamente "burocráticas" debido a la cultura de reglas que rodea su responsabilización financiera. ¿Cuántas reglas y regulaciones necesita una organización para ser capaz de rendir cuentas? ¿Cuántas firmas de aprobación se necesitan para actuar? Todas las organizaciones necesitan controles recíprocos adecuados, pero, ¿cuándo son pocos y cuándo hay demasiados? La creación de sistemas financieros responsables es una función crucial para los profesionales internos y externos que supervisan el cuidado de los activos de la organización (Goddard y Powell, 1994).

Supervisión financiera

La supervisión financiera comprende la elaboración y creación de informes oportunos de modo que los gerentes puedan tomar decisiones financieras de manera oportuna. La notificación de información financiera ha cambiado considerablemente en los últimos años. Hace 20 años los gerentes del sector público y la mayoría de las organizaciones sin fines de lucro esperaban recibir información sistemática de sus sistemas financieros cada tres meses. Los análisis de la organización por lo general recomendaban proporcionar a la administración información financiera trimestralmente. Hoy en día la informatización de la función financiera permite a las entidades gubernamentales obtener informes una vez al mes y en algunas firmas del sector privado una vez al día o aun con mayor frecuencia (Booth, 1996).

El pronóstico de las necesidades financieras brinda un marco para la administración. No obstante, los gerentes también necesitan saber si están cumpliendo, superando o dejando de cumplir sus proyecciones, de modo que puedan realizar los ajustes necesarios. Los gerentes financieros de la organización son responsables de la preparación, la puntualidad, la integridad y la objetividad de sus estados financieros. Como mínimo, esto significa que debe haber informes financieros regulares producidos a partir del sistema de libros contables.

Para citar un ejemplo, mientras que las escuelas privadas de todo el mundo siempre manejaban sus propios sistemas financieros, este no era el caso en las escuelas públicas. En el sector público los directores de escuela por lo general eran burócratas que llevaban a cabo el proceso educativo del país o la voluntad del partido en el poder o, como alternativa, trataban de ejercer una cierta gestión o liderazgo sobre lo que se enseñaba. Pero al ir descentralizándose los sistemas educativos, los directores de escuela se encontraron con que tienen que monitorear los aspectos financieros de la institución e informar a entidades externas como un consejo de dirección. En este contexto, y cada vez más en otros ámbitos descentralizados como el sector de la salud y las municipalidades, los gerentes del sector público tienen que establecer sistemas financieros que les permitan notificar con regularidad cómo administrar los activos financieros que se les han confiado. Tradicionalmente esta función era centralizada y se hallaba entre sus responsabilidades.

Por lo tanto, el monitoreo de la información financiera desempeña una función cada vez más importante en el trabajo de todos los gerentes del sector público. También es una de las áreas que con mayor frecuencia se inserta en los convenios de préstamo.

Preguntas: Supervisión financiera

- *¿Hay informes y estados financieros para apoyar una toma de decisiones efectiva y un buen desempeño?*
- *¿Existe un sistema adecuado de libros contables que puedan producir información de monitoreo?*
- *¿Hay personal adecuado para registrar la información financiera y producir informes?*
- *¿Se cuenta con balances y estados de ingresos y egresos preparados en forma oportuna (por lo menos trimestralmente)?*
- *¿Existen informes adecuados que permiten el control de los activos de la organización?*
- *¿Hay estados de flujo de fondos preparados en forma oportuna y utilizados por los gerentes?*
- *¿Se maneja el efectivo de modo que la organización pueda beneficiarse cuando existe superávit y reducir al mínimo el costo de la escasez de efectivo?*

INFRAESTRUCTURA

Si bien los recursos humanos y los recursos financieros por lo general se examinan bastante en la mayoría de las evaluaciones organizacionales, en los países en desarrollo se necesita prestar más atención a la situación de la infraestructura requerida para respaldar el desempeño organizacional (Nourzad, 1997).

La infraestructura se refiere a las condiciones básicas (instalaciones y tecnología) que permiten que el trabajo de una organización siga su curso; por ejemplo, espacio razonable en un edificio equipado con luz adecuada, agua limpia y una fuente confiable de electricidad, así como transporte viable para que los empleados puedan ir al trabajo y regresar de él. En los países desarrollados que tienen la riqueza y las estructuras gubernamentales para respaldar una infraestructura adecuada, con frecuencia estas condiciones se dan por sentadas. Sin embargo, en algunos países en desarrollo la infraestructura inadecuada plantea un problema organizacional que requiere evaluación.

Cada organización tiene sus propios activos y pasivos con respecto a los recursos de infraestructura. Si la organización cuenta con su infraestructura básica, este campo representará un pequeño componente de la evaluación. Sin embargo, si la infraestructura está deteriorada, y la electricidad y el agua constituyen áreas problemáticas, la infraestructura se convertirá en un tema de gran importancia para la evaluación.

Instalaciones

Las personas (empleados, clientes) pasan mucho tiempo en el entorno físico de su organización. Algunas veces, este entorno rezuma el espíritu de desempeño y desarrollo. Otras, ocurre precisamente lo contrario.

Preguntas: Instalaciones

- *¿Es adecuada la infraestructura para respaldar el desempeño?*
- *¿Identifica la estrategia organizacional las oportunidades y limitaciones relacionadas con la infraestructura?*
- *¿Son los edificios y servicios internos (agua, electricidad) adecuados para respaldar y facilitar el trabajo diario?*
- *¿Hay sistemas adecuados de transporte para que los empleados acudan al trabajo?*
- *¿Están funcionando al nivel requerido los sistemas de comunicaciones (hardware)?*
- *¿Existen sistemas y procedimientos de mantenimiento adecuados apoyados por un presupuesto permanente de mantenimiento?*
- *¿Se maneja con eficiencia la infraestructura, como los edificios y equipos?*
- *¿Existe un grupo o persona responsable de la planificación adecuada para abordar las inquietudes permanentes relacionadas con la infraestructura?*

Como parte de la comprensión de la capacidad de la organización, es necesario considerar hasta qué punto las instalaciones apoyan el funcionamiento real o potencial de la organización, o interfieren en él. Si bien algunas simples deficiencias en uno o más elementos de la infraestructura pueden no interferir en las tareas cotidianas, el trabajo se verá afectado en algún momento. Por lo general, la base de muchos problemas de infraestructura es el mantenimiento, que con frecuencia sufre debido a la falta de un presupuesto regular destinado a él.

Tecnología

La globalización y las tecnologías de la información y la comunicación están creando un nuevo paradigma de crecimiento económico, acción ciudadana y libertades políticas de la sociedad de la información. La revolución de la información está teniendo lugar en todas partes, con frecuencia sin orden ni concierto. Las tecnologías de la información y la comunicación han alterado fundamentalmente la naturaleza de los mercados mundiales, transformando las interacciones sociales y económicas y redefiniendo el trabajo (Gagnon y Dragon, 1996).

El cambio tecnológico está ocurriendo más rápido de lo que las políticas pueden responder. Siguen existiendo brechas de información entre el mundo desarrollado y en desarrollo, con la posibilidad de dejar a comunidades enteras al mar-

Preguntas: Tecnología

- *¿Hasta qué punto los recursos tecnológicos afectan el desempeño de la organización?*
- *¿Existe planificación tecnológica adecuada?*
- *En general, ¿es adecuado el nivel de tecnología de la organización para llevar a cabo sus funciones?*
- *¿Hay alguna unidad en particular que está gravemente rezagada con respecto a otras desde el punto de vista tecnológico?*
- *¿Se proporciona a todas las unidades acceso a información internacional por medio de sistemas de biblioteca y de gestión informática?*
- *¿Hay sistemas y capacitación adecuados para manejar la tecnología organizacional?*
- *¿Existen tecnologías adecuadas de información para administrar la organización?*

gen de la revolución de la información. Lo que tenemos por delante es un tremendo cambio estructural, incertidumbre y riesgo.

Los recursos tecnológicos de una organización abarcan todo el equipo, la maquinaria y los sistemas (incluidos la biblioteca y los equipos y programas de los sistemas informáticos) que son esenciales para que la organización funcione en forma adecuada. Pese a ello, los instrumentos de la tecnología son tan sólo herramientas para realzar servicios y productos: son en cambio las ideas las que deben inspirar la tecnología.

Gestión de programas

Según Booth (1998), el término "gestión de programas" es utilizado de manera coherente principalmente por dos grupos de profesionales. El primer grupo, los que se dedican a sistemas informáticos, emplea el término para describir la gestión de *grandes proyectos, en especial implementaciones de sistemas.* El segundo grupo, los estrategas de grandes empresas, lo utiliza para designar la *tarea práctica de llevar a la realidad operativa las grandes estrategias.*

En muchas organizaciones los directores suelen ocuparse de sus propios proyectos y citar sus propios éxitos. En realidad, el vínculo entre sus esfuerzos y el desempeño de la organización por lo general es muy poco claro. Mediante la coordinación de las metas empresariales reflejadas en los diversos proyectos y su vinculación con acciones específicas destinadas a la meta común, la gestión de programas ayuda a evitar este problema. Se considera que la gestión de programas es una capa adicional de la gestión que se encuentra por encima de los proyectos y asegura que estos sigan siendo pertinentes a la organización más amplia (Booth, 1998).

En el marco de las organizaciones financiadas en países en desarrollo, con frecuencia las organizaciones reciben fondos de diferentes donantes o entidades de financiamiento para diferentes proyectos que no son necesariamente congruentes con las metas de la organización. En una situación como esta, existe una clara necesidad de gestión de programas para alinear diferentes proyectos con las metas organizacionales más amplias y coordinarlos en acciones dirigidas hacia la meta común (véase el recuadro "Efectos de la gestión de proyectos").

La gestión de programas está fuertemente vinculada a la calidad que se percibe de una organización. Las organizaciones son conocidas por su capacidad de proporcionar bienes y servicios apropiados y adquieren su reputación de ello. Con respecto a otros aspectos de la capacidad organizacional, los puntos fuertes que se perciben del liderazgo estratégico de una organización, su estructura, sus recursos humanos, sus recursos

EFECTOS DE LA GESTIÓN DE PROYECTOS

El objetivo del Proyecto de Ecosistemas de Arroz (Rice Ecosystems Project) era explorar las repercusiones que tenía en la salud la producción de arroz de riego en África Occidental, ámbito de investigación de la Asociación de Desarrollo del Arroz de África Occidental (WARDA). El proyecto no era típico, ya que era la primera vez que la WARDA, o cualquier centro de investigación agrícola del grupo consultor, se concentraba en analizar la repercusión de su trabajo en la salud. Por lo tanto, el proyecto requería la colaboración de un nuevo grupo de científicos de la salud, así como la incorporación de las ciencias sociales. Ha habido un fuerte interés en el proyecto en todo el sistema del grupo consultor y con frecuencia se lo considera un proyecto pionero en la integración de cuestiones sociales a la investigación agrícola.

El proyecto fue supervisado por un comité técnico externo que examinó y aprobó los protocolos de investigación, asegurando una investigación de alto nivel. Se estipuló una evaluación para determinar la viabilidad financiera de la investigación multidisciplinaria en la WARDA (es decir, los costos relativos de los estudios) y la relevancia de la investigación. ¿Cuáles son las repercusiones de los resultados para la investigación agrícola y el sector de desarrollo? ¿Cómo se logró la relevancia? ¿Cuáles son las repercusiones para la labor futura?

La evaluación determinó, además, hasta qué punto el Proyecto de Ecosistemas de Arroz apoyaba o limitaba el desempeño de la WARDA. La cuestión principal era en qué medida coincidía el proyecto con la misión y las metas de la WARDA. ¿Estaba el proyecto llevando a la organización más allá de su mandato? Este era un punto crítico, ya que un proyecto fructífero podía poner en riesgo a la organización si su objetivo estaba demasiado alejado de la misión del grupo.

financieros, su infraestructura, la gestión de procesos y los vínculos interorganizacionales están relacionados con la calidad de sus programas. La gestión de programas asegura que se adjudique el peso adecuado a cada aspecto de la misión de la organización. La estrategia y la gestión de programas interactúan para hacer posible el logro de las metas generales de la organización. Es útil que una organización evalúe los programas en términos de su contribución general al desempeño de la organización.

Una buena gestión de programas requiere un ciclo de planificación, ejecución y evaluación cuidadosas. Todos los programas pasan por esto ya sea formal o informalmente. En las secciones que siguen se trata cada uno de estos aspectos de la buena gestión de programas.

Planificación de programas

La planificación de programas abarca desde la determinación de lo que se ha de hacer diariamente hasta la planificación estratégica a largo plazo. Debe tener lugar en forma constante en un proyecto y programa. La planificación de programas debe tener en cuenta lo que una organización debe hacer para crear sus bienes y servicios, así como los recursos que necesita para lograrlo.

La planificación programática requiere pensar con anticipación y, como tal, comprende varias cuestiones concurrentes. ¿A quiénes prestamos servicio? ¿A qué demanda estamos respondiendo y a qué costo? ¿Cuáles son nuestros objetivos? ¿Qué debe hacerse para satisfacer estos objetivos? ¿Quién hará esto? ¿Cómo se hará? ¿Cuánto tiempo llevará? ¿Cuánto costará? ¿Cómo sabremos si hemos cumplido con nuestros objetivos?

La planificación programática tiene muchos niveles y limitaciones de tiempo, de modo que puede ser de corto, mediano o largo plazo. Sin embargo, cuando se realiza una evaluación, debe determinarse hasta qué punto los planes de la organización se comunican y se utilizan bien como herramientas de gestión. Esto requiere planes escritos.

Preguntas: Planificación de programas

- *¿Hasta qué punto la organización planifica en forma adecuada sus programas?*
- *¿Existe un plan escrito para cada área programática y cada proyecto principal?*
- *¿Están los planes de programas y proyectos vinculados a la misión de la organización?*
- *¿Hay una planificación de programas y una programación presupuestaria adecuadas para asegurar que los programas apoyen la misión?*
- *¿Son los programas y proyectos congruentes con la misión, las necesidades, las estrategias y las prioridades de la organización?*
- *¿Tiene en cuenta la planificación programática los aspectos tecnológicos, económicos, de género, sociales y ambientales para asegurar la aplicabilidad de los programas?*
- *¿Existen plazos adecuados?*
- *¿Se cuenta con presupuestos adecuados?*
- *¿Hay un análisis adecuado de funciones y responsabilidades?*
- *¿Hay un procedimiento esbozado para monitorear los resultados?*

Ejecución del programa

La tarea principal de los gerentes es llevar a la práctica el programa de la organización. Está bien y es bueno contar con un gran plan; lo difícil es hacer que funcione. La ejecución de programas requiere organización y contar con personal que pueda llevar a la práctica sus aptitudes. Requiere integración de las aptitudes de gestión necesarias para asignar recursos y las aptitudes técnicas necesarias para hacer lo que tiene que hacerse (por ejemplo, prestar servicios de salud y realizar tareas de investigación). La ejecución de programas es la etapa en la cual una organización integra todos sus recursos para el logro concreto de sus metas.

Preguntas: Ejecución del programa

- *¿Hasta qué punto la organización lleva a cabo en forma apropiada sus programas?*
- *¿Apoya el personal el proceso de llevar a cabo programas, entregar productos y prestar servicios a clientes y beneficiarios?*
- *¿Existen buenas relaciones entre el personal que proporciona los productos y servicios?*
- *¿Trabaja el personal en conjunto para proporcionar buenos productos y servicios?*
- *¿Tiene el equipo de programas buenas aptitudes para la resolución de problemas?*
- *La salud y la seguridad del personal y de los clientes, ¿constituyen siempre una prioridad en la ejecución?*
- *¿Se utilizan los recursos en forma eficiente para proporcionar los productos o servicios?*
- *¿Se siguen los cronogramas en forma razonable?*
- *¿Está el personal motivado para trabajar en conjunto a fin de realizar las tareas?*
- *¿Son productivas las reuniones programáticas?*

Monitoreo y evaluación de programas

Los programas son cruciales para la vida de una organización. La administración necesita realizar su seguimiento para asegurar que cumplan sus objetivos y logren los resultados para los que fueron concebidos. En forma análoga, las entidades de supervisión necesitan tener los medios para realizar el seguimiento de los resultados de los programas públicos.[1] Es necesario incorporar mecanismos de monitoreo y evaluación a los proyectos durante su etapa de planificación y utilizar esos mecanismos durante el curso de los proyectos (BID, 1997).

Por ejemplo, al determinar si un programa o proyecto es evaluable, se asegura que contiene los elementos básicos necesarios para realizar el monitoreo de los resultados y, a la larga, determinar si se están cumpliendo los objetivos de desarrollo. En la sección sobre planificación, indicamos que hay un creciente conjunto de herramientas que ayudan a los planificadores de proyectos a crear proyectos de calidad. El marco lógico puede incorporarse a un proyecto para usarse como herramienta de planificación pero también para proporcionar indicadores para el monitoreo y la evaluación (BID, 1997). Asimismo, la representación de los efectos directos (Earl, Carden y Smutylo, 2001) se utiliza como herramienta para apoyar una mejor planificación, monitoreo y evaluación.

Preguntas: Monitoreo y evaluación de programas

- *¿Hasta qué punto la organización supervisa sus programas en forma adecuada?*
- *¿Se cuenta con sistemas de monitoreo y evaluación?*
- *¿Se le proporciona al personal del programa información sobre el desempeño del programa?*
- *¿Existen las oportunidades adecuadas para aclarar funciones y responsabilidades?*
- *¿Existen las oportunidades adecuadas para examinar los indicadores del programa a fin de medir el progreso realizado según los planes?*
- *¿Se monitorean los plazos para reducir los costos superiores a lo previsto?*
- *¿Se examinan los presupuestos en forma oportuna?*
- *¿Se examinan con regularidad los programas para ver de qué forma contribuyen a la estrategia general de la organización?*
- *¿Se alienta a recoger enseñanzas?*
- *¿Se toman medidas correctivas cuando surgen dificultades?*
- *¿Se considera que el monitoreo y la evaluación son procesos permanentes y normales?*

[1] Véase la Oficina de Contaduría General de Estados Unidos —U.S.General Accounting Office— (1998) para obtener información sobre el monitoreo y la evaluación de los planes programáticos de las entidades gubernamentales.

GESTIÓN DE PROCESOS

Actualmente los ejecutivos de muchas organizaciones consideran que su labor es una serie de silos funcionales dedicados a sus propias necesidades (Dent y Hughes, 1998). Esta perspectiva está particularmente generalizada entre gerentes acostumbrados a recibir recompensas por optimizar el desempeño de sus funciones en relación con el resto de la organización. Si bien los gerentes hablan de procesos del "panorama general", con frecuencia sus esfuerzos se concentran hacia dentro en sus propias necesidades y se miden de acuerdo con ellas. En dichas situaciones, existe una obvia necesidad de contar con sistemas y operaciones comunes que se apliquen de manera uniforme en toda la organización y que, como un hilo, hilvanen las diversas partes funcionales en un propósito común. También existe la necesidad de contar con estrategias compatibles para optimizar el desempeño de la organización.

En otras palabras, se requiere gestión de procesos.

Tener una visión y hacer que sea una realidad por medio del trabajo diario que fluye sin altibajos en una organización depende en gran medida de los "procesos" permanentes. Estos son los sistemas y operaciones de gestión que agregan valor interno y que exceden las fronteras funcionales y departamentales. Son mecanismos que guían las interacciones entre todos los grupos de personas de una organización a fin de asegurar que el trabajo permanente se cumpla en lugar de verse impedido u obstaculizado.

Por lo tanto, *la gestión de procesos es la tarea de alinear e integrar las diversas prácticas y culturas de diferentes segmentos de una organización por medio de la introducción de sistemas y operaciones comunes que se aplican de manera uniforme a todos los segmentos de la organización.* Estas operaciones o procesos comunes comprenden la resolución de problemas, la planificación, la toma de decisiones, la comunicación, y el monitoreo y la evaluación.

Con frecuencia las personas interactúan para llevar a cabo su trabajo, y la manera en que se fijan los procesos organizacionales dicta el tono de su interacción. Si los procesos funcionan, el resultado es que la organización está aprendiendo y logrando mucho.

La gestión de procesos tiene lugar en todos los niveles de una organización, desde la junta directiva hasta el trabajador de línea. La junta y los gerentes principales deben saber cómo resolver problemas, planificar y tomar decisiones oportunas. Si son deficientes en estas esferas, con frecuencia la dirección de la organización se ve menoscabada. En un nivel más operativo, las unidades programáticas, los departamentos y otros segmentos funcionales de la organización deben planificar y fijar metas a corto y mediano plazo, así como también resolver problemas, tomar decisiones y generar estrategias para llevar a cabo actividades apropiadas para lograr los resultados.

Resolución de problemas

Probablemente la resolución de problemas sea la más universal o la más predominante de todas las actividades del pensamiento. Como individuos, pasamos todos los días de nuestra vida resolviendo problemas: decidiendo qué comer y qué llevar puesto, qué necesita hacerse primero y qué puede postergarse hasta mañana. A este nivel, las aptitudes para resolver problemas con el tiempo se vuelven programadas o automatizadas, y rara vez pensamos en ellas.

A nivel organizacional, cada unidad o departamento se enfrenta constantemente ante problemas similares. ¿Cómo podemos aumentar nuestros ingresos? ¿Debería introducirse un nuevo producto? ¿Deberían emplearse más o menos trabajadores? ¿Cómo pueden reducirse los costos de producción sin poner en peligro la calidad? ¿Cómo podemos vender mejor nuestros productos y servicios? ¿Quién debe hacer qué y cuándo?

Las disparidades en los enfoques para la resolución de problemas, que determinan en qué medida se capitalizan bien las oportunidades, explican en parte por qué algunas organizaciones tienen tanto éxito en mejorar su desempeño mientras

Preguntas: Resolución de problemas

- *¿Fluye sin altibajos el trabajo en los diversos niveles de la organización o se ve bloqueado? Si está bloqueado, ¿se debe a un proceso inadecuado de resolución de problemas?*
- *¿Se ha diagnosticado el problema real?*
- *¿Está el problema claramente definido?*
- *¿Es posible que los prejuicios de percepción hayan distorsionado la identificación de problemas?*
- *¿Está el problema bien estructurado, es directo y conocido? ¿O se trata de un problema nuevo o poco común sobre el cual la información es ambigua o incompleta?*
- *¿Hay aptitudes adecuadas de resolución de problemas organizacionales en el cuerpo directivo y en las filas de los gerentes principales?*
- *¿Son adecuadas las técnicas de resolución de problemas en los departamentos y para los proyectos importantes?*

que a otras se les hace tan difícil. Todas las otras actividades de la gestión de procesos —toma de decisiones, planificación, y monitoreo y evaluación— son parte del proceso de resolución de problemas.

El primer paso de un enfoque sistemático para la resolución de problemas es identificar y entender el problema y definirlo con claridad. A veces el diagnóstico oportuno de un problema crítico es la diferencia entre la supervivencia y la extinción. Con frecuencia lo que se percibe como "el problema" puede ser tan solo un síntoma de un problema mucho más grande y mucho más arraigado. Por lo tanto, *el diagnóstico acertado del problema de fondo y la clara definición de este problema se convierten en el primer requisito para eliminar los obstáculos y encaminar a la organización hacia la dirección adecuada*. Una vez que se identifica y define el problema exacto, el paso siguiente es idear maneras alternativas de resolverlo. Esto nos lleva al ámbito de la toma de decisiones.

Toma de decisiones

La toma de decisiones es el proceso de elegir entre cursos de acción opcionales generados durante el proceso de resolución de problemas. Tiene las siguientes características:

- es programada: una decisión repetitiva que puede manejarse mediante un enfoque de rutina;
- sigue un procedimiento: una serie de pasos interrelacionados utilizados para responder a un problema estructurado;
- se basa en reglas: depende de una declaración explícita que les dice a los gerentes lo que deberían o no deberían hacer;
- se basa en políticas: proporciona una guía que establece parámetros para seleccionar entre cursos de acción alternativos.[2]

La toma de decisiones con frecuencia se ve influida o hasta restringida por limitaciones a la capacidad de procesar información de los que toman las decisiones, así como por sus antecedentes, su cargo en la organización, sus intereses y experiencias. En este sentido, las decisiones en grupo, si bien llevan mucho tiempo, pueden tener considerables ventajas sobre las decisiones individuales, ya que pueden

[2] Véase el sitio en la web http//www.rrtrade.org/classes/decision/rational/ts1001.htm

llevar a información más diversa y completa y pueden aumentar la legitimidad y la aceptación del curso de acción propuesto.

Preguntas: Toma de decisiones

- *¿Tienen todos los segmentos de la organización aptitudes adecuadas para tomar decisiones?*
- *¿Se dispone de información suficiente sobre todos los cursos de acción opcionales?*
- *¿Se puede estimar razonablemente el grado de certidumbre o incertidumbre relacionado con lo correcto de la decisión?*
- *En una situación de incertidumbre, ¿cuáles son las consecuencias de tomar la decisión equivocada?*
- *¿Se toman las decisiones en forma oportuna?*
- *¿Son las decisiones tomadas por grupos?*

Planificación

La planificación es el proceso por el cual se determina adónde uno se dirige y cómo llegar allí. Influye en todas las actividades de una organización exitosa, desde la concepción de sus productos o servicios hasta su producción, venta y distribución. En un mundo cada vez más complejo e incierto, el adagio que dice que no planificar es lo mismo que planificar el fracaso es hoy en día más cierto que nunca. La planificación ayuda a predecir la manera en que se comportarán los miembros de la organización. El plan estratégico fija una dirección general de la organización y a niveles operativos, se convierte en el proceso mediante el cual la estrategia se traduce en objetivos y metodologías específicos para cumplir las metas. Comprende la utilización óptima de recursos, tiempo y personas mediante la elaboración de plazos y cronogramas de trabajo.

Las políticas y procedimientos son tipos especiales de planes que fijan los cursos de acción para los miembros de la organización. Por lo general, el grado de explicitud de los procedimientos y políticas varía considerablemente entre una organización y otra y hasta dentro de una organización en particular. Los miembros de la organización necesitan suficiente dirección para saber qué hacer para apoyar la misión y las metas de la organización. La planificación de políticas y procedimientos debe proporcionar esta dirección en forma adecuada a todos los niveles de la organización; es decir, para los proyectos, para los departamentos y para la organización como un todo.

Preguntas: Planificación

- *¿Son adecuadas, inadecuadas o excesivas la planificación y la elaboración de los procedimientos de políticas en todos los niveles de la organización (desde el cuerpo directivo hasta cada uno de los departamentos y proyectos)?*
- *¿Contribuye el proceso de planificación a la dirección estratégica de la organización?*
- *¿Proporcionan los planes dirección adecuada a los miembros de la organización?*
- *¿Se siguen por lo general los planes, las políticas y los procedimientos?¿Por qué sí o por qué no?*

Comunicación

La comunicación es el proceso mediante el cual se intercambia información y se logra la comprensión compartida entre los miembros de una organización. El flujo de información de arriba hacia abajo y de abajo hacia arriba es un proceso vital que puede facilitar u obstaculizar el funcionamiento normal de una organización. Comprende el flujo tanto formal como informal de información.

La comunicación interna puede servir como elemento aglutinante de una organización. También puede desbaratarla, ya que tanto la información correcta como la información errónea fluyen constantemente en las organizaciones. La información precisa proporcionada a través de un sistema de flujos de arriba hacia abajo y de retroalimentación es vital para mantener a los empleados conscientes de lo que es necesario hacer y mantener a los gerentes informados sobre lo que se ha logrado.

Un sistema efectivo de comunicación interna también ayuda a motivar a los empleados, porque aparte de la información específica que se necesita para llevar a cabo el trabajo, los miembros de una organización también necesitan información que les haga sentir que son parte de un esfuerzo importante y de un objetivo más amplio. La organización debe crear mecanismos que ayuden a sus miembros a tener acceso a ambos tipos de información. Los comités de coordinación, los grupos de trabajo, las sesiones de rendición de cuentas, los boletines y las reuniones de todo tipo son los vehículos por medio de los cuales se logra la comunicación efectiva en una organización. (La comunicación con partes interesadas externas se trata en la siguiente sección sobre vínculos interorganizacionales).

Preguntas: Comunicación

- *¿Existen canales adecuados para el flujo de información de arriba hacia abajo y de abajo hacia arriba?*
- *¿Cuáles son los principales vehículos de la comunicación interna?*
- *¿Creen los miembros del personal que existe comunicación adecuada y permanente sobre las actividades de la organización?*
- *¿Reciben los miembros del personal información relacionada con la misión y el progreso de la organización en el cumplimiento de la misión?*
- *Si la información que se distribuye sobre las actividades se distorsiona, ¿existen mecanismos correctivos para remediarlo?*
- *¿Tienen las personas acceso fácil a los miembros de la organización con quienes deben tratar? ¿Pueden comunicarse fácilmente con ellos?*

Monitoreo y evaluación de la organización

El monitoreo y la evaluación organizacionales complementan el monitoreo y la evaluación de los programas. El monitoreo organizacional puede ayudar a aclarar los objetivos de los programas, vincular actividades e insumos con dichos objetivos, fijar metas de desempeño, recoger datos de rutina y pasar los resultados directamente a los responsables. El monitoreo es el proceso permanente y sistemático de autoevaluación.

La evaluación organizacional considera por qué y cómo se lograron o no se lograron los resultados a nivel organizacional. Vincula actividades específicas a resultados generales, comprende productos más amplios que no son de fácil cuantificación, explora resultados no intencionados e imparte enseñanzas generales que pueden ayudar a ajustar programas y políticas para mejorar los resultados.

Preguntas: Monitoreo y evaluación de la organización

- *¿Se realizan el monitoreo y la evaluación adecuados para mejorar el desempeño?*
- *¿Existen políticas y procedimientos que guían la evaluación y el monitoreo?*
- *¿Se asignan recursos al monitoreo y la evaluación?*
- *¿Se valoran el monitoreo y la evaluación en todos los niveles de la organización como maneras de mejorar el desempeño?*
- *¿Se obtienen y utilizan datos para el monitoreo y la evaluación de las unidades y actividades de la organización?*
- *¿Se utilizan los datos que se obtienen por medio de las actividades de monitoreo y evaluación de la organización?*
- *¿Existen planes de evaluación o marcos de monitoreo del desempeño?*
- *¿Se mencionan los resultados de la evaluación en los documentos sobre estrategias, programas, políticas y presupuesto?*
- *¿Tienen las personas aptitudes para realizar el monitoreo y la evaluación?*
- *¿Son el monitoreo y la evaluación procesos valorados?*
- *¿Se recogen enseñanzas del monitoreo y la evaluación y ocurren cambios como resultado de ello?*

VÍNCULOS INTERORGANIZACIONALES

El *contacto regular con otras instituciones, organizaciones y grupos de importancia estratégica para la labor de la organización puede dar lugar a un sano intercambio de enfoques y recursos (que comprende conocimientos y aptitudes)*. La organización puede estar formando (o haber formado ya) vínculos con colaboradores potenciales y órganos colegiados, entidades financieras potenciales o miembros clave (Grandori, 1997).

Los enlaces ayudan a la organización a mantenerse al día con los adelantos en campos pertinentes y le dan acceso a una amplia gama de fuentes de información actualizada en cada una de las esferas de su labor (Coyne y Dye, 1998).

Hoy en día hay muchos tipos de arreglos organizacionales que pueden y necesitan hacerse para apoyar el desempeño de la organización. Por ejemplo, las nuevas tecnologías de la información pueden ayudar a una organización a aprender sobre los enfoques más recientes de cuestiones programáticas y de gestión. También proporcionan nuevas maneras de comunicarse con aliados y colaboradores potenciales en áreas clave de programas y financiamiento. En esta sección se tratan dos aspectos de los vínculos interorganizacionales: nuevos tipos de relaciones (como redes, empresas conjuntas, coaliciones y asociaciones) y enlaces electrónicos.

Redes, empresas conjuntas, coaliciones y asociaciones

Mientras los enlaces electrónicos abren a las organizaciones a nuevas ideas y maneras de comunicarse, se está produciendo una revolución similar con respecto a nuevas asociaciones organizacionales que apoyan el trabajo conjunto y la colaboración (Lorenzoni y Baden-Fuller, 1995).

Muchas organizaciones ven que no pueden dirigirse hacia su misión sin la ayuda y el apoyo de organizaciones similares. Muchas están formando nuevos tipos de relaciones (tanto formales como informales) con otras organizaciones para apoyar su deseo de tener más éxito.

Las redes son un tipo informal de enlace que comprende grupos formados con flexibilidad que se vinculan para servir a intereses comunes. En el extremo más formal están las nuevas asociaciones, coaliciones y empresas conjuntas. Las relaciones más formales se basan en acuerdos contractuales. Todas estas nuevas vinculaciones están derribando los límites de las organizaciones y cambiando la manera en que funcionan.

Preguntas: Redes, empresas conjuntas, coaliciones y asociaciones

- *¿Se establecen o buscan de manera adecuada vínculos externos para apoyar el desempeño?*
- *¿Cuenta la organización con vínculos formales e informales adecuados con organizaciones similares?*
- *¿Cuentan los vínculos institucionales con el apoyo adecuado?*
- *¿Contribuyen los vínculos institucionales en forma eficiente a las metas y la misión de la organización?*
- *¿Existen asociaciones fructíferas y permanentes con organizaciones externas que aportan nuevas ideas y recursos a la organización?*
- *¿Comunica la organización información sobre su labor a los interesados externos, incluido el público en general?*

Enlaces electrónicos

Los enlaces electrónicos constituyen un conjunto de sistemas a nivel mundial que incluyen redes de comunicaciones, equipos de información, recursos de información y personas de todos los niveles y antecedentes. En otras palabras, representan una "red de redes".

La capacidad y el desempeño organizacionales aumentan por medio del uso adecuado de nuevas tecnologías electrónicas, las cuales tienen el potencial de mejorar la comunicación y mantener informadas a las personas sobre las ideas más nuevas en el campo. Los miembros de la organización pueden sumarse a grupos de debate y otros mecanismos electrónicos que vinculan a las personas de mentes e ideas similares. Los sistemas electrónicos proporcionan la oportunidad de realizar una búsqueda en todo el mundo para obtener nuevas ideas e información, acceso ilimitado a servicios públicos, oportunidades culturales, transacciones comerciales, etc. (Lorenzoni y Baden-Fuller, 1995).

Preguntas: Enlaces electrónicos

- *¿Se cuenta con enlaces tecnológicos externos adecuadamente establecidos o se procura lograrlos para apoyar el desempeño de la organización?*
- *¿Está la organización vinculada en forma electrónica al mundo externo de colegas, clientes, y mercados (usuarios) de manera que estas relaciones sean activas y beneficiosas?*
- *¿Cuentan las redes electrónicas con apoyo financiero y técnico?*
- *¿Responden las redes electrónicas eficazmente a las necesidades, los intereses compartidos y las capacidades de la organización?*
- *¿Apoyan las redes electrónicas las nuevas prácticas de eficiencia?*
- *¿Existen asociaciones fructíferas y permanentes con organizaciones externas que aportan nuevas ideas y recursos a la organización?*
- *¿Comunica la organización información sobre su labor a interesados directos externos, incluido el público en general?*
- *Los enlaces electrónicos,¿les facilitan a las organizaciones la privacidad y la seguridad necesarias para las transacciones cotidianas?*
- *¿Apoyan los enlaces electrónicos las barreras existentes al comercio y otros controles?*

Capítulo cuatro

MOTIVACIÓN ORGANIZACIONAL

A medida que fuimos desarrollando nuestro enfoque del análisis de las organizaciones, nos quedó claro que las organizaciones, al igual que las personas, tienen diferentes personalidades y trabajan a ritmos diferentes. Con frecuencia nos sorprendió comprobar cómo algunas organizaciones parecen funcionar bien en circunstancias increíblemente difíciles, mientras que otras fracasan continuamente en su desempeño en condiciones mucho más favorables. ¿Por qué? ¿Y por qué en algunas organizaciones las personas parecen lanzarse a su trabajo con gran ahínco mientras que en otras van a trabajar y hacen lo menos posible? ¿Por qué algunas organizaciones tienen una visión que las pone a la vanguardia de la innovación, mientras que otras están siempre a la zaga, sin saber adónde ir? Las ideas relacionadas con la motivación organizacional ayudan a proporcionar información sobre por qué las organizaciones y las personas que trabajan en ellas se comportan de la manera en que lo hacen.

Ya hace casi un siglo que los analistas de organizaciones se han planteado la cuestión de por qué algunas personas están más motivadas que otras (Maslow, 1997). Se puede aprender mucho de esta bibliografía sobre los tipos de condiciones de trabajo que apoyan u obstaculizan la manera en que las personas se desempeñan en las organizaciones. Durante los últimos 20 años el interés ha pasado de tan sólo comprender la función de los individuos en la motivación organizacional a algunos de los aspectos subyacentes de la personalidad de la organización misma (Bloor y Dawson, 1994).

Si bien la motivación organizacional se manifiesta en una variedad de maneras, cuatro conceptos principales proporcionan ideas sobre la personalidad subyacente de la mayoría de las organizaciones: historia, misión, cultura e incentivos.

El primer concepto es la historia y el ciclo de vida de la organización. Las organizaciones, al igual que las personas, varían en las diferentes etapas de su vida organizacional (Gupta y Chin, 1994). Cuando comienzan, con frecuencia existe un estado de euforia optimista, una creencia de que los recursos aunados pueden hacer prácticamente todo. Si bien en la vida de una organización no hay etapas coherentes que reflejen en forma paralela el ciclo de la vida humana, existen etapas que ayudan a hacer un diagnóstico de la organización y su cultura. Las organizaciones nuevas o jóvenes crean sus propios modelos singulares de comportamiento que normalmente son más informales que formales. En estas organizaciones las funciones y responsabilidades no están delineadas, hay pocos manuales de políticas, no se establecen reglas ni procedimientos y existe el entusiasmo normalmente asociado a una nueva actividad.

En el inicio de estas organizaciones la motivación se ve impulsada en parte por la atmósfera experimental dominante. Con frecuencia surgen nuevos dirigentes empresariales y existe un sentimiento de que es posible hacer casi todo. Sin embargo, a medida que estas organizaciones maduran, comienzan a elaborar estructuras y reglas. Las personas ya no tienen la libertad de hacer las cosas según sus propias maneras. Se fijan funciones y responsabilidades. Se va diluyendo el entusiasmo de lo nuevo y surgen otras modalidades de motivación. A medida que cambia el contexto de la organización, se vuelve imperioso que la organización cambie. Hablamos de renovación o renacimiento organizacional. Si las organizaciones no se renuevan, se enferman y, por lo menos en el sector privado, mueren.

Si bien la metáfora del ciclo de vida de la organización no se aplica estrictamente, la comprensión de su historia aporta información sobre lo que ella es. La razón de ser de la organización, las características de sus fundadores, la comprensión de sus principales hitos y los cambios que ha experimentado cumplen un importante papel en la conformación de su personalidad y en su desempeño.

El segundo concepto motivacional se concentra en la función o el propósito de la organización: su misión. Cada organización tiene una función o propósito distintivo que se manifiesta en sus metas y objetivos. En la mayoría de las definiciones del concepto de "organización" existe una orientación explícita hacia la meta. Cada organización crea, ya sea implícita o explícitamente, la futura dirección de lo que quiere lograr, una visión de adónde quiere ir de lo que quiere ser (Allen, 1995). Algunas organizaciones se ven motivadas por la oportunidad de realizar buenas obras o prestar servicios a los ciudadanos. Muchas ONG están motivadas por la ayuda a los necesitados. Otras organizaciones, como los centros de investigación, pueden verse impulsadas por el prestigio: el deseo de ser consideradas las mejores en su campo. En el sector privado la motivación podría significar una participación mayor en el mercado. Los analistas de organizaciones reconocen la importante función que desempeña la misión en conformar y crear la personalidad de una organización y, como tal, estiman que es una consideración de diagnóstico importante. El análisis de la misión de una organización ofrece ideas sobre la organización misma.

La cultura, el tercer concepto, también proporciona una ventana para observar la motivación organizacional. La cultura de la organización se relaciona con las suposiciones, los valores y las creencias compartidos por los miembros de la organización. Estos factores funcionan, si bien en forma subliminal, dentro de los límites de la organización. La cultura de una organización rara vez está escrita, pero se comunica definitivamente a los miembros y a las partes interesadas en una variedad de maneras formales e informales. El análisis de la cultura de una organización es crítico para tratar de comprender las fuerzas motivacionales que apoyan el cambio y el mejoramiento del desempeño o se oponen a ellos.

Por último, la personalidad de una organización se ve configurada por su sistema de incentivos. Para que una organización tenga un buen desempeño, debe contar con mecanismos que estimulen a individuos y a grupos a trabajar en pos de sus intereses a corto y largo plazo. Estos mecanismos pueden incluir beneficios tangibles como sueldos y bonificaciones, o menos tangibles como la libertad de dedicarse a sus intereses o participar en iniciativas de colaboración. Con el transcurso de los años, muchos estudios han tratado de comprender mejor las necesidades de los miembros de las organizaciones para elaborar estructuras de compensaciones mejores o alternativas. ¿Qué son los sistemas de incentivos y qué es lo que premian? Entender los sistemas de incentivos de una organización es clave para comprender su personalidad subyacente (Gupta y Jenkins, 1996).

Estas cuatro variables motivacionales no son necesariamente independientes unas de otras, ni tampoco constituyen necesariamente los únicos factores que permiten conocer la personalidad de una organización. En cambio, son sencillamente factores importantes que ayudan a completar el cuadro del desempeño organizacional y sus elementos subyacentes. En las secciones siguientes se exploran en mayor detalle las definiciones y dimensiones de estos cuatro conceptos y se considera cómo hacer para examinarlos en el contexto de una evaluación organizacional.

Historia

Definición

La historia de una organización se traza en sus hitos importantes: *sus comienzos, su crecimiento,sus premios y logros y los cambios notables en su estructura o dirección. Pero su historia se cuenta también en términos de sus fracasos y cuasi fracasos*: los desastres, las cosas que casi funcionaron y las esperanzas y aspiraciones de los dirigentes que trataron de llevar a la organización a nuevas esferas pero que no consiguieron apoyo interno o externo. Y mientras la evolución de una organización a veces se revela en documentos y planes formales (estratégicos y de otro tipo), también se cuenta con más frecuencia y con más elocuencia por medio de relatos no escritos que entretejen su rumbo a través de la historia oral de la organización.

Dimensiones

Los analistas observan ciertas pautas en la historia de las organizaciones. Después del primer trabajo de Haire (1956), se arraigó la noción de que la historia de una organización puede comprenderse como un ciclo de vida: que las organizaciones, al igual que las personas, pasan por etapas identificables en su evolución. Si bien estas etapas de las organizaciones no tienen el mismo imperativo de desarrollo del ciclo de vida humano, el uso de este último como un tipo de marco resultó útil para los análisis organizacionales. Cada etapa del ciclo de vida de una organización tiene características particulares que ayudan a determinar la personalidad subyacente de la organización.

Básicamente, el ciclo de vida de una organización abarca una fase de comienzo o inicio (nacimiento), un período de crecimiento y desarrollo (adolescencia), una etapa de madurez (adultez) y, con el tiempo, una etapa de declinación (ancianidad). Si bien estas etapas parecen ser lineales, las organizaciones no pasan por ellas necesariamente en forma lineal. Algunas están constantemente comenzando de nuevo tras lo que podría denominarse "falsos inicios", mientras que otras maduran y comienzan a declinar y luego se reinventan y se convierten en una nueva organización. La noción de un ciclo de vida permite comprender la evolución de una organización, sus etapas de adaptación y cambio y por qué se desempeña como lo hace (Gupta y Chin, 1994).

Examinamos una organización que trabaja con comunidades para reducir la pobreza, en parte obteniendo y distribuyendo alimentos de países donantes. La organización, que en la época de la evaluación tenía aproximadamente 10 años, tuvo bastante éxito en sus etapas iniciales pero recientemente estaba pasando por graves dificultades (véase el recuadro de la página 92).

Nacimiento

Al comienzo de la vida de una organización, su personalidad se ve conformada por el hecho de ser nueva. Todas las cosas y las personas son nuevas y están abiertas para recibir ideas. Todo necesita crearse. Todo necesita ser descubierto por los que trabajan en la organización. ¿Cómo se hacen las cosas? ¿Cuál es la mejor manera de

LA EVOLUCIÓN DE UNA ORGANIZACIÓN NO SIEMPRE OCURRE SIN ALTIBAJOS

Cuando llegamos como revisores externos se nos dijo que el fundador original y gerente general de la organización que íbamos a evaluar era un hombre profundamente religioso que tenía gran compasión por su personal y por los pobres. Tanto los empleados como la comunidad confiaban en el líder de la organización.

Durante el séptimo año de vida de la organización, un importante donante internacional estaba buscando una entidad de ejecución en Etiopía para distribuir alimentos. El donante indicó a la organización que estaría dispuesto a proporcionar una cantidad considerable de granos si podían hacerse arreglos para el almacenamiento para su futura distribución. El fundador estuvo de acuerdo y la organización comenzó la tarea de tomar las medidas para cuadruplicar su capacidad actual de almacenamiento de granos. Para hacer esto, necesitaba fondos para construir nuevos silos y por ende mejorar su sistema de distribución. Al cuadruplicar su potencial de servicio, la organización necesitaba sistemas de gestión para manejar la adquisición, el almacenamiento, la venta y el proceso de distribución, todo lo cual costaría muchos millones de dólares. Si bien el fundador desempeñó una importante función en el lanzamiento del trabajo, tuvo menos éxito en la creación de los sistemas de gestión necesarios para que funcionara.

La organización estaba entrando en una nueva etapa de desarrollo. Anteriormente había funcionado de manera informal, basada en la confianza. Ahora demandaba sistemas más formales. Recientemente se descubrió que en una de las instalaciones de almacenamiento faltaban más de US$300.000 en granos. Cuando llegamos para hacer nuestro análisis, el gerente general original acababa de dejar su cargo y la organización se hallaba en el caos. El gerente general no había podido manejar la transición de la organización de una entidad joven y manejada de manera informal a una entidad basada en sistemas más claros, funciones y responsabilidades.

hacer esto? En las primeras etapas con frecuencia existe un líder que asume una importante porción de las responsabilidades para establecer la función de la organización, su nicho en el ambiente, los modos de trabajar y una forma para que la organización sobreviva desde el punto de vista financiero. Este es un período en el que la personalidad del líder puede tener una repercusión inmediata en la organización. Muchas organizaciones en las primeras etapas de su desarrollo cuentan con líderes que inspiran con su visión y sus ideas. No obstante, para tener éxito, la organización debe traducir estas ideas en acción.

Por lo general, esta fase se caracteriza por comunicaciones y estructuras informales. Hay relativamente pocas reglas o procedimientos y las personas inventan maneras de cumplir su labor. En esta etapa el desempeño exitoso se relaciona con el crecimiento continuo de la organización y el reconocimiento por parte de sus interesados directos de que está llenando un nicho valioso. En esta etapa un desempeño deficiente puede significar una desaparición temprana. Si la organización sobrevive, aún puede ser que tenga que volver a inventarse a sí misma, cambiando la orientación de lo que estaba haciendo con el fin de establecerse más firmemente. Durante todo este período de inicio, cuando la organización está luchando para sobrevivir y alcanzar el éxito, se configuran las particularidades de su comportamiento y personalidad.

Adolescencia

Si la organización joven tiene éxito y encuentra los recursos para apoyar su crecimiento, ingresa en su etapa adolescente. Los dolores del crecimiento son difíciles; la informalidad relacionada con el éxito en las primeras etapas da paso a reglas y procedimientos más formales. Se necesita más pensamiento estratégico, y planificación y gestión de mayor alcance para que la organización pueda manejar sus éxitos. Por lo general, en esta etapa se necesita involucrar a más personas en la gestión de la organización, ya que el crecimiento y el desarrollo hacen que sea difícil para el líder manejar todas las responsabilidades. Con frecuencia la organización busca ampliar sus servicios y productos al mismo tiempo. Ha probado el éxito y siente que tiene un lugar especial en el mapa de las organizaciones con las cuales trabaja.

Pero en esta etapa adolescente surgen también varios niveles de resistencia y conflicto. A nivel interno, la necesidad de más organización, reglas, procedimientos y estructura tiene que hacer frente a la resistencia de los que prosperaron en la fase más libre del nacimiento. En algunas organizaciones la etapa adolescente es corta y lenta, mientras que en otras parece seguir continuamente. Las organizaciones más dinámicas están procurando constantemente nuevos nichos y áreas de crecimiento y desarrollo. Exploran nuevas maneras de prestar servicios a sus clientes e interesados directos, y de crear y volver a crear el entusiasmo de su fundación y crecimiento. Pero el aspecto adverso es que crear y volver a crear una organización es con frecuencia ineficiente, y existen considerables presiones para regularizar y normalizar las prácticas con el fin de lograr la eficiencia.

La paradoja organizacional es que la normalización, las reglas y los reglamentos establecidos para mejorar la eficiencia con frecuencia desalientan a los miembros de la organización, generando de este modo lo opuesto a lo que se deseaba. La capacidad de navegar a través de un mar de fuerzas favorables y desfavorables y de manejar paradojas se vuelve cada vez más importante en esta etapa. Desde la perspectiva del analista tratamos de comprender hasta qué punto la organización equilibró estas fuerzas y cómo afecta esto su desempeño. ¿Se encuentra en el camino hacia la madurez real?

Adultez

Para la época en que una organización llega a la madurez, está guiada por modalidades fijas de comportamiento, estructura y reglas. Con frecuencia tiene un enfoque particular de su función organizacional que está firmemente incorporado o institucionalizado. Pero si bien esta parece ser una época estable en el ciclo de vida de la organización, hay ciertos escollos. Si la organización se vuelve sumamente burocrática y rígida, corre el riesgo de reducir su capacidad de responder a las necesidades cambiantes de sus interesados directos. Esto puede llevar a su ruina o a la percepción tanto por parte de los de que están dentro como fuera de la organización de que no puede cumplir con su potencial. Por otra parte, en esta etapa de madurez las organizaciones más flexibles con frecuencia se reorganizan y se recrean. Algunas organizaciones se reinventan constantemente y se mantienen en esta etapa durante un largo período.

Declinación

La etapa final del ciclo de vida de la organización es la declinación. Hemos sido testigos de esta etapa en muchas organizaciones gubernamentales, ONG y empresas del sector privado en los últimos 10 a 15 años. Con frecuencia en esta etapa se encuentran numerosas características sumamente disfuncionales de la personalidad dentro de la organización. Si la organización ha tenido una historia de éxito temprano, ahora es incapaz de reconocer las nuevas realidades del desempeño deficiente. Al parecer existe una considerable cantidad de luchas políticas internas, víctimas propiciatorias, cinismo y compromiso con estrategias antiguas. En esta etapa se oyen todos los motivos de "por qué no va a funcionar". La historia de la organización con frecuencia está plagada de una serie de innovaciones, reorganizaciones y nuevos enfoques que se probaron pero "fracasaron". La organización no puede reunir a la gente y concentrarse en superar sus dificultades. Los cambios se consideran con cinismo y las personas temen volver a fracasar.

Vimos mucho de esto en los años ochenta y noventa en organizaciones gubernamentales, tanto en países desarrollados como en desarrollo. Tras un largo período de crecimiento, la recesión económica llevó a grandes reducciones de la capacidad de las entidades gubernamentales para obtener el financiamiento necesario. Se introdujeron nuevas técnicas de gestión a velocidades alarmantes. Las entidades gubernamentales necesitaban "hacer más con menos". Hubo nuevos esquemas de reestructuración, cambios en los procesos de trabajo y en el uso de la informática, y más concentración en la medición del desempeño. Muchas entidades gubernamentales incapaces de realizar cambios se volvieron más cínicas y continuaron decayendo. Algunas fueron desapareciendo; otras recibieron cantidades cada vez menores de recursos y siguieron declinando. Otras se adaptaron, fueron revitalizadas y experimentaron un renacer.

Datos sobre la historia

A menudo no es fácil hallar en un lugar en particular la historia de una organización. Hasta cierto punto se encuentra en los documentos y datos fidedignos de la organización. El documento constitutivo y otros documentos de las primeras épocas dan alguna información sobre el pensamiento temprano de la organización. Podemos determinar con relativa facilidad si las organizaciones están creciendo o declinando al mirar la dotación de personal o la cantidad de recursos financieros disponibles. Obtenemos un panorama considerando los tipos de programas o proyectos en los que ha trabajado la organización. A partir de estos datos, podemos conjeturar sobre su historia.

También podemos tratar de obtener la historia oral. ¿Cómo perciben su evolución las personas de la organización? ¿Cuáles piensan ellas que son los hitos fundamentales? ¿Cómo han influido estos hitos en la dirección de la organización? Las entrevistas pueden dar ideas sobre el liderazgo y los cambios. En forma análoga, pueden ayudar a comprender la manera en que la gente percibe los cambios de la organización en ciertas etapas de su desarrollo.

Evaluación de la historia

Un aspecto de la evaluación organizacional es definir la etapa de evolución de la organización e identificar las características relacionadas con dicha etapa. Los diversos aspectos de la evolución de una organización pueden dar información sobre su posición en el ciclo de vida y su personalidad.

Preguntas: Historia

- *¿Cómo ha evolucionado la conducción? ¿Ha habido cambios en la conducción? ¿Por qué?*
- *¿Han cambiado las funciones y la estrategia de la organización con el tiempo? ¿De qué manera?*
- *¿Ha cambiado con el tiempo la base de recursos de la organización?*
- *¿Se ha reestructurado o reorganizado la organización? ¿Con qué frecuencia? ¿De qué maneras?*
- *¿Cuáles han sido los principales éxitos y crisis de la organización?*
- *¿Cuáles son los hitos clave de la organización?*
- *¿Han aumentado, disminuido o cambiado con el tiempo los productos o servicios de la organización?*

VISIÓN Y MISIÓN

La visión y la misión de una organización surgen de valores sociales, económicos, espirituales y políticos importantes. Tienen el propósito de inspirar y promover la lealtad en la organización. La visión y la misión son las partes de una organización que apelan al corazón, es decir que representan el atractivo emocional de la organización. Motivan a las personas y recurren a las esperanzas y aspiraciones del personal y de los interesados directos. En este sentido, la visión y la misión de una organización brindan una motivación inspiradora.

Es importante aclarar la visión y la misión tanto en organizaciones del sector público como del sector privado. Las del sector privado con frecuencia identifican la importancia de prestar servicio a sus clientes y han creado visiones y misiones para apoyar este tema. En la esfera pública, las escuelas, los hospitales y hasta los ministerios principales han comenzado a ver sus funciones en términos de servicio al público y han elaborado informes sobre la visión y la misión que respaldan dichas ideas.

Para muchas organizaciones la cuestión no es solamente redactar los enunciados sobre la visión y la misión sino mantenerse fieles a ellos, pues de lo contrario no se mejora la motivación sino que se fomenta el cinismo. La evaluación de la motivación de una organización comprende principalmente considerar su misión, ya que esta se relaciona más estrechamente con lo que la organización desea hacer. Sin embargo, al examinar la misión también debe evaluarse el vínculo con la visión más amplia así como los componentes más operativos.

Definición

La visión de una organización define el tipo de mundo al cual desea contribuir. Una organización de niños con la que trabajamos señaló que quería un mundo en el que "los niños no padecieran de hambre y que tuvieran acceso a los servicios sociales y de salud y educación que necesitaban para convertirse en ciudadanos felices y productivos". Fue esta visión de los niños lo que motivó al personal y lo impulsó a idear una declaración más elaborada del futuro que querían. Las visiones van más allá del alcance de cualquier organización; representan las esperanzas y los sueños de sus miembros. La visión describe los cambios en las situaciones económica, política, social o ambiental que el programa espera lograr.

Por otra parte, las misiones constituyen un paso mediante el cual se pone en marcha la visión, la razón de ser de una organización. *La misión es una expresión de la manera en que las personas ven el funcionamiento de la organización.* Existe en el marco de la visión y comienza el proceso de ponerla en marcha en acciones más concretas. En este sentido, la misión establece las bases para la acción futura (Bart, 1997) y guía a la organización en su elección de estrategias y actividades. Algunos de los principales motivos por los cuales una organización expresa una visión y una misión en enunciados claros son los siguientes:

- promover la claridad de sus objetivos;
- funcionar como base para tomar decisiones;
- obtener compromiso para las metas;
- fomentar la comprensión y el apoyo de sus metas.

Mientras la visión coloca a la organización en un conglomerado de organizaciones, es la misión la que responde a las preguntas: ¿Por qué existe esta organización? ¿A quiénes presta servicios? ¿Con qué medios presta estos servicios? Los responsables del desempeño de una organización reconocen cada vez más los beneficios de comunicar en forma clara y sencilla la dirección a la que se dirige su organización. Dichas descripciones del futuro de la organización, a quiénes presta servicios, qué es lo que valora y cómo define el éxito pueden tener una poderosa repercusión en la personalidad de la organización.

Dimensiones

Por lo general, las organizaciones se fundan cuando un promotor principal identifica una necesidad que se traduce en una idea —una visión y, a la larga, una misión— y luego en el producto o servicio deseado. El promotor principal reúne a personas para llevar a cabo esta tarea. Algunas organizaciones se fundan por otros medios, como cuando un gobierno crea una nueva entidad. Pero aun en estos casos la fundación de la entidad puede remontarse a un promotor principal. La cuestión es que las personas que se juntan no lo hacen al azar. Al comienzo comparten los mismos valores relacionados con la naciente organización y con frecuencia ven que pueden obtener algo para sí mismos en ella. A veces la organización no solamente indica los servicios que quiere prestar sino que transmite también un sentido de misión. Esta es la idea de las personas que se reúnen para hacer algo que logra despertar en ellos entusiasmo y motivación.

Se puede observar claramente que, a medida que las organizaciones evolucionan, necesitan crear y volver a crear su misión; necesitan estimular el entusiasmo de su personal. La elaboración y el enunciado de una misión comprenden dos dimensiones esenciales. En cuanto a la primera, la misión puede actuar como base, algo sobre lo cual los miembros de la organización y los interesados directos pueden evaluar la coherencia, la alineación y la orientación de sus acciones y decisiones. Desde el punto de vista técnico, el enunciado de una misión identifica los productos y servicios proporcionados: los clientes a quienes se está tratando de prestar servicio, adónde quiere dirigirse la organización y una cierta declaración de sus valores (Calfee, 1993).

En segundo lugar, la misión debe inspirar y motivar a los miembros en su desempeño y estimularlos para que se comporten de manera que ayuden a la organización a lograr el éxito. Los analistas de organizaciones sugieren cada vez más que los miembros necesitan identificarse con las organizaciones en las que trabajan. El enunciado de la misión expresa algunos de los valores subyacentes que definen la organización y apoyan el proceso de socialización y adoctrinamiento. Por lo tanto, una dimensión clave del enunciado de la misión es reforzar la ideología de la organización.

Datos sobre la misión

Hoy en día abundan los enunciados de las misiones en organizaciones privadas y públicas. Pueden verse en los salones y las paredes de las oficinas de ONG, entidades gubernamentales y empresas importantes del mundo. Uno de los motivos de su popularidad es que constituyen las piedras fundamentales de la estrategia y del plan de negocios de una organización.

Las organizaciones adoptan una amplia variedad de enfoques para expresar su misión. Algunas describen una visión detallada del futuro y redactan un enunciado de misión que resume esta visión. Otras resumen su misión en un eslogan, un lema, o una declaración o frase única. Lo ideal es que la misión sea la expresión escrita de las metas básicas, las características, los valores y la filosofía que dan forma a la organización y le otorgan un propósito.

Por medio de este enunciado la organización procura distinguirse de otras expresando el alcance de sus actividades, sus productos, servicios y mercado, y las tecnologías y enfoques importantes que utiliza para cumplir sus metas. Al expresar los objetivos últimos de la organización —esencialmente, lo que valora más— el enunciado de la misión debe proporcionarles a los miembros un sentido de propósito y dirección compartidos. Las metas consagradas en el enunciado de una misión deben servir de base para la planificación estratégica y las actividades principales de la organización y proporcionar un marco para evaluar el desempeño organizacional.

LOS ENUNCIADOS DE LA MISIÓN DICEN MUCHÍSIMO SOBRE LA ORGANIZACIÓN

Si bien en prácticamente todas las organizaciones se puede hallar un cierto grado de identificación y compromiso, su alcance puede variar de forma significativa. En entornos que están cambiando rápidamente las organizaciones necesitan que sus miembros trabajen con ellas y cambien a medida que ellas cambian. Recientemente ayudamos a una escuela privada de Canadá a expresar su misión. Al igual que todas las organizaciones, esta quería crear su propia "marca" o manera de hablar sobre sí misma. Esto llevó a un proceso mediante el cual todos los interesados directos principales tuvieron la oportunidad de hablar sobre la escuela y sobre lo que ella significaba para ellos. Como parte de la expresión de la misión de la escuela, identificaron un conjunto de declaraciones que por último llevaron a la redacción de su misión:

- Hasta el cambio está cambiando;
- Formamos pensadores y realizadores;
- Todo el mundo comparte en el aprendizaje (alumnos, empleados, padres, etc.);
- Ici on parle français;
- Manténgase conectado;
- Un viaje guiado;
- Escuelas dentro de las escuelas;
- El espíritu del juego.

Cada declaración representaba un mensaje muy especial sobre la escuela. En consecuencia, la misión y el proceso que finalmente condujo a ella agruparon a las personas para que se identificaran más estrechamente con la escuela. Una vez que se identifica la misión, la escuela tiene que reforzarla con decisiones y prácticas congruentes con estas ideas.

Evaluación de la misión

Los que procuran hacer un diagnóstico y análisis de la misión de una organización con frecuencia se encuentran enfrentados con múltiples realidades: las que están escritas y las que son percibidas por los miembros de la organización. Una de las tareas de la evaluación organizacional es determinar hasta qué punto los miembros e interesados directos de la organización han comprendido e internalizado el enunciado formal de la misión. Es decir, medir la congruencia de las misiones percibidas y enunciadas. En nuestros propios diagnósticos tratamos de entender si la misión coincide con la manera en que los miembros perciben la organización y su trabajo, y de qué modo lo hace. ¿Ayudan a crear una personalidad organizacional que define a la organización y la motivación de su personal y de sus interesados directos?

Preguntas: Visión y misión

- *¿Hasta qué punto existe una misión clara que impulsa el comportamiento del personal?*
- *¿Hasta qué punto la misión está vinculada a una visión más amplia?*
- *¿Les da la misión un sentido de propósito y dirección a los miembros de la organización?*
- *¿Están satisfechos los miembros de la organización con el enunciado de la misión?*
- *¿Reconoce la misión los intereses de los interesados directos clave?*
- *¿Está la misión alineada con las metas y direcciones de la organización?*
- *¿Refleja la misión los valores y creencias fundamentales de los miembros de la organización?*
- *¿Promueve la misión valores compartidos?*
- *¿Ayuda la misión a afinar el punto de concentración de la organización?*
- *¿Hablan y trabajan las personas para progresar en el logro de la misión?*
- *¿Se considera que la misión es un documento vivo? ¿Se actualiza y renueva periódicamente? ¿Participan los interesados directos clave (internos y externos) en darle sentido a la misión?*

CULTURA

Definición

Mientras que el enunciado de la misión articula formalmente el propósito de la organización, es la cultura de la organización la que le da vida y la ayuda a hacer posible la realización de su misión. El concepto de cultura organizacional ha sido objeto de mucha atención y los analistas lo asocian con el desempeño superior de la empresa (Peters y Waterman, 1988), mayor productividad (Ouchi, 1981), mejoramiento de la moral y elevadas tasas de rentabilidad de la inversión. En una entrevista con la Harvard Business Review (Howard, 1990), el presidente de Levi Strauss dijo lo siguiente:

Hemos aprendido que los elementos lógicos y los elementos físicos se están entrelazando cada vez más. Los valores de una compañía —lo que ella representa, lo que su gente cree— son cruciales para el éxito competitivo. En realidad, son los valores los que impulsan el negocio.

La cultura organizacional es el significado, aceptado colectivamente, que se manifiesta en las reglas formales e informales de una organización o un subgrupo. La cultura comprende los símbolos, los mitos, las visiones y los héroes colectivos del pasado y del presente de la organización. Por ejemplo, la cultura halla expresión en el orgullo colectivo (y hasta en el embellecimiento) de los logros de los individuos. Los valores importantes para la organización se ilustran por medio de relatos sobre éxitos y fracasos pasados. Estos forman una historia viva que guía a los directores e impulsa el comportamiento de los miembros. La cultura comprende lo que usted viste, la manera en que se dirige al personal y lo que se premia y castiga. Con frecuencia no está escrita. Cuando las personas ingresan en una organización, además de aprender sus aspectos formales, dedican gran parte de su tiempo a la socialización de los aspectos menos formales de la vida de la organización, es decir, su cultura (Hatch, 1993).

Dimensiones

El diagnóstico de la cultura organizacional nos ayuda a comprender los niveles relativos de coherencia o incoherencia del "significado" que existe en una organización. En ciertas maneras, la cultura es como un iceberg: tiene aspectos visibles e invisibles. Desde una perspectiva antropológica, la cultura tiene dimensiones materiales e inmateriales. La cultura tiene artefactos físicos —enunciados de misión, orientaciones normativas— así como creencias básicas que dirigen el pensamiento, los sentimientos, las percepciones y los comportamientos de las personas en la cultura. Para saber por qué algunas personas tienen problemas, son rechazadas o castigadas o no son apreciadas por una organización, es preciso conocer el sistema de creencias y las normas que subyacen tras el comportamiento de la organización. En este sentido, es posible identificar cuatro dimensiones de la cultura de la organización: artefactos, perspectivas, valores y supuestos (Bloor y Dawson, 1994).

Los *artefactos* son los aspectos más tangibles de la cultura de una organización. Son los aspectos físicos de una organización: el tipo de oficina, el logotipo, la vestimenta, los rituales (fiestas de Navidad), las historias, el lenguaje y así sucesivamente. Los artefactos son las manifestaciones físicas de la cultura de la organización.

Las *perspectivas* son las ideas que las personas tienen y utilizan para actuar apropiadamente. Por ejemplo, una perspectiva comprende la manera en que la organización maneja las quejas de los clientes o, dado el caso, las quejas de los empleados. En algunas organizaciones las personas hacen todo lo posible por ayudar a los clientes a obtener los productos y servicios que dicen que necesitan. En otras los clientes son ignorados.

Los *valores* se relacionan con los ideales de la organización, incluidos los conceptos de normas, honradez, calidad e integridad.

Los *supuestos* de base son las creencias "que se dan por sentado" de una organización. Esto se refiere a lo que los miembros de la organización creen que es el comportamiento adecuado para ellos y para otros. Como los supuestos se consideran algo dado, rara vez se cuestionan. El conjunto de supuestos tácitos ayuda a formar el carácter singular de la cultura de una organización (Denison, 1996).

Datos sobre la cultura

La investigación de las dimensiones de la cultura de la organización puede ser engañosa. La cultura de una organización no es un elemento único unificado. Puede evolucionar y puede ser diferente en diferentes niveles de la organización. Además, cada organización tiene varias subculturas, algunas de las cuales adoptan la mayoría de los aspectos de la cultura organizacional dominante. Otras existen como contraculturas. Bate (1996) sostiene que es un mito pensar que una organización es una entidad unificada con una cultura única. En cambio, afirma que las organizaciones tienen muchas culturas, todas tratando de imponerse. En todas las organizaciones existen tendencias predominantes que pueden ser transitorias o no. En esencia, Bate y otros se muestran a favor de utilizar el análisis de la cultura como manera de obtener ideas sobre la organización. La comprensión de la dinámica cultural puede ayudar a los que realizan evaluaciones organizacionales a obtener un panorama más completo de la organización.

¿Dónde se encuentran los datos sobre la cultura de una organización? En esencia, los datos culturales rodean a la persona que realiza la evaluación organizacional. Se relaciona con todo, desde la manera en que las personas tratan a otras personas a lo que se coloca en las paredes. Por lo tanto, un punto de partida para hallar datos sobre la cultura es observar y sentir cómo trabaja y se comporta una organización.

Sin embargo, las observaciones y percepciones personales que uno siente como consecuencia de haber pasado algún tiempo con una organización no son las únicas fuentes de información. Puede verse claramente que las personas de la organización tie-

CULTURA: UNA CUESTIÓN PERSONAL

En nuestros seminarios recientes sobre evaluación institucional y organizacional, un ejercicio fue un debate sobre la pregunta: "¿Debería un donante que está considerando proporcionar una donación o un préstamo a una organización realizar una evaluación de la cultura organizacional como parte de su proceso normal de diagnóstico?"

Esto podría bien llamarse "el gran debate" debido a las emociones que generó. Algunos participantes sostuvieron que es la organización la que tiene la responsabilidad de realizar dichas evaluaciones y que los donantes no deben participar en ellas. Otros afirmaron que sin una cultura de base, no hay apoyo posible por parte de ningún donante que lleve al cambio en la organización y, por lo tanto, los donantes tienen la responsabilidad de examinar este campo.

Muchos participantes del seminario creían firmemente que la cultura con frecuencia era el elemento clave de un desempeño organizacional deficiente. Varios preguntaron retóricamente cómo los miembros de una organización podían esperar sentirse motivados si la organización era corrupta, o cuando los empleados necesitaban tener otros trabajos fuera de la organización para ayudar a cubrir sus gastos. Sostuvieron que no hay capacitación suficiente que aborde esta realidad fundamental.

Pocos participantes aceptaron el hecho de que podía ser un campo en el que "personas de afuera" (donantes) podrían o deberían intervenir. Para algunos, esto se consideraría una intrusión; para otros, se vería no suficientemente orientado a los resultados.

nen una gran variedad de información sobre la cultura. Lamentablemente, los empleados y directores no siempre expresan las dimensiones que acabamos de mencionar ni son totalmente conscientes de ellas. En algunos casos, pueden ser conscientes de algunos aspectos de la cultura, pero esta les impide expresar sus opiniones.

En resumen, si bien la cultura es un aspecto importante de la motivación organizacional, puede ser difícil obtener respuestas precisas a las preguntas sobre ella y sigue siendo un campo que las personas se muestran renuentes a explorar (véase el recuadro).

Evaluación de la cultura

Los que estudian la cultura organizacional sostienen que lleva tiempo hacer un diagnóstico y comprender la cultura o las culturas de una organización. Mientras que los temas dominantes podrían ser relativamente fáciles de identificar, un diagnóstico cultural efectivo requiere la exploración de subtemas, subculturas y supuestos subyacentes que aporten información de diagnóstico más profunda. El concepto de cultura organizacional puede suministrarles a quienes realizan diagnósticos un marco para expresar la manera en que una cultura contribuye a la motivación de su organización y, a la larga, a su desempeño.

Preguntas: Cultura

- *¿Cuáles son los artefactos, valores y supuestos fundamentales que definen y llevan a la organización a tener un desempeño bueno o deficiente? ¿Por qué?*
- *¿Intenta la organización aprender sobre su cultura?*
- *¿Apoya la cultura las prioridades de la organización?*
- *¿Apoyan los supuestos subyacentes el mejoramiento del desempeño?*
- *¿Se identifica la mayoría de las personas de la organización con los valores de esta?*
- *¿Existe una actitud positiva hacia el cambio?*
- *¿Están los valores y las suposiciones de la organización alineados con sus acciones?*
- *¿Es apoyada la cultura dominante de la organización por las diversas subculturas?*
- *¿Parece apropiada la cultura dominante para la misión?*
- *¿Apoyan las historias y los símbolos de la organización una cultura deseable?*

Incentivos

Definición

Los sistemas de incentivos son una parte importante de la motivación organizacional y son cruciales para ayudar a los que realizan diagnósticos a comprender las fuerzas motrices de la organización. *Los incentivos de la organización se relacionan con el motivo por el cual el personal ingresa a la organización y con la manera en que una organización premia o castiga a su personal.* Los sistemas de incentivos pueden alentar o desalentar el comportamiento de empleados y grupos de trabajo (Allcorn, 1995).

Las organizaciones deben buscar continuamente maneras de mantener a sus empleados y grupos de trabajo dedicados a su labor, motivados, eficientes y productivos. El éxito de una organización puede depender de su capacidad para crear las condiciones y los sistemas (formales e informales) que sirven de aliciente para que las mejores personas trabajen allí. Además, un buen sistema de incentivos estimula a los empleados para que sean productivos y creativos, fomenta la lealtad entre los que son más productivos y estimula la innovación (Brudney y Condrey, 1993).

Dimensiones

¿Qué actúa como incentivo para las personas y los grupos de personas de una organización? Si bien el dinero es un incentivo poderoso, es tan sólo parte del sistema de incentivos de una organización (véase el recuadro). En realidad, ciertos tipos de incentivos financieros a veces refuerzan comportamientos que conspiran contra los intereses de la organización. Por ejemplo, los incentivos financieros que promueven el logro de los individuos —como el pago por mérito debido a logros individuales— pueden conspirar contra la formación de equipos altamente productivos de personas.

En general, los incentivos pueden dividirse en cuatro categorías principales. La primera se relaciona con el uso del dinero. Diferentes tipos de organizaciones pueden ofrecer diferentes tipos de incentivos. Debido a su propiedad y capacidad de generar ganancias, las empresas del sector privado ofrecen incentivos financieros que con frecuencia no pueden darse en entidades gubernamentales ni en organizaciones sin fines de lucro. Entre ellos figuran los incentivos tales como pagos por cumplir metas de productividad, bonificaciones por mejorar los niveles de ganancias y planes que ofrecen acciones en la compañía.

En los últimos años, cientos de trabajadores del sector de la informática (incluidos secretarias y trabajadores manuales) se han convertido en millonarios por medio de planes de acciones en las compañías, un tipo de propiedad compartida utilizado como parte del sistema de incentivos. En estas organizaciones se les pidió a las personas que trabajaran por sueldos inferiores a los del mercado a cambio de tener acciones en la compañía. Los trabajadores obtuvieron beneficios muy por encima de sus expectativas, si bien también compartieron el potencial de pérdida. El compartir los beneficios que se pueden lograr cuando una organización tiene un buen desempeño puede ser un incentivo poderoso para trabajar con ahínco y ser productivo.

Sin embargo, algunos estudios realizados en el sector privado señalan que los incentivos económicos son solamente parte de un sistema de incentivos. Las personas también quieren otros tipos de incentivos. Quieren ser elogiados por sus

OTROS INCENTIVOS ADEMÁS DEL DINERO

En una organización se les preguntó a los investigadores qué tipo de incentivos aumentarían su motivación. Fue sorprendente que, si bien se citó el dinero como un incentivo importante, los investigadores también señalaron los siguientes como factores que aumentarían su efectividad y, por lo tanto, su motivación: acceso a mejores materiales de investigación, suscripciones a publicaciones importantes en su campo, acceso a la Internet para "charlar" con otros investigadores sobre un tema específico y la oportunidad de presentar los resultados de sus investigaciones en foros adecuados.

logros; desean oportunidades de progresar y aprender y quieren mayores responsabilidades para poner a prueba todas sus competencias. A largo plazo, los empleados quieren múltiples incentivos en su lugar de trabajo; de modo que, si bien los incentivos económicos son importantes en los sectores privado y público, también merecen atención los sistemas de incentivos más complejos y holísticos.

Una segunda dimensión de los incentivos se relaciona con factores más intrínsecos como los valores, la seguridad y las condiciones de trabajo. Muchas personas tienen un firme deseo de prestar servicio y, por lo tanto, buscan empleos que tengan un valor social de redención, como con alguna ONG o en la administración pública. También hay muchas empresas que proporcionan bienes y servicios para el "bien público".

Otro conjunto de incentivos intrínsecos se relaciona con las condiciones de empleo. Algunos empleados quieren tener seguridad en el empleo y otras recompensas no económicas como horas flexibles de trabajo. Estas condiciones proporcionan incentivos para los trabajadores productivos.

Para algunos trabajadores, su identificación con la organización y la causa a la que sirven es un incentivo. Esto es más evidente en organizaciones impulsadas por una misión, en las que la motivación con frecuencia es generada por el poder mismo de la misión y otros incentivos no económicos. Muchas organizaciones religiosas o sin fines de lucro tienen misiones firmemente orientadas al servicio.

Otros ejemplos de organizaciones orientadas al servicio son las universidades y los centros de investigación. Sin embargo, la creación de sistemas efectivos de incentivos en centros de investigación en países en desarrollo plantea un temible conjunto de paradojas. En primer lugar, con frecuencia el personal es altamente calificado y tiene aptitudes técnicas que podrían significar remuneraciones más elevadas en el mercado del sector privado. No obstante, los investigadores con frecuencia prefieren trabajar en entornos donde se valora el conocimiento científico y el reconocimiento que surge de un análisis realizado por los pares. Buscan ámbitos de trabajo que fomentan una amplia comunicación y estimulación externa y que les dan el derecho a decidir qué investigación debe realizarse. El sistema de incentivos debe premiar su comportamiento profesional de modo que compense la discrepancia entre lo que podrían ganar en el sector privado o gubernamental y lo que reciben en el centro de investigaciones.

Ya sea que estén generando nuevos conocimientos por medio de la investigación, trabajando con los pobres o ayudando a los enfermos, las personas del sector sin fines de lucro están motivadas por la vocación de su trabajo en la organización. Creen en la índole particular de su labor y con frecuencia están dispuestos a renunciar a algunos incentivos económicos por este "servicio". Hoy en día hay un gran caudal de publicidad en torno del buen trabajo de dichas organizaciones. Los organismos internacionales las apoyan para fomentar el suministro de servicios a grupos a los que es difícil llegar (los pobres, las personas de las zonas rurales, otros grupos desfavorecidos). Sin embargo, estas organizaciones orientadas hacia una misión presentan problemas similares a los gerentes de las organizaciones con respecto a los incentivos.

La creación de sistemas de incentivos que apoyen el uso eficiente de recursos y motiven al personal es difícil en todo tipo de organización. El desafío es hallar la combinación de incentivos que lleve a los empleados a asumir comportamientos productivos y eficientes. Otro desafío es dónde proporcionar los incentivos organizacionales. Por ejemplo, en el sector público los incentivos formales con frecuencia están centralizados y se encuentran más allá del control de los gerentes superiores de las entidades gubernamentales. Hasta los gerentes superiores más creativos del sector público tienen dificultades en manejar el sistema de incentivos de su entidad. Esta regla del juego está cambiando en algunas entidades gubernamentales más progresistas.[1]

Datos sobre los incentivos

¿Cómo se puede obtener información sobre el sistema de incentivos de una organización y las necesidades de motivación de los empleados? Una forma es obtener los

[1] Véase Osborne y Gaebler (1992) para obtener algunas ideas sobre cómo está ocurriendo esto en Estados Unidos.

documentos sobre las estructuras de sueldos y beneficios de la organización. De ser posible, estos deben examinarse en relación con la industria general a la que pertenece la organización.

Pero esto sólo muestra una parte del problema. Los incentivos también son subjetivos y varían según cada persona. Por lo tanto, para obtener datos sobre los incentivos es necesario crear maneras de preguntar a los empleados sobre el estado de los sistemas de incentivos que existen en la organización. En algunos casos esto puede hacerse por medio de entrevistas personales, pero hallamos que la mejor manera de obtener este tipo de información es por medio de una combinación de cuestionarios que se entregan a todos los empleados y grupos de enfoque sobre la base de categorías de empleo. La encuesta proporciona información que luego podrá examinarse con mayor profundidad durante una entrevista de grupo o en grupos de enfoque.

Evaluación de los sistemas de incentivos

¿Qué significa todo esto para el análisis de los sistemas de incentivos de una organización? En primer lugar, es importante comprender la estructura de incentivos de base de una organización. En las organizaciones del sector privado los incentivos económicos constituyen un aspecto principal de la estructura; en el sector público es con frecuencia crucial el sentido de servicio al público, y en las organizaciones sin

Preguntas: Incentivos

- *El sistema de incentivos de la organización, ¿alienta o desalienta el buen desempeño del personal?*
- *¿Se sienten las personas recompensadas por su trabajo?*
- *¿Están las personas adecuadamente remuneradas?*
- *¿Apoyan las recompensas no monetarias el buen comportamiento organizacional?*
- *¿Está adecuadamente administrado el sistema de incentivos?*
- *¿Existe un análisis permanente del sistema de incentivos?*
- *¿Se trata a las personas en forma equitativa en la organización?*
- *¿Existe coherencia entre los motivos por los que se recompensa a las personas y lo que la organización dice que recompensará?*

fines de lucro es de importancia primordial comprender hasta qué punto la misión impulsa los comportamientos. Al examinar la estructura de incentivos, es importante identificar los aspectos específicos del sistema que apoyan el desempeño o desvían la atención de él. ¿Proporcionan los sistemas de incentivos la combinación adecuada de recompensas y castigos económicos y no económicos? ¿Envían las señales adecuadas a los individuos y grupos en la organización? En caso contrario, ¿hay algo que la organización pueda hacer para corregir esto o la cuestión está por encima del control de la organización?

CONCLUSIONES

Cada organización y las personas que trabajan en ella están motivadas para comportarse de maneras que son previsibles dentro de la organización. Pero, ¿de dónde proviene esto? ¿Cuáles son las fuerzas que impulsan el desempeño?

Las organizaciones tienen diferentes características en diferentes puntos de su historia y pueden sentirse motivadas por diferentes fuerzas. Por ejemplo, las organizaciones jóvenes pueden ser más abiertas al cambio y a la reestructuración que las organizaciones más maduras. La misión de una organización puede ser un poderoso elemento orientador, pero es importante determinar si la misión enunciada realmente motiva a las personas, si refleja lo que la gente de la organización cree o ambas cosas. La cultura de la organización, un complejo sistema de valores y creencias que tiene varias capas, es difícil de determinar (con todos sus subtemas, subculturas y suposiciones subyacentes), pero es un poderoso contribuyente para la motivación y, a la larga, para el desempeño. Las personas se hallan motivadas para tener un buen desempeño por una variedad de incentivos, el mayor de los cuales no siempre es monetario.

Toda organización es impulsada por una combinación singular de energía que proviene de la experiencia, una visión del futuro, un cierto sentido de valores compartidos y la recompensa esperada. Tomados en conjunto estos factores constituyen la motivación de la organización. Comprender qué es lo que motiva a una organización puede ser una herramienta poderosa para evaluar y mejorar su desempeño.

Capítulo cinco

DESEMPEÑO

El análisis del desempeño de una organización es un paso crucial en el proceso de evaluación organizacional. Pero la medición del desempeño es una de las cuestiones más problemáticas en el campo de la teoría organizacional (Steers, 1975; Zammuto, 1982; Handa y Adas, 1996). Si bien hay diversos enfoques para evaluar el desempeño organizacional, existe poco consenso en cuanto a lo que constituye un conjunto válido de criterios.

En los años cincuenta, el desempeño era *la medida en que una organización, como sistema social, cumplía sus objetivos* (Georgopoulos y Tannenbaum, 1957). En los años sesenta y setenta, Yuchtman y Seashore (1967) definieron el desempeño como *la capacidad de una organización de explotar su entorno para tener acceso a recursos escasos*. En los años ochenta y noventa, a medida que el pensamiento constructivista se volvió más estándar en la teoría organizacional, se reconoció que la identificación de las metas de la organización es algo más complejo de lo que se pensaba. Una medición del desempeño organizacional necesita considerar las percepciones de los múltiples miembros o interesados directos de la organización, incluidos aquellos que trabajan dentro de ella (Hassard y Parker, 1993). En otras palabras, el concepto de desempeño organizacional es, al menos en parte, algo que se interpreta individualmente. La influencia o el poder de los diferentes interesados directos determina cuál es el mensaje de desempeño predominante.

En términos generales, la bibliografía sobre el desarrollo organizacional aborda el desempeño en cuatro niveles, a saber:

- El empleado individual (evaluación del desempeño);
- El equipo o grupo pequeño (desempeño de equipo);
- El programa (desempeño programático);
- La organización (desempeño organizacional).

En nuestro marco reservamos el concepto de desempeño organizacional para el resultado de la organización en general (los resultados combinados del desempeño individual, de equipo y de programa). Cada organización tiene trabajo que hacer y alguna manera de medir y comunicar hasta qué punto está realizando bien su trabajo. Si bien hay múltiples maneras de entender el desempeño, en la mayoría de los sectores y áreas de desarrollo existen unidades de medida convencionales que dan una cierta dirección para comprender ese desempeño.

Por ejemplo, los ministerios de educación pueden medir su desempeño en términos de su contribución al aprendizaje de los niños. Los ministerios de salud pueden medirlo en términos de su contribución a la atención y el tratamiento de los enfermos. Las compañías de energía pueden medir el desempeño en términos del suministro de electricidad. Las municipalidades con frecuencia se comparan sobre la base de la calidad de vida de que disponen sus ciudadanos, mientras que en el sector privado, la medida convencional es el lucro, ya que las compañías que no procuran obtener ganancias arriesgan su supervivencia.

Los interesados directos quieren conocer las maneras en que una organización define sus resultados y los comunica a sus diversos públicos (Blickendorfer y Janey, 1988). Cada grupo de interesados directos o miembros tiene sus propios intereses, así como un concepto de lo que constituye buen desempeño. A nivel programático, los beneficiarios tienen un interés principal en el desempeño del programa y un interés secundario en el desempeño de la organización. Puede verse claramente que

Diferentes expectativas de desempeño

Los clientes de una planta hidroeléctrica quieren servicios eléctricos confiables, mientras que el gobierno quiere reducir sus subsidios a la planta. Bien puede ser que el gobierno esté dispuesto a aceptar un estándar más bajo de servicios si esto significa costos más bajos.

En los centros de investigación los investigadores eruditos pueden definir el desempeño en términos de la cantidad de artículos publicados, mientras que los administradores principales podrían definirlo como la cantidad de recursos financieros aportados al centro de investigación por medio de donaciones.

En estas dos situaciones puede hallarse otro grupo más de interesados directos (inversionistas externos o donantes) que ven el desempeño en términos de mejor acceso a la energía hidroeléctrica o al uso de la investigación.

En realidad, todas estas nociones de desempeño pueden ser compatibles con el propósito de la organización que se estudia.

los empleados tienen un interés importante en el desempeño de la organización de la cual dependen para su sustento. En el plano del desempeño organizacional hay otros grupos interesados como ciudadanos, financistas, políticos e inversionistas, todos los cuales tienen otra serie de intereses (Boschken, 1994).

En el sector privado, por ejemplo, las personas que invierten en una organización —un grupo importante de interesados directos— tienen más interés en el lucro y la rentabilidad de la inversión como cuestión relacionada con el desempeño que los empleados o beneficiarios de la organización. En una organización cada grupo de interesados puede tener un concepto diferente de lo que constituye el "buen" desempeño.

Entre todos estos niveles y capas de complejidad, ¿cuáles son los elementos que deben evaluarse al analizar el desempeño de una organización? En nuestro análisis tratamos de integrar las diversas escuelas de pensamiento y concebir un marco multidimensional e integral para comprender el desempeño de la organización, marco útil para el análisis de cualquier organización. Creemos que el desempeño organizacional tiene cuatro elementos principales: *efectividad, eficiencia, relevancia y viabilidad financiera*.

Desempeño en relación con la efectividad

Definición

El punto de partida para evaluar el desempeño de una organización es su efectividad. La definición de efectividad que se utiliza aquí está inscrita fundamentalmente en lo que entendemos por organización. Por lo común, las organizaciones se definen como instrumentos de propósito. Utilizando la definición clásica de organización (Etzioni, 1964), cada organización se establece para una función específica que se aclara por medio de sus metas. Las metas se hacen visibles por medio de los resultados de la labor de la organización y las actividades que realiza para lograr esas metas.

En nuestro marco la efectividad de una organización es el requisito previo para que cumpla sus metas. Específicamente, definimos la efectividad de la organización como *el grado en el que una organización es capaz de lograr sus metas*. Como lo dicen March y Sutton (1997): "Explicar la variación en el desempeño o en la efectividad es uno de los temas que más perduran en el estudio del desempeño organizacional".

Sin embargo, la descripción y la medición de la efectividad plantean problemas. En primer lugar, no está claro si puede decidirse sobre un conjunto único de metas o siquiera lograr consenso sobre un conjunto múltiple de metas para una organización (Brown, 1994). En segundo lugar, tampoco está claro adónde ir ni a quién recurrir para identificar metas o procurar consenso. Pese a estas dificultades, las organizaciones adoptan una variedad de procesos para identificar sus metas, objetivos y sistemas para comunicar su grado de efectividad —es decir, hasta qué punto logran sus metas— a sus interesados directos.

Dimensiones

¿Cuáles son las partes o las dimensiones de la efectividad? ¿Qué indica la experiencia? En general, no hay dimensiones de efectividad comunes a todas las organizaciones. Esto es sentido común. Las metas de una ONG comunitaria no son las mismas que las de una ONG del medio ambiente ni las mismas que las de un ministerio de finanzas. No obstante, pese a la variedad de organizaciones que existen, hay grandes similitudes entre diversos grupos funcionales de organizaciones (Heckman, Heinrich y Smith, 1997).

A la mayoría de los ministerios de educación les interesa impartir conocimientos adecuados en lectura, escritura y matemáticas. Si bien su mandato podría tener otras dimensiones, un ministerio de educación tendría pocos motivos para existir si no fuera responsable de organizarse con miras a proporcionar conocimientos básicos para la sociedad en la que trabaja. Por lo tanto, los ministerios de educación se organizan para distribuir programas que satisfacen estas y otras metas. En forma análoga, los ministerios de finanzas tienen una responsabilidad funcional para los aspectos económicos y financieros de las actividades de una nación.

Al evaluar la efectividad de una organización, es importante primero comprender su propósito funcional (por ejemplo, para una universidad ese propósito es proporcionar un nivel de enseñanza superior) y luego explorar la manera en que la organización entiende las diversas dimensiones (enseñanza, investigación y servicio) de su función. A veces la comprensión que una organización tiene de su función y sus dimensiones de efectividad difiere de la de sus interesados directos. En otros casos, el equilibrio que la organización otorga a sus dimensiones difiere entre los interesados. Cuando esto sucede, los interesados se muestran insatisfechos, problema que las organizaciones necesitan abordar.

Para tratar de apreciar las dimensiones de la efectividad organizacional se requiere una cierta comprensión de los propósitos funcionales de la categoría de organizaciones a la cual se ajusta la organización en cuestión. Estos propósitos funcionales aportan información sobre las dimensiones de la efectividad organizacional.

DIMENSIONES COMUNES

Las universidades se establecen con el fin de proporcionar acceso a la educación superior. El lema de una universidad que visitamos en África era: "Cada persona puede llegar a ser todo lo que es capaz de ser". Por lo general, al cumplir con su responsabilidad de impartir educación superior, las universidades comparten un conjunto de dimensiones comunes que ayudan a aclarar su función. Estas dimensiones básicas, a su vez, proporcionan una base sobre la cual evaluar la efectividad.

Un estudio de la bibliografía universitaria determinó que, en general, el propósito funcional de las universidades ha llevado a tres dimensiones amplias del trabajo universitario: enseñanza, investigación y servicio. Para los centros de investigación se identificó un conjunto similar de dimensiones, si bien en lugar de la enseñanza formal que lleva a la obtención de títulos, estos centros a veces ofrecen formación sin otorgar títulos.

En un marco diferente, trabajamos con municipalidades organizadas para mejorar la calidad de vida de los que residen en su jurisdicción. Al examinar su efectividad, descubrimos unas 20 dimensiones que las municipalidades abordan para mejorar la vida de sus ciudadanos. Algunos de estos servicios atienden necesidades humanas básicas, como la calidad del agua potable y el saneamiento, de lo cual son responsables las municipalidades. Otros servicios son menos básicos. Por ejemplo, en muchas provincias canadienses, las municipalidades asumen la responsabilidad de organizar servicios de recreación.

Las dimensiones de la efectividad de la organización son al mismo tiempo estables y dinámicas. Son estables desde la perspectiva de la función de la organización en el cumplimiento de la promesa implícita relacionada con su existencia; es decir, la educación es la meta de las escuelas, el mejoramiento de la salud es la meta de los hospitales. Si bien las dimensiones varían entre los diversos tipos de organización, existe una cierta estabilidad en un tipo específico de organización (Heckman, Heinrich y Smith, 1997).

Desde otra perspectiva, las dimensiones de la efectividad son estables y dinámicas porque dentro de todo tipo de organización la importancia de un determinado indicador de efectividad varía de acuerdo con cada interesado directo en particular (Wohlstetter, 1994). Por ejemplo, en organizaciones del sector privado el lucro es comúnmente una de las metas. Pero el lucro significa diferentes cosas para diferentes personas. Para un trabajador, puede significar renunciar a sueldos con un acuerdo implícito de que una empresa lucrativa lleve a empleos de larga duración. Para un gerente, el lucro puede significar un mayor sueldo a través de acciones en la compañía. Para un inversionista, puede significar mejor rentabilidad de la inversión.

Evaluación de la efectividad

La evaluación de la efectividad de organizaciones sin fines de lucro y gubernamentales no es tarea fácil. Dado que definimos la efectividad en términos de hasta qué punto una organización está cumpliendo sus metas funcionales, el primer punto en la evaluación de la efectividad organizacional es identificar las metas.

Como se señaló, en un nivel las metas organizacionales son evidentes: los ministerios de educación educan niños. Desde una perspectiva funcional, la evaluación de la efectividad de una organización requiere una cierta comprensión de sus responsabilidades funcionales. A medida que uno se va familiarizando con la organización que se estudia, el objetivo y las metas se hacen explícitos en varios documentos de la organización: la escritura de sus estatutos, los documentos constitutivos o el plan o la estrategia de la organización. En los departamentos

¿ES UNA META MEJOR QUE OTRA?

En un análisis reciente de un centro de investigación sanitaria, evaluamos —como es habitual— la carta constitutiva. Esta señalaba que el centro debía dedicarse a la investigación, la capacitación y el servicio. Como parte de la dimensión del servicio, la carta estipulaba que el centro era responsable de manejar un hospital, entre otros servicios comunitarios.

Durante los 40 años o más de su existencia, este centro de investigación se volvió bastante prestigioso y atrajo a varios académicos de carrera ascendente para que formaran parte de su personal. Para que dichos académicos sigan una carrera de investigación, es esencial que publiquen artículos en revistas con referato.

Por otra parte, todos los documentos del centro de investigación, así como las declaraciones de su director, señalaban que el "propósito último" del centro era traducir la investigación en política y práctica. En otras palabras, la base para juzgar el éxito no era sencillamente el trabajo académico sino más bien el uso de la investigación, ya fuera que se publicara en revistas con referato o no. El centro ofrecía una cantidad considerable de detalles sobre las publicaciones realizadas por su personal, pero había relativamente poca información recopilada sistemáticamente sobre el uso de dicha investigación para la política y la práctica.

gubernamentales las metas se esbozan en la ley que establece el departamento.

Los enunciados de la misión proporcionan ideas particularmente importantes sobre los objetivos y metas de la organización. La oficina de contaduría general de Estados Unidos, por ejemplo, requiere que el plan de sus agentes ejecutores (organizaciones) identifique primero las metas y las medidas que cubren estas metas. Una vez que los propósitos, metas y dimensiones de la organización están claros, la persona o entidad que realiza el diagnóstico está lista para emprender la evaluación.

El primer paso es decidir un conjunto de preguntas que guíen el proceso de explorar el grado de efectividad de la organización. Un aspecto importante en la elaboración de preguntas es reconocer que algunas son más amplias que otras. De hecho, las preguntas pueden ser desde sumamente amplias —¿cuál es la calidad de la enseñanza en la universidad?— hasta sumamente específicas —¿qué porcentaje de los maestros reciben la distinción de excelente en el sistema de calificación de los alumnos? A medida que se pasa a lo específico en el proceso de formulación de preguntas, se comienzan a identificar los indicadores que podrían ayudar a responder a la pregunta. Estos indicadores permiten medir el concepto que se examina y proporcionan ideas sobre la cuestión de la efectividad (véase Lusthaus et al., 1999, pág. 22).

La evaluación de la efectividad de una organización es más esquiva que lo que

Preguntas: Efectividad

- *¿Cuán efectiva es la organización en dirigirse hacia el cumplimiento de su misión?*
- *¿Cuán efectiva es la organización en cumplir las metas expresadas en sus estatutos, enunciados de misión u otros documentos que proporcionan la "razón de ser" de la organización?*
- *¿Se pone en funcionamiento la misión por medio de metas programáticas, objetivos y actividades?*
- *¿Se utilizan indicadores cuantitativos y cualitativos para captar la esencia de la misión?*
- *¿Existe un sistema para evaluar la efectividad, es decir, el grado de cumplimiento de las metas y los objetivos?*
- *Los clientes o beneficiarios para los cuales se ha concebido una línea de negocios o un programa, ¿consideran que estos son satisfactorios?*
- *¿Monitorea la organización la efectividad organizacional?*
- *¿Utiliza la organización información de retroalimentación para mejorarse a sí misma?*

parece. Por ejemplo, a veces las organizaciones hacen hincapié en una de las metas en detrimento de otras. El centro de investigación descrito en el recuadro correspondiente, ¿es efectivo si publica una cantidad considerable de artículos en publicaciones con referato? ¿Qué puede utilizarse para indicar que un centro de investigación es efectivo? O bien, ¿cuándo puede decirse que un ministerio de educación o de finanzas es efectivo? Estas son preguntas bastante desconcertantes que hacen que la evaluación de la efectividad sea muy difícil.

Indicadores de efectividad

¿Tiene su organización indicadores de efectividad? Si no los tiene, ahora es el momento de elaborar algunos indicadores preliminares que guíen su evaluación y de comenzar un proceso que ayude a la organización a elaborar indicadores y recopilar datos sobre la efectividad para el futuro (*Healthcare Financial Management*, 1997). Las preguntas necesitan respuestas y esas respuestas provienen de varias fuentes de datos que incluyen personas, documentos y análisis. Pero, ¿cómo se pasa de una pregunta a las fuentes de datos?

Algunas personas encuentran útil identificar indicadores que ayuden a responder a las preguntas. Está claro que un primer paso en esta búsqueda es identificar los indicadores que la organización utiliza para describir su efectividad (si los hay) o sustitutos de estos indicadores (por ejemplo, hasta qué punto la organización contribuye con algún indicador de orden superior). Como cada tipo de organización —ya sea una municipalidad o una ONG— varía en su función, sus objetivos, metas y dimensiones, también varían los indicadores de efectividad (Tavenas, 1992).

Una dificultad en la evaluación de la efectividad organizacional se presenta cuando la organización no ha creado un conjunto de indicadores. En estas condiciones, es necesario elaborar, junto con la organización, una lista sustituta de indicadores y recopilar datos sobre la efectividad. Al igual que en el caso de las preguntas relacionadas con la efectividad, no existe una lista fija de indicadores que puedan ser utilizados por todas las organizaciones (Eimicke, 1998). No obstante, a continuación presentamos lo que podría llamarse "puntos de partida como indicadores" que pueden utilizarse cuando una organización no tiene su propio conjunto de indicadores:

- Cumplimiento de las metas;
- Número de clientes atendidos;
- Calidad de los servicios/productos;

- Acceso a los servicios y uso de los mismos;
- Generación y utilización de conocimientos;
- Cambios en la calidad de vida;
- Demanda de servicios o productos;
- Repetición de los programas de la organización por parte de los interesados directos;
- Indicadores de crecimiento para cobertura de programas, servicios, clientes y fondos.

Desempeño en relación con la eficiencia

Definición

El segundo concepto general para juzgar el desempeño de una organización es la eficiencia. Cada organización tiene un cierto nivel de recursos para suministrar bienes y servicios y debe funcionar dentro de esas limitaciones de recursos. Cuando los resultados de una organización se miden en relación con sus recursos, la unidad de medida es la eficiencia. Más específicamente, definimos la eficiencia como *la proporción que refleja una comparación entre los resultados logrados y los costos sufragados para el cumplimiento de las metas.*

Hay dos aspectos de la eficiencia. El primero está compuesto por las unidades de producción o servicios que se relacionan con el propósito organizacional; el segundo es cuánto cuesta producir dichos bienes y servicios. ¿Cuánto derrochó o economizó la organización en la producción de los resultados? Esta es la pregunta de la eficiencia (Barker, 1995).

Por lo general, la eficiencia se mide como la relación de productos a insumos. Esto implica que para lograr la eficiencia una organización debe velar por la obtención del máximo de productos con los recursos que dedica a un programa, una operación o un departamento (Tavenas, 1992). A la inversa, se logra la eficiencia cuan-

Eficiencia: muchas maneras de medir

Muchas organizaciones educativas utilizan el costo por egresado como indicador de eficiencia. A la inversa, utilizan las tasas de repetición y deserción como signo de ineficiencia. Los departamentos de salud, transporte y energía de muchas municipalidades han tratado de vincular el costo de la prestación de los servicios a los servicios mismos.

do se utiliza el nivel mínimo de recursos para producir la cantidad de productos establecidos como meta o para lograr los objetivos de un programa, una operación o un departamento.

En las economías competitivas de hoy, las organizaciones deben proporcionar productos y servicios excepcionales dentro de una estructura de costos apropiada. En tiempos de restricción económica, se juzga cada vez más el desempeño por la eficiencia de la organización (el costo por servicio, el número de productos por empleado, las publicaciones por empleado) (Barker, 1995). Utilizando los valores monetarios o los costos y beneficios que inevitablemente forman parte de la eficiencia, es posible determinar a título cuantitativo dónde invertir en programas (mejor valor por el dinero invertido), qué productos y servicios se están volviendo obsoletos y cuáles actividades no proporcionan valor adecuado por el dinero que se invierte en ellas. Cualquiera sea el tamaño general de la unidad, las organizaciones que se considera que tienen un buen desempeño son aquellas que proporcionan buen valor por el dinero gastado.

Dimensiones

En todo el mundo las organizaciones se enfrentan con crecientes presiones para utilizar sus recursos en forma acertada. La globalización, por lo general, comprende menores impuestos y mayores costos de recursos humanos y naturales, todo lo cual se combina para fomentar el tema de la eficiencia en la mayoría de las organizaciones. En el último decenio, organizaciones tanto públicas como privadas se han visto obligadas a reducir costos y aumentar la productividad por medio de medidas de reducción o adecuación. "Hacer más con menos" es el lema para muchas organizaciones tanto en el mundo desarrollado como en el mundo en desarrollo. En otras palabras, producir más resultados con menos recursos (Eimicke, 1998).

En el sector privado, en particular en el manufacturero, se han obtenido enormes ganancias al reestructurar la producción para mejorar la eficiencia. La informática, junto con otras tecnologías, mejoró en forma marcada la productividad. Sin embargo, al pasar de los sistemas de las manufacturas a sistemas más orientados a las personas y controlados políticamente, las cuestiones de la eficiencia son más difíciles de entender (Heckman et al., 1997).

En primer lugar, en sistemas dominados políticamente, la eficiencia (costos en relación con el cumplimiento de las metas) con frecuencia se complica debido a que las metas no declaradas son igualmente importantes (si no lo son más) que las declaradas. Por ejemplo, en muchos países, las compañías ferroviarias manejadas o reguladas por el gobierno se utilizan para emplear a personas que son leales al gobierno o que lo apoyan, independientemente de su productividad. En otros casos, muchas organizaciones sin fines de lucro valoran las relaciones humanas por encima de las medidas de eficiencia, si bien esto con frecuencia no se declara abiertamente.

En general, hay dos enfoques para describir la eficiencia de una organización, si bien ninguno de ellos se ajusta exactamente a organizaciones gubernamentales o sin fines de lucro. El primer enfoque es la definición más estándar de eficiencia: trata de vincular la cantidad de recursos utilizados con los resultados obtenidos. Históricamente, este tipo de indicador proporciona una visión amplia de una organización y permite realizar comparaciones entre organizaciones.

Si bien este enfoque ha tenido un cierto éxito, hay otra manera de describir hasta dónde una organización es "eficiente desde el punto de vista administrativo". La eficiencia administrativa explora la manera en que diferentes procesos de trabajo contribuyen al valor agregado general en una organización. Simons y Davila (1999) llaman a esto la rentabilidad de la gestión, una medida del grado en que una organización está manejando bien su estrategia y sus procesos de trabajo.

A diferencia de los métodos históricos de eficiencia que llevan a porcentajes más precisos de rentabilidad, esta medida de eficiencia proporciona una estimación aproximada de la cantidad de energía productiva que gasta una organización en relación con la cantidad de tiempo invertido por gerentes y profesionales.

Esta dimensión está vinculada a la capacidad de una organización para equilibrar políticas, procedimientos y esfuerzos creativos teniendo en cuenta funciones y responsabilidades que ayudan o sofocan al personal, o vinculada al hecho de que hay demasiadas reglas o estas no son suficientes. En suma, este segundo enfoque para medir la eficiencia evalúa hasta qué punto la estrategia, los sistemas y los procedimientos de la organización generan energía productiva.

Evaluación de la eficiencia

Al evaluar la eficiencia, por lo general es más difícil evaluar los productos que los insumos, en especial en organizaciones de servicio en las que los productos tienden a ser cualitativos en lugar de cuantitativos.[1] Aun en organizaciones que produ-

[1] Con frecuencia utilizamos los productos como sustitutos debido a la dificultad de medir los resultados y los costos de los productos.

MEDICIÓN DE LOS PRODUCTOS DE EFICIENCIA

A comienzos de 1998 evaluamos la eficiencia de una subunidad de una organización que proporcionaba giras de estudio para oficiales superiores del gobierno municipal en China. Las giras de estudio se realizaban en Canadá. La organización fue acusada de gastar demasiado dinero en las giras y de no prestar suficiente atención a las críticas de que varios participantes no estaban interesados en aprender sobre las municipalidades canadienses. ¿Cuáles son las cuestiones relacionadas con la eficiencia organizacional?

Nos interesaban las críticas y sus motivos. ¿Había inquietudes en cuanto al costo unitario general por participante por día, una característica de la eficiencia? ¿Había inquietudes en cuanto a los costos administrativos por participante?

La mayoría de las críticas se relacionaba no solamente con la gira de estudios y sus costos sino más bien con sus resultados, específicamente los beneficios de la labor de la organización para Canadá y China. Nos propusimos averiguar los costos y beneficios de la gira de estudios a Canadá, pero hallamos que la organización no recopilaba datos sobre los beneficios. Por lo tanto, creamos nuestra propia base de datos de beneficios e ideamos un sistema para evaluar la eficiencia general con respecto a los resultados.

Dedicamos varios meses a la tarea y recurrimos a la experiencia y los conocimientos de una amplia variedad de participantes chinos y canadienses, así como a otras personas que se dedicaron a las giras. Los resultados fueron un modelo que combinaba el desempeño histórico concreto con el pronóstico de los beneficios. Para gran asombro de los críticos, cuando se recibieron los resultados, se vio que Canadá obtenía US$18 en beneficios por cada dólar que ponía en la organización. ¿Es esto eficiente? Dijimos que sí, pero señalamos que era necesario obtener algunas comparaciones en el futuro.

cen bienes físicos tangibles, es probable que siga siendo difícil obtener una evaluación oportuna e ideal de productos que capte diferencias de calidad con el transcurso del tiempo o entre una empresa y otra (Bowles y Coates, 1993).

Por ejemplo, si la eficiencia de una organización de investigación se mide en términos de la cantidad de trabajos escritos por investigador, se pasa por alto la cuestión de la calidad de dichos trabajos. Para convertir esta consideración de la calidad en un indicador de eficiencia, el producto puede medirse en términos de la cantidad de artículos de investigación publicados en publicaciones renombradas o con referato. Dichos productos pueden luego relacionarse con los costos de los productores. Este ejemplo destaca la necesidad de tener cuidado cuando se decide sobre el mejor tipo de indicador que proporciona una medida cuantitativa de la eficiencia pero también capta algunos aspectos de la calidad del producto o servicio. En algunos ministerios del gobierno, los indicadores cualitativos son los más importantes. Por ejemplo, ¿cómo se evalúa la eficiencia de los ministerios de relaciones exteriores? ¿Es el costo del ministerio en relación con la calidad de sus relaciones internacionales? ¿Es la imagen del país?

Preguntas: Eficiencia

- *¿Cuál es la relación entre la unidad de producto y el costo de producir el resultado?*
- *¿Con cuánta eficiencia está utilizando la organización sus recursos humanos, financieros y físicos?*
- *¿Están relacionados los costos de los miembros del personal con su productividad?*
- *¿Se utilizan en forma óptima las instalaciones físicas (edificios, equipos, etc.)?*
- *¿Se utilizan en forma óptima los recursos financieros? ¿Cuáles son los índices comparativos de costos y resultados?*
- *¿Existen sistemas administrativos que proporcionan buen valor por los costos?*
- *¿Existen sistemas administrativos de calidad para apoyar la eficiencia (recursos financieros, recursos humanos, programas, estrategia, etc.)?*
- *¿Realiza la organización comparaciones de referencia sobre la base del desempeño de programas similares, o sobre la base del desempeño del programa mismo en el tiempo, o sobre alguna meta predeterminada al comienzo del programa?*

Indicadores de eficiencia

Al igual que sucede con la eficacia, si una organización no ha elaborado indicadores de eficiencia, hay algunos indicadores preliminares que pueden utilizarse para guiar una evaluación:

- Costo por servicio o programa proporcionado;
- Costos generales en relación con los costos totales del servicio o programa;
- Productos por empleado;
- Costo por cliente atendido;
- Ausentismo del empleado y tasas de recambio de personal;
- Tasas de terminación de programas;

- Frecuencia de avería de los sistemas;
- Puntualidad de la prestación de servicios.

La eficiencia y la efectividad son conceptos tradicionales utilizados por los profesionales de las organizaciones para evaluar el desempeño. Una organización es eficiente si, al compararse con organizaciones similares, sus resultados son relativamente elevados en relación con los recursos gastados. Es efectiva en la medida en que alcanza su propósito o sus metas. Sin embargo, hay organizaciones que pueden ser sumamente efectivas sin ser eficientes y pueden alcanzar niveles relativamente elevados de eficiencia sin ser efectivas (March y Sutton, 1997).

No obstante, la efectividad y la eficiencia no presentan el panorama completo del desempeño organizacional. Hoy en día las organizaciones deben ser y deben parecer continuamente relevantes para sus interesados directos. La relevancia permanente es el tercer concepto del desempeño.

LA EFECTIVIDAD NO SIEMPRE INDICA EFICIENCIA

Si dos organizaciones idénticas (A y B) que trabajan en idénticas condiciones cumplen sus metas programáticas idénticas para el año con presupuestos respectivos de US$100.000 y US$150.000, ambas son igualmente efectivas, pero A es más eficiente que B. Por lo tanto, la efectividad y la eficiencia están relacionadas pero no son intercambiables.

DESEMPEÑO EN LA RELACIÓN CON LA CONTINUIDAD DE LA RELEVANCIA

Definición

En la bibliografía moderna sobre organizaciones se presenta a las organizaciones como redes de relaciones entre partes interesadas (Weick, 1995). Estos grupos compiten por la importancia y el poder dentro de la organización y tratan de influir en los criterios que la organización utiliza para determinar el desempeño. Desde el punto de vista de un interesado directo, el desempeño de una organización es la medida en que se satisfacen las necesidades y los requisitos de cada una de las partes interesadas. Las organizaciones deben ser relevantes a sus interesados clave. Al estudiar las ONG dedicadas al desarrollo, hallamos que los requisitos y las expectativas de los donantes no son los mismos que los de sus clientes (otro grupo de interesados directos). Estas organizaciones necesitan ser relevantes tanto a los que proporcionan fondos como a los clientes y deben conciliar las diferencias.

En toda sociedad hace falta tiempo para que las organizaciones evolucionen y se desarrollen, pero con el tiempo deben crear maneras de renovarse a sí mismas con el fin de seguir siendo útiles a los principales interesados. Si bien todas las organizaciones a la larga se enfrentan con crisis internas y externas, las que sobreviven son las que logran adaptarse a los entornos cambiantes. Desde la perspectiva de un sistema, para que una organización sobreviva debe obtener el apoyo de su entorno. En otras palabras, una organización debe proporcionar a los interesados directos de su entorno los bienes y servicios que quieren, necesitan o están dispuestos a apoyar. Una variable clave del desempeño es la continuidad de la relevancia de la organización, que definimos como *la capacidad de una organización de satisfacer las necesidades y conseguir el apoyo de sus principales interesados directos en el pasado, el presente y el futuro.*

En el sector privado, lo que se ha escrito sobre organizaciones explica la noción de relevancia por medio de la innovación y la adaptación. Para surgir como una "organización de aprendizaje", una organización debe esforzarse por lograr el ideal de adaptarse constantemente al entorno cambiante y a las necesidades en evolución de sus involucrados. Peter Senge sostiene que las organizaciones que sobreviven son las que aprenden en forma continua y utilizan lo aprendido para mejorar y tener un buen desempeño (Senge et al., 1994, 1999).

En el marco actual, el desempeño organizacional se relaciona con la capacidad de la organización de mantener su misión, sus metas, sus programas y sus actividades en armonía con las necesidades en evolución de sus miembros e interesados directos clave. En la mayor parte de lo que se ha escrito sobre el sector privado, la administración pública y el sector del desarrollo, se identifica a los clientes como interesados directos centrales en la evaluación del desempeño de una organización. No obstante, la mayoría de las organizaciones tiene una variedad de interesados directos cuyo apoyo es esencial para que la organización siga siendo relevante. Las organizaciones deben fijar prioridades y, como corresponde, abordar los conflictos y las paradojas entre sus grupos de interesados directos.

¿Cuáles son los interesados directos a los que se debería satisfacer? ¿Cómo se deben manejar estas series de expectativas? En un establecimiento de atención de la salud, hallamos que el ser relevante para el gobierno reduciendo costos y servicios llevó a una atención menos orientada a los clientes (satisfacción de las necesidades de los pacientes y sus familiares). En el entorno de desarrollo, hacer más con menos podría ser un lema útil para donantes y sus contribuyentes, pero no necesariamente satisfactorio para los trabajadores del desarrollo que ya están dedicando 60 horas a la semana y están viviendo lejos de sus hogares un tercio del tiempo.

LA LUCHA POR LA RELEVANCIA

Se consideró que un centro de investigación de África Oriental era fructífero porque obtenía fondos y renovaciones de fondos de entidades donantes; sus investigadores escribían trabajos publicados en buenas revistas profesionales, y era eficiente en la realización de la investigación. Pero a medida que el centro comenzó a evaluar su la continuidad de su relevancia para sus interesados directos, surgieron dos clases de expectativas en contraposición. Uno de los interesados directos más importantes del centro era una entidad de financiamiento que apoyaba el desarrollo de investigación de políticas. Para satisfacer las necesidades de este interesado, el centro de investigación dedicó considerables recursos a la investigación sobre políticas. Creó una unidad de investigación sobre políticas y contrató personal con los conocimientos y la experiencia adecuados en este campo. Pero otro interesado directo importante en el centro era la sociedad civil local, que no consideraba que la investigación sobre políticas fuera útil para la comunidad, y en lugar de ello esperaba que el centro de investigación concentrara más recursos en investigación aplicada.

Dimensiones

La continuidad de la relevancia es crucial para la viabilidad a largo plazo de toda organización. En el sector privado la relevancia está fuertemente vinculada a la reacción del mercado a los bienes, servicios y a la información que la organización le proporciona. En ninguna parte se ve esto más dramática y directamente que en la manera en que el mercado de valores actual responde a la información sobre una empresa.

Cuando se anuncian nuevos productos o innovaciones, o cuando se hacen públicas las ganancias del trimestre, los inversionistas del mercado de inmediato emiten juicios sobre la continuidad de la relevancia de la empresa para sus principales interesados directos (clientes, inversionistas, personal, proveedores, etc.). Se pronuncia un juicio sobre el futuro de la organización. Las organizaciones gubernamentales y sin fines de lucro rara vez reciben este tipo de información inmediata sobre su pertinencia y, por lo tanto, necesitan depender de diferentes tipos de retroalimentación.

Utilizamos dos dimensiones básicas para evaluar la continuidad de la relevancia de las organizaciones. La primera se relaciona con *la capacidad de una organización de mantener satisfechos a sus interesados directos*. Para tener un buen desempeño, la organización debe hacer sentir a los interesados directos clave que se están satisfaciendo sus expectativas. En organizaciones gubernamentales y sin fines de lucro, una manera de determinar esto es conseguir información sobre las percepciones de la satisfacción de los interesados (contribuyentes, clientes, empleados, proveedores, etc.).

Sin embargo, esta dimensión es bastante limitante y a veces paradójica. Como se ilustra en el recuadro sobre el centro de investigación de África Oriental, diferentes interesados tienen expectativas contradictorias. Lo que esto exige es la segunda dimensión de la continuidad de la relevancia, que es *la capacidad de innovar y crear situaciones nuevas y más eficaces como resultado de ideas y nuevos conocimientos*. La innovación y la adaptación a requisitos cambiantes son indicadores clave del desempeño en el mundo de hoy, que se mueve a un ritmo tan rápido.

Evaluación de la relevancia

Las organizaciones necesitan conseguir maneras de comprender las percepciones de sus interesados clave y, durante el último decenio, aumentaron de manera considerable los gastos para hacer precisamente eso. Hoy en día las empresas privadas gastan cada vez más para evaluar las reacciones del consumidor a nuevos productos y servicios. En forma análoga, las empresas privadas reconocen la importancia del gobierno como interesado directo en sus negocios e invierten sumas considerables en forjar asociaciones y grupos de influencia que las ayuden a comprender a este grupo de interesados directos e influir en él.

Asimismo, las organizaciones gubernamentales y sin fines de lucro han reconocido la importancia de ser relevantes. Ambos grupos ahora evalúan sistemáticamente la calidad de su servicio al cliente. Además, estas organizaciones están recurriendo cada vez más al sondeo para hallar más información sobre las necesidades y los deseos de sus interesados. ¿Piensan los ciudadanos que están obteniendo servicios adecuados a cambio de lo que pagan en impuestos? ¿Están los clientes y el gobierno obteniendo servicios adecuados por parte de quienes los proveen? Cuando los interesados directos sienten que sus necesidades no están siendo satisfechas, pueden actuar en contra de los intereses de la organización por medio de protestas o de la retención de fondos.

Las cuestiones relacionadas con la satisfacción de múltiples grupos de miembros abarcan desde mantener la buena reputación de la organización en la comunidad en general hasta los efectos de los programas y servicios de la organización en sus beneficiarios o clientes y los efectos de la administración en la moral del personal.

Si bien parte de la continuidad de la relevancia es sencillamente satisfacer las expectativas de los interesados directos, otro factor es prever sus necesidades. Aunque más especulativos, la innovación y la adaptación a condiciones cambiantes son otros aspectos de la continuidad de la relevancia. Las organizaciones necesitan prever el futuro, crear nuevos productos y servicios y ocuparse de sus interesados con respecto a sus necesidades emergentes. A determinado nivel, esto se ve en cada nuevo presupuesto que presenta el gobierno. Se introducen nuevos programas y desaparecen programas antiguos. Con frecuencia se dice que un departamento gubernamental está desactualizado cuando no se dedica en forma adecuada a tratar de mejorar sus productos y servicios, o cuando su personal ya no está motivado para abordar ideas innovadoras. El tratar de evaluar la capacidad de innovar y adaptarse son partes importantes de la continuidad de la relevancia.

Preguntas: Relevancia

- *¿Se realizan encuestas o sondeos adecuados de los clientes para obtener sus percepciones de la organización?*
- *¿Se ha adaptado la organización y ha cambiado su trabajo con el tiempo?*
- *¿Se examinan y modifican regularmente los programas para reflejar el entorno y las capacidades cambiantes?*
- *¿Se examina regularmente la misión de la organización?*
- *¿Se realizan regularmente evaluaciones de las necesidades de los interesados directos?*
- *¿Examina la organización regularmente el entorno con el fin de adaptar su estrategia como corresponde?*
- *¿Monitorea la organización su reputación?*
- *¿Crea la organización nuevas tecnologías o se adapta a ellas?*
- *¿Estimula la organización la innovación?*

Indicadores de relevancia

Como muchas organizaciones no tienen en cuenta los indicadores de relevancia, puede ser que se necesite elaborar algunos indicadores preliminares, como los siguientes, para guiar una evaluación.

- Satisfacción de los interesados directos (clientes, instituciones financieras internacionales, donantes, etc.);
- Número de nuevos programas y servicios;
- Cambios en las actitudes de los asociados;
- Cambios de funciones;
- Cambios en las entidades de financiamiento (calidad y cantidad);
- Cambios en la reputación entre organizaciones homólogas;
- Aceptación de programas y servicios por parte de los interesados directos;
- Apoyo destinado específicamente al desarrollo profesional;
- Cantidad de contribuyentes financieros antiguos y nuevos (riesgo de que se dejen de recibir fondos, apalancamiento de los fondos);
- Cambios en la innovación y adaptabilidad de la organización (cambios adecuados a las necesidades, métodos);
- Cambios en la reputación de la organización entre interesados directos clave;
- Cambios en servicios y programas relacionados con el cambio de sistemas de clientes.

DESEMPEÑO EN RELACIÓN CON LA VIABILIDAD FINANCIERA

Definición

Las organizaciones pueden ser relativamente efectivas, eficientes y relevantes para la mayoría de sus interesados directos, pero al mismo tiempo pueden hallarse al borde del colapso. ¿Cómo puede ser esto? En los últimos tres años nuestro trabajo con organizaciones gubernamentales y sin fines de lucro nos hizo darnos cuenta de que para tener un buen desempeño, una organización también debe prestar atención a su capacidad de generar los recursos que necesita. Eso significa no solamente tener la capacidad de pagar sus cuentas operativas, sino también tener un cierto exceso de ingresos con respecto a los gastos (ganancias o superávit) (Booth,

1996). Tanto en el sector privado, en el que las ganancias son una medida de solidez financiera, como en los sectores públicos que dependen de financiamientos o préstamos del gobierno o de los bancos de desarrollo, la viabilidad financiera es un asunto clave a corto y largo plazo.

Hemos agregado la viabilidad financiera como criterio de desempeño desde nuestro trabajo de 1995. Esto se debe a la gran cantidad de organizaciones sin fines de lucro y gubernamentales a las que hoy en día se les pide que sean más impulsadas por el mercado. Deben concentrar más atención en el aspecto de la demanda y el ingreso de su trabajo en lugar de hacerlo solamente en el aspecto de la oferta (Henke, 1992). Este concepto puede entenderse con mayor facilidad en el sector privado, pero menos en las organizaciones que son financiadas por los contribuyentes. Al decir viabilidad financiera queremos decir *la capacidad de una organización de obtener los fondos necesarios para satisfacer sus requisitos funcionales a corto, mediano y largo plazo.*

Dimensiones

Hay tres dimensiones para evaluar la viabilidad financiera de una organización. La primera se relaciona con *la capacidad de una organización de generar suficiente dinero para pagar sus cuentas y, en el caso de organizaciones sin fines de lucro, ser prósperas y fructíferas.* Lo que interesa aquí son las necesidades de flujo de fondos a corto y largo plazo. Los recursos se generan por medio de la capacidad de una organización para crear, proporcionar y entregar productos, servicios o programas útiles a los clientes o beneficiarios (Henke, 1992). Cuando existe una compra directa de servicios, los clientes adquieren productos o servicios y pagan por los servicios. Los donantes y los gobiernos actúan como terceros en la adquisición de productos y servicios que creen que los beneficiarios necesitan o quieren. Los clientes y los gobiernos donantes proporcionan los recursos que una organización necesita para sobrevivir a corto, mediano y largo plazo. A corto plazo, una organización necesita dinero en efectivo para pagar sus obligaciones inmediatas (sueldos, suministros, alquileres).

Las organizaciones que no pueden satisfacer sus obligaciones a corto plazo presentan un riesgo para sus acreedores, para aquellos a quienes prestan servicios y para las personas que trabajan en la organización (Lampe y Sutton, 1997). Esto se ve de varias maneras. En algunos países los gobiernos aprueban presupuestos, pero no proporcionan el dinero identificado en el presupuesto. En estos casos, los funcionarios y clientes del gobierno siempre se sienten traicionados por promesas no cumplidas.

Viabilidad financiera: cómo hacer frente al cambio

En 1996 trabajamos con una ONG comunitaria en Sudáfrica que prestaba servicios de apoyo educativo a las escuelas pobres en distritos rurales. Desde 1985 hasta 1995 la ONG había recibido apoyo directo de entidades internacionales cuyo propósito era luchar contra el régimen del "apartheid" de Sudáfrica. A mediados de los años noventa se volvió claro que cuando un gobierno electo surgiera en Sudáfrica, este tipo de apoyo de donantes para ONG cambiaría. En lugar de dar apoyo directo a una ONG, los donantes otorgarían los fondos de ayuda al gobierno legítimo, el cual a su vez distribuiría los fondos.

En otras palabras, varios años antes de la independencia se puso de manifiesto que el sistema de financiamiento para la comunidad de ONG cambiaría y que las organizaciones, como la que evaluamos, serían vulnerables a este cambio. Nuestra evaluación de los financiadores de una ONG mostró que la organización había realizado un trabajo excelente. Proporcionó educación de primera clase para maestros de escuelas pobres a costos moderados. Los maestros, administradores y padres estaban entusiasmados con el programa. No obstante, debido a que la ONG no había podido prever el cambio en las modalidades de financiamiento y hallar nuevas fuentes de fondos, cerró sus puertas en 1997.

Las organizaciones también necesitan generar recursos para las obligaciones a mediano y largo plazo. En las entidades gubernamentales esto no se considera un problema debido a que todos los gastos de capital del gobierno se amortizan el año en que se realiza la compra. Sin embargo, con la rapidez del cambio tecnológico, los gobiernos, así como las organizaciones sin fines de lucro, necesitarán tener planes financieros claros y métodos de ejecución que permitan el reemplazo del capital.

La segunda dimensión de la evaluación de la viabilidad financiera se relaciona con *las fuentes y los tipos de ingresos sobre los cuales la organización basa sus costos*. Tradicionalmente, en entidades gubernamentales la fuente de ingresos son los impuestos previstos. Los países más pobres y los departamentos gubernamentales también dependen de varios donantes para obtener fondos para su trabajo. La cuestión que se aborda mediante esta dimensión es la confiabilidad del flujo de fondos. En las organizaciones sin fines de lucro analizamos la diversidad y la confiabilidad de las diferentes fuentes de fondos. Las organizaciones que dependen de una única fuente de fondos sin una obligación jurídica (contractual) o moral de financiar se encuentran ante más dificultades que las organizaciones con fuentes múltiples y confiables de fondos.

La tercera dimensión es *la capacidad de una organización de vivir dentro de los límites de sus asignaciones*. ¿Es capaz la organización de manejarse dentro de sus fuentes de ingresos sin crear un déficit? Esta dimensión se concentra en la capacidad real de manejar un proceso presupuestario, así como los resultados del proceso. La viabilidad financiera depende de buenas prácticas de gestión financiera. Esto se aplica tanto a organizaciones del sector público como del sector privado. El hecho de que las organizaciones vendan a crédito significa que es posible obtener ganancias en el papel y aun así quedarse sin dinero en efectivo, por lo menos a corto plazo. Una ONG puede tener muchos contratos firmados, pero no suficientes fondos para pagar sus cuentas.

En consecuencia, la viabilidad financiera a corto plazo se ve influida en gran medida por la manera en que la organización maneja adecuadamente el efectivo, las cuentas por cobrar y las cuentas por pagar. Si bien existe una percepción de que las necesidades de gestión financiera son menos estrictas en el sector sin fines de lucro, las organizaciones de este sector deben manejar sus recursos lo suficientemente bien como para convencer a los donantes y a otros involucrados de que suministren fondos adicionales en el futuro.

En un sentido general, una organización es viable desde el punto de vista financiero si genera suficiente valor (tanto internamente como de fuentes externas) para mantener a los interesados directos comprometidos con la existencia continua de la organización. En el caso de muchas organizaciones públicas y sin fines de lucro (ONG, fundaciones), la capacidad de mantenerse financieramente viables depende en forma crucial de la capacidad de la administración para mantener los vínculos existentes o crear otros nuevos a fin de asegurar en el tiempo un continuo flujo de fondos de diversas fuentes.

Evaluación de la viabilidad financiera

La evaluación de la posición financiera de una organización es un aspecto cada vez más importante de la evaluación del desempeño general de la organización. En términos sencillos, para sobrevivir, una organización debe generar por lo menos la cantidad de recursos que gasta. En términos de sistemas, esto es homeostasis. No obstante, una organización debe obtener constantemente recursos de su entorno o, de lo contrario, se debilita. La evaluación de la solidez financiera de una organización, por lo tanto, es crucial en toda evaluación organizacional.

La cuarta función es la capacidad de llevar a cabo un diálogo fructífero con el sector privado. En África hasta los tecnócratas que han estado a la vanguardia de los esfuerzos de la reforma económica han tendido a mostrarse escépticos ante el sec-

Preguntas: Viabilidad financiera

- *¿Es capaz la organización de generar ingresos para responder a las necesidades de sus interesados directos?*
- *¿Está la organización generando ganancias (para los grupos con fines de lucro) o superávit (para los grupos sin fines de lucro)?*
- *¿Hay apoyo continuo y sostenido de las fuentes existentes de fondos?*
- *¿Obtiene la organización nuevas fuentes de fondos en forma constante?*
- *¿Depende la organización de una única fuente de fondos?*
- *¿Tiene la organización más ingresos que gastos en forma constante?*
- *¿Se puede mantener la organización a sí misma en un entorno competitivo?*
- *¿Son los activos mayores que los pasivos?*
- *¿Mantiene la organización excedentes razonables de dinero para utilizar durante tiempos difíciles?*
- *¿Monitorea la organización sus finanzas en forma regular?*
- *¿Monitorea la organización los activos de capital y su depreciación?*

tor privado. Y lo que es peor, las entidades clave del sector público que interactúan con el sector privado consideran a los hombres de negocios con miras a controlarlos en lugar de considerarlos clientes con necesidades y preferencias, y con una voz que debe tenerse en cuenta.

Está claro que el punto de partida para una evaluación de esta índole es examinar los estados financieros de la organización. Se trata de un procedimiento sencillo para organizaciones del sector privado y sin fines de lucro que comprende el examen de los estados de ingresos y gastos correspondientes a varios años, junto con el balance general y los estados de flujos de fondos. Por lo general, estos documentos suministran la mayor parte de la información que se requiere. Al evaluar la viabilidad financiera, también deben solicitarse listas de cuentas por cobrar y contratos concretos. Ambos proporcionan información sobre la futura diversidad de las fuentes de fondos y los cronogramas de flujos de fondos.

Los ministerios consideran la viabilidad financiera como algo menos importante. Históricamente, las organizaciones gubernamentales no han tratado de generar recursos ni de crear oportunidades que originaran ingresos. Los ministerios gastan el dinero de los contribuyentes y otros fondos (por ejemplo, de donantes) para

Funciones claves del sector público para la transición a una economía de mercado

Arturo Israel (1990), del Banco Mundial, ha destacado cuatro funciones positivas del sector público que son cruciales para la transición a una economía del sector privado impulsada por el mercado.

La primera función es la capacidad de diseñar, monitorear e implantar un conjunto coherente de políticas macroeconómicas y sectoriales. A medida que progresa la liberalización financiera y de mercado, esta función se vuelve más importante en tanto los gobiernos pierden la capacidad de enmascarar y estirar los costos de la indisciplina fiscal, la gestión inadecuada de los tipos de cambio y la expansión monetaria. Según Israel, si no se cuenta con esta capacidad, nada funcionará muy bien. En África, por ejemplo, el fortalecimiento del análisis de la política macroeconómica por lo general no se ha vinculado realmente con el fortalecimiento de la implantación y gestión de la reforma de políticas, en especial en lo que respecta a la política fiscal y presupuestaria.

La segunda función es la capacidad de proporcionar un marco favorecedor para que las actividades de los sectores público y privado funcionen en ámbitos competitivos. Esto comprende tres subcategorías principales. La primera implica el desmantelamiento del entorno desfavorable mediante la modificación o eliminación de las funciones de las entidades estatales que controlaban o dominaban el sector privado. En esto constituyen áreas clave las aduanas, los controles cambiarios, las licencias industriales y los controles financieros. La segunda subcategoría es mantener de manera efectiva un terreno parejo mediante la regulación de los mercados no competitivos y la aplicación de normas financieras y técnicas. La tercera es fomentar sectores clave como la promoción de exportaciones o la producción nacional de alimentos.

La tercera función es la capacidad de privatizar en forma acertada y efectiva. La privatización se ha concentrado demasiado estrechamente en el traspaso de intereses. Los gobiernos deben elaborar una gama más amplia de opciones que reflejen la realidad de mercados muy flojos y costos altamente políticos. Esto comprende la preparación de un plan estratégico y requiere la capacidad de preparar las unidades para la venta o el arrendamiento, asegurar la justicia y transparencia de las transacciones y realizar una campaña de concientización pública para manejar las inevitables tensiones políticas que acarrea la privatización. Por último, los gobiernos deben operar con mayor efectividad las empresas que permanecerán en el sector público.

La cuarta función es la capacidad de llevar a cabo un diálogo fructífero con el sector privado. En África hasta los tecnócratas que han estado a la vanguardia de los esfuerzos de la reforma económica han tendido a mostrarse escépticos ante el sector privado. Y lo que es peor, las entidades clave del sector público que interactúan con el sector privado consideran a los hombres de negocios con miras a controlarlos en lugar de considerarlos clientes con necesidades y preferencias, y cuya voz debe tenerse en cuenta.

prestar servicios. Son proveedores de servicios del lado de la oferta y no tienen la responsabilidad de crear demanda ni de generar fondos para satisfacer las necesidades de la oferta. No obstante, este concepto de las organizacionales gubernamentales ha venido cambiando recientemente (Osborne y Gaebler, 1992). Cada vez más, los teóricos y prácticos de la política pública están elaborando enfoques para hacer que las entidades gubernamentales sean más sensibles a las fuerzas del mercado (Israel, 1990).

Al colocar los servicios gubernamentales dentro de los contextos del mercado, los teóricos sostienen que surgirán sistemas organizacionales fuertes y más viables y que las organizaciones más débiles, ineficientes y con desempeño inadecuado desaparecerán.

Indicadores de viabilidad financiera

Si las organizaciones no tienen indicadores financieros, puede ser que se necesite elaborar algunos indicadores preliminares como los que siguen para guiar una evaluación.

- Cambios en los últimos tres años en el capital operativo neto;
- Relación entre las entidades financieras más grandes y los ingresos generales;
- Relación ingresos en efectivo-ingresos diferidos;
- Relación activos corrientes-pasivos corrientes;
- Relación total de activos-total de pasivos;
- Indicadores de crecimiento en términos de número de entidades financieras, monto de los recursos movilizados, activos, capital, ingresos;
- Nivel de diversificación de las fuentes de fondos;
- Frecuencia o regularidad de la contratación para prestar servicios.

Equilibrio de los elementos de desempeño

En resumen, las ideas tradicionales que rodeaban el desempeño organizacional se limitaban a los conceptos de efectividad y eficiencia, es decir, a la idea de que la organización debe cumplir sus metas con un gasto aceptable de recursos. Sin embargo, el continuo estudio de las organizaciones hace pensar cada vez más que su desempeño también incluye la manera en que ellas se relacionan y siguen siendo relevantes para sus interesados directos, así como su capacidad de atraer recursos a corto y largo plazo. Para asegurar su desempeño durante períodos prolongados, la organización debe elaborar e implantar estrategias adecuadas y sus actividades y servicios deben seguir siendo realistas y estando conectados con las necesidades de los interesados directos. Cuando lo que emprende una organización no es relevante o pretende llegar demasiado lejos y es costoso, la supervivencia de la organización se encuentra en riesgo.

En los últimos años ha habido una mayor aceptación de los aspectos multidimensionales del desempeño. En Estados Unidos, los departamentos gubernamentales reciben calificaciones sobre aproximadamente una docena de factores de desempeño. Como parte de su proyecto de desempeño del gobierno, la *Magazine of States and Localities* (Revista de estados y localidades) califica a las ciudades en cinco dimensiones. Por último, un creciente número de organizaciones es consciente de las cuatro dimensiones del "puntaje de equilibrio" elaborado por Kaplan y Norton (1996). El equilibrar las dimensiones de desempeño se está volviendo más importante para comprender y para realizar.

Este capítulo identifica cuatro elementos clave del desempeño organizacional: *efectividad, eficiencia, relevancia y viabilidad financiera*. Otros califican los elementos del desempeño con rótulos levemente diferentes. Pero independientemente de la terminología, es obvio que todos los tipos de organizaciones luchan por equilibrar los diversos elementos de su desempeño y con frecuencia necesitan realizar componendas estratégicas entre ellos. Por ejemplo, los directores de hospitales tal vez se vean obligados a hacer concesiones entre la atención del paciente (efectividad) y los costos que se requieren para tratar a los pacientes (eficiencia). Los departamentos impositivos necesitan hacer concesiones entre asegurar el cumplimiento de las leyes tributarias por parte de los ciudadanos (efectividad) y la necesidad de asegurar que los ciudadanos crean que el departamento tributario en sí es justo (relevancia). Las ONG deben lograr un equilibrio entre el deseo de servir al pueblo necesitado (efectividad) y la necesidad de obtener los fondos para pagar los servicios que prestan (viabilidad financiera).

Desde la perspectiva de nuestro marco de evaluación organizacional, el propósito es determinar si la organización y sus dirigentes poseen buenos datos sobre el desempeño organizacional y si están tratando conscientemente de comprender las concesiones que se requieren en materia de desempeño. Si se cuenta con buenos datos y buenos procesos para realizar esas concesiones, se puede tener un nivel de confianza en la dirección de la organización.

Capítulo seis

CUESTIONES METODOLÓGICAS EN LA EVALUACIÓN ORGANIZACIONAL

En este capítulo se exploran cuestiones clave de la realización de evaluaciones organizacionales que responden a los importantes programas presentados por consumidores y usuarios. Si bien el capítulo proporciona principios generales y asesoramiento para llevar a cabo evaluaciones organizacionales, no tiene el propósito de ser un manual práctico. En lugar de ello, el objetivo es ayudar al lector a comprender las consideraciones que se necesitan para una evaluación organizacional efectiva. En el apéndice 2 se presenta un ejemplo de esbozo de evaluación organizacional.

ALGUNAS CUESTIONES CLAVE

- Ser claro en cuanto a por qué las personas están pidiendo una evaluación organizacional;
- Comprender la necesidad como análisis o evaluación;
- Obtener las preguntas adecuadas;
- Decidir quién participará directamente en el proceso de evaluación;
- Comprender los puntos fuertes y débiles de la autoevaluación;
- Manejar el proceso de evaluación organizacional;
- Utilizar datos adecuados;
- Informar de manera efectiva;
- Realizar un proceso válido de evaluación organizacional.

Justificación: ¿por qué hacerlo?

Antes de considerar la manera de enfocar una evaluación organizacional, es preciso reflexionar sobre por qué y para quiénes se realiza. Por lo general, las evaluaciones son iniciadas por algún patrocinador, inversionista o miembro de una organización o por la organización misma.

Algunos de los principales motivos para iniciar la evaluación se resumen en el cuadro de la página siguiente. Está claro que quien inicia la evaluación determina el enfoque. Por lo tanto, el programa rara vez es neutral, y más bien refleja las necesidades, intereses, valores y preconceptos de las personas que lo inician. El comprender la motivación general para iniciar una evaluación ayuda en gran medida a evitar problemas cuando se lleva a cabo más adelante.

Dado que el subdesarrollo es en gran medida el resultado de marcos institucionales limitantes y organizaciones no productivas, el desafío último de la realización de una evaluación organizacional y la implantación de sus resultados es determinar de qué manera la intervención puede mejorar el desempeño de la organización.

El proceso de la evaluación

La gestión de una evaluación comienza por entender la motivación para conducirla. Es importante saber si la evaluación está motivada desde dentro o desde fuera de una organización. Los que se dedican a la evaluación necesitan determinar cuatro puntos: (1) el objetivo central de la evaluación; (2) el tiempo y el presupuesto; (3) el enfoque general; y (4) cómo comunicar y utilizar la evaluación. Estos asuntos están contenidos idealmente en términos de referencia escritos que ayudan a aclarar y comunicar las intenciones. La forma de dichos términos variará entre una evaluación externa y una autoevaluación pero, en cualquier caso, los términos son útiles para mantener en el rumbo adecuado el proceso y la visión del producto.

Muchas evaluaciones padecen de términos de referencia preparados en forma deficiente que son poco más que una recopilación de preguntas de varios interesados. Dichos términos de referencia reflejan inexperiencia y necesitan reformularse antes de que pueda comenzarse una evaluación productiva. Esto puede lograrse mediante una mejor conceptualización del plan de trabajo que responde a los términos de referencia. El proceso de elaboración de estos términos puede constituir un importante paso al frente en toda evaluación organizacional, en particular si el

Motivos usuales por los cuales diferentes interesados directos inician una evaluación organizacional

INICIADOR	JUSTIFICACIÓN PRINCIPAL	ENFOQUE EN LA EVALUACIÓN ORGANIZACIONAL
Dirigentes de la organización	■ Celebrar el desempeño ejemplar ■ Mejorar la toma de decisiones y proporcionar bases para la elaboración de estrategias futuras	■ Generar datos sobre cuatro dimensiones del desempeño y determinar las fortalezas y debilidades, las oportunidades y amenazas como parte de un ejercicio de planificación estratégica
Directorio ejecutivo	■ Ejercer su responsabilización ■ Tomar decisiones clave en materia de inversiones ■ Alimentar un proceso de planificación estratégica diseñado para mejorar el desempeño organizacional	■ Evaluar el desempeño en sus cuatro dimensiones ■ Comprender cómo puede mejorarse el desempeño ■ Informar a los miembros y guiar su función como inversionista ■ Guiar el cambio organizacional proporcionando una comprensión más profunda de todos los aspectos del ambiente, la capacidad, la motivación y el desempeño
Inversionista externo	■ Planificar la estrategia de inversión organizacional para lograr el propósito ■ Realizar el monitoreo o la evaluación de una inversión organizacional para ver si está logrando los resultados deseados	■ Comprender las deficiencias de capacidad que impiden el desempeño ■ Comprender los supuestos y los riesgos de inversión relacionados con el entorno de la organización ■ Comprender si existe suficiente motivación en la organización para justificar la inversión ■ Juzgar si el desempeño ha mejorado como resultado de la inversión ■ Juzgar si las inversiones en las capacidades se implantaron según lo planificado ■ Examinar los supuestos en cuanto a diseño, incluidos los cambios en el entorno

¿HABLA USTED CON LAS PERSONAS ADECUADAS?

En una evaluación reciente se vio que el comité de dirección tenía sus planes políticos -la salvaguardia de ciertos intereses- y, por lo tanto, incluía al jefe de un agente clave, en lugar de hacer participar a la persona más pertinente. Finalmente, una serie de hechos inesperados hizo que este agente clave participara en la evaluación hacia el final del proceso, y proporcionó ideas valiosas que justificaron la modificación de varias partes del informe. No obstante, sus inquietudes pudieron haber sido abordadas desde el inicio si él hubiera participado. Por lo general, el presidente del comité de dirección es el cliente de la evaluación y se relaciona directamente con los evaluadores en forma permanente.

proceso refleja la participación de los interesados directos y la aclaración de valores, cuestiones y otras inquietudes. En realidad, opiniones divergentes en cuanto a los términos de referencia por lo general constituyen una señal precoz de que los interesados tienen diferencias fundamentales en cuanto a sus perspectivas, diferencias que no serán más fáciles más adelante en el proceso de evaluación.

Una estructura de gestión general para la evaluación organizacional es el aspecto humano de lo que subyace en los términos de referencia y, como tal, necesita consideración cuidadosa. Para las evaluaciones externas en países desarrollados, un comité de dirección formado por interesados directos guía generalmente el proceso de evaluación. No obstante, los comités de dirección no constituyen una panacea para una gestión fructífera. Necesitan tener una función definida más allá de tan solo recibir el informe de evaluación. El mayor valor de estos comités puede ser aclarar los intereses de los interesados directos, sus valores y perspectivas sobre las preguntas, metodologías y fuentes de datos; lograr su participación en la verificación detallada de los resultados preliminares; abordar problemas políticos y de otra índole, y proporcionar un foro dinámico para el debate y la discusión de la versión preliminar del informe. Como mecanismo de gestión, los comités de dirección deben incluir a los interesados clave; de otro modo se corre el riesgo de una gestión imperfecta.

La relación entre el cliente y el revisor, por lo general, es contractual cuando el revisor principal es externo, si bien con frecuencia es una relación informal en el caso de la evaluación interna. La formalidad tiene ventajas en términos de proteger todos los intereses e impedir que la evaluación se convierta en la cola que mueve al perro. El contrato aclara el esfuerzo y el costo del proceso. Tanto los términos de referencia como el contrato formalizan la relación, ayudando así a evitar complicaciones que son demasiado comunes, dada la índole política del trabajo de evaluación.

¿Cuánto debería costar una evaluación? Esta es una pregunta que siempre formulan los clientes. La respuesta es similar a la que se da cuando se pregunta el costo de construir una casa para el cliente: depende de lo que usted quiera. Esto no significa propugnar un presupuesto ilimitado; como el arquitecto puede dar fe, esto puede ser más difícil que tener un presupuesto limitado. Es posible realizar una evaluación rápida en una semana, a un costo mínimo; por otra parte, puede llevar varios meses y consumir cientos de miles de dólares. Las evaluaciones varían en materia de alcance y las organizaciones varían en cuanto a su complejidad.

¿Cuánto tiempo debería llevar una evaluación? Debido a la complejidad, no es posible realizar rápidamente una evaluación detallada. Sin embargo, una evaluación rápida que lleva algunos días puede proporcionar una visión general impresionista y examinar ciertos aspectos. Una evaluación válida y completa lleva de tres a seis meses; si fuera más larga, correría el riesgo de la dificultad de tratar de acertar en un blanco en movimiento. La evaluación necesita ser suficientemente concentrada para que la logística sea efectiva en función de los costos y para transmitir la seriedad del cometido. Por otra parte, el tiempo de evaluación debe ser lo suficientemente largo para abordar con justicia las cuestiones básicas. Una evaluación de un gran préstamo para una organización necesita ser más robusta que una destinada a darle al nuevo director un sentido de los principales desafíos por delante.

Un equipo de evaluación efectivo requiere división del trabajo y mecanismos de coordinación. Cuando se cuenta con funciones bien especificadas y esferas de responsabilidad vinculadas a un plan de trabajo general, se evitan muchos problemas. El equipo necesita reunirse para fines de coordinación y también es útil contar con un intercambio continuo de datos, como transcripciones de entrevistas, cuadros y gráficos clave y una lista continua de resultados tentativos. Todo equipo requiere un jefe competente con aptitudes en gestión de proyectos y procesos.

Guía de la evaluación: cómo escoger las preguntas

El marco que se describe en capítulos anteriores proporciona un enfoque integral de la evaluación organizacional. Sin embargo, en realidad la evaluación se ajusta a las necesidades percibidas por los interesados directos que la inician. Ya sea que la evaluación se haga en profundidad o sea limitada, hay miles de preguntas para cada evaluación organizacional. La clave es escoger o crear las preguntas que sean más importantes para la organización que se está examinando.

Preguntas para una evaluación organizacional	
Desempeño organizacional	■ ¿Cuán efectiva es la organización en su trabajo hacia el logro de su misión? ■ ¿Con qué eficiencia está transformando la organización sus recursos para lograr sus objetivos? ■ ¿Cuán relevante es la organización para sus interesados directos? ■ ¿Hasta qué punto es financieramente sostenible la organización?
Capacidad	■ ¿Hasta qué punto cada una de las capacidades del marco afecta el desempeño de la organización?
Motivación	■ ¿Qué aspectos de la cultura de la organización ayudan o impiden el cumplimiento de su misión? ■ ¿Alienta o desalienta el sistema de incentivos el desempeño de los miembros de la organización? ■ ¿Se ha adaptado la organización en forma positiva en respuesta a las crisis?
Entorno	■ ¿Cómo se ve afectada la organización por el entorno administrativo y jurídico? ■ ¿Cómo se ve afectada la organización por el entorno político? ■ ¿Cómo se ve afectada la organización por el entorno sociocultural? ■ ¿Cómo se ve afectada la organización por el entorno económico? ■ ¿Apoyan los sistemas del entorno más amplio la tecnología necesaria para la labor de la organización? ■ ¿Apoya a la organización el entorno de los interesados directos?

El director de escuela puede preguntar que pasó con los numerosos egresados de años anteriores. El director de departamento de una empresa puede preguntarse si los competidores de otros departamentos están realmente teniendo el desempeño que afirman tener. Un banco internacional de desarrollo puede querer conocer las perspectivas de éxito si el sector de energía se privatiza. Un organismo de desarrollo internacional puede querer entender las necesidades de capacidad en una organización objetivo (ONG). Una nación que contribuye con un organismo de las Naciones Unidas quiere saber si está recibiendo beneficios a cambio de su dinero.

Es fácil preparar una lista de preguntas, pero realizar un esquema de cómo se van a formular dichas preguntas es muy difícil y contiene la clave de una evaluación fructífera. Por lo general, esta parte del proceso de evaluación se realiza en forma deficiente, pese a constituir el elemento más crítico para iniciar la tarea de manera correcta.

Antes de abordar cuestiones específicas, hay que considerar el tema de los intereses y fines ocultos y la manera en que estos se relacionan con las evaluaciones organizacionales. Con frecuencia, la decisión de realizar algún tipo de revisión es motivada por las percepciones de problemas que existen en la organización. Los directivos o los que proporcionan fondos pueden sospechar un desempeño deficiente y pueden haber prejuzgado los motivos que, por lo general, se relacionan con cuestiones de desempeño del personal. Los patrocinadores pueden considerar la evaluación organizacional como un medio de obtener una mejor comprensión de la situación, sin reconocer en forma transparente el problema que se sospecha. Por cierto, una evaluación organizacional efectiva puede llenar los datos disponibles, pero no debe considerarse un sustituto de evaluaciones de gestión o de desempeño.

El marco de evaluación organizacional proporciona una estructura útil para examinar las preguntas que necesitan formularse. También indica el alcance de las inquietudes y proporciona a los examinadores una referencia que asegura que se aborden todas las facetas relevantes de la evaluación. Si bien el énfasis de una evaluación puede variar de una situación a otra, el contar con un marco proporciona un mapa general que sirve como punto de partida útil. Como se señaló anteriormente, generar una gran cantidad de preguntas no es difícil. El desafío es reducir la lista a lo esencial. El cuadro anterior presenta preguntas genéricas al nivel más general para una evaluación organizacional. Esa lista de preguntas se hace mucho más larga cuando se agregan subpreguntas. Entonces, ¿cuáles son las preguntas más importantes? Esencialmente deben comprenderse los cuatro aspectos del desempeño y luego, lo más posible de las otras dimensiones para comprender cómo se ve influido el desempeño o cómo podría mejorarse. A continuación se presentan enfoques de las preguntas en cada una de las cuatro dimensiones.

Marco para las preguntas sobre desempeño

El desempeño es un tema de importancia primordial y debe incluirse en toda evaluación organizacional. La primera consideración en el análisis del desempeño de una organización es comprender cómo consideran las personas el desempeño. A menos que las personas tengan una idea clara y estén de acuerdo con la definición de desempeño, los examinadores e interesados directos internos estarán en desacuerdo sobre las conclusiones de una evaluación, porque ellos enfocan el desem-

EJEMPLOS DE CUESTIONES E INDICADORES DEL DESEMPEÑO ORGANIZACIONAL

DIMENSIÓN DEL DESEMPEÑO	CUESTIONES	INDICADORES
Efectividad	■ La misión se está logrando	■ Tasas de alfabetización ■ Nivel de acceso a escuelas
Eficiencia	■ Se utilizan al máximo las instalaciones físicas (edificios, equipos)	■ Costo por cliente atendido ■ Tasas de terminación de programas
Relevancia	■ La actitud de los interesados directos hacia la organización ■ Se realizan de ordinario evaluaciones de las necesidades de los interesados directos	■ Satisfacción de los interesados directos (clientes, donantes, etc.) ■ Cantidad de personas que brindan apoyo, suscriptores, proveedores de fondos
Viabilidad financiera	■ La organización tiene fondos diversificados ■ Las fuentes existentes de fondos ofrecen apoyo sostenido	■ Porcentaje de fondos por fuente

peño desde diferentes perspectivas. Hay dos requisitos: las cuestiones y los indicadores de desempeño y la importancia que se les da. Obsérvese que hay cuestiones e indicadores, ya que a veces lo que se requiere es un análisis (cuestión) que no se reduce a un indicador simplista. En otros, los indicadores dan los datos necesarios para el análisis.

La importancia puede determinarse mediante la reducción de cuestiones e indicadores a una pequeña cantidad (una a tres por dimensión). Con frecuencia las realidades de los datos disponibles dictan qué indicadores pueden incluirse, por lo menos la primera vez que una organización participa en una evaluación. Es mejor concentrarse en datos que pueden obtenerse fácilmente y finalizar la evaluación en los plazos fijados que dedicar muchos meses a tratar de hallar datos esquivos. Una evaluación organizacional es solamente un panorama en un punto dado del tiempo. El análisis puede, y debe, continuar en evaluaciones subsiguientes. Si las per-

ANÁLISIS DEL DESEMPEÑO

La evaluación organizacional de una universidad de humanidades de Lituania tomaba en consideración la manera en que los fondos del donante contribuían al estado de desarrollo de la universidad. La universidad ofrece un programa de estudios universitarios en idioma inglés de cuatro años de duración con varias especializaciones, incluida la de administración de empresas. Los indicadores utilizados para la efectividad incluían demanda de mercado para los programas de la universidad, empleabilidad de los egresados, buena reputación de la universidad y evaluaciones de calidad de alumnos y egresados. Los dos primeros eran indicadores cuantitativos, mientras que los dos últimos eran cualitativos. Las cuestiones de relevancia incluían un análisis del ajuste entre un programa de estudios de humanidades occidentales y las necesidades de una economía de mercado en evolución; las relaciones de un programa de estudios de administración de empresas norteamericano con las realidades de las empresas en la Lituania poscomunista, y los esfuerzos de la universidad para adaptar su programa de estudios a medida que los egresados de las escuelas secundarias iban adquiriendo mayor fluidez en inglés, el idioma de instrucción.

Había dos indicadores de eficiencia. El primero, las tasas de finalización de los estudios. Se halló que debido a factores ambientales, un tercio de los alumnos no finalizaba el programa de cuatro años. Sin embargo, no pudimos juzgar si esto representaba un desempeño bueno o malo, dado que algunos alumnos abandonaban los estudios antes de la graduación debido a la demanda del mercado. El segundo indicador era el costo de los sueldos de los profesores en relación con el presupuesto general. Por último, la viabilidad financiera se redujo a dos indicadores: ingreso neto y diversidad de fuentes de fondos. Utilizando esta lista limitada de cuestiones e indicadores pudimos comprender el desempeño en sus cuatro dimensiones.

sonas limitan sus cuestiones e indicadores de esta manera, es relativamente fácil ver lo que es importante. Hay situaciones en las que diversos interesados directos no pueden concordar. Si las diferencias no pueden resolverse, no existe una base para que una evaluación pueda ser apoyada por diferentes interesados, de modo que no se puede pretender un proceso que incluya todo.

Preguntas relacionadas con la capacidad

Es preciso entender la capacidad en términos de su relación con el desempeño más que como respuesta a los deseos de las personas dentro de la organización. Las preguntas sobre capacidad se prestan a referencias sobre normas y a referencias sobre

VINCULACIÓN DE LA CAPACIDAD CON EL DESEMPEÑO

El ejemplo de la universidad de Lituania muestra cómo pueden abordarse con facilidad cuestiones clave de capacidad vinculadas con el desempeño. En ese caso, la universidad tenía un nuevo edificio, una biblioteca bien dotada e infraestructura informática, todo lo cual la coloca muy por delante de otras organizaciones educativas del país. El desempeño positivo en cuestión se vinculó a una estructura de gobierno sensible y en evolución con liderazgo estratégico. Cuando evaluamos la capacidad, consideramos las proporciones de alumnos a profesores, que eran aproximadamente 17:1, lo cual se compara adecuadamente con los puntos de referencia norteamericanos pero está muy por encima de la proporción de 4:1 de las universidades de Lituania. Las proporciones eran adecuadas, ya que la universidad tenía un alto nivel de desempeño en eficiencia y en eficacia en función de los costos. Sin embargo, se hallaron limitaciones de capacidad en un programa académico que carecía de docentes calificados, en algunas de las vinculaciones de la universidad con otras y en sistemas de gestión financiera. Por lo tanto, la evaluación organizacional identificó algunas prioridades en el desarrollo de la capacidad que creemos que llevarán a un mejor desempeño de la universidad.

criterios. Los enfoques que hacen referencia a normas comparan las capacidades con puntos de referencia en organizaciones de industrias similares. Esto permite que los examinadores realicen juicios comparativos una vez que conocen las respuestas a ciertas preguntas. Por ejemplo, ¿cuál es el alcance del control que tienen los gerentes? ¿Cuál es la proporción de personal de apoyo a profesionales? ¿Cuáles son las reservas de efectivo? ¿Cuántas computadoras de cada tipo hay disponibles? Al comparar las respuestas con promedios o mejores prácticas, los examinadores pueden formular juicios sobre la capacidad y su adecuación.

Reconocemos que en muchos casos no existen puntos de referencia fácilmente disponibles. Los equipos de evaluación organizacional con experiencia pueden tener acceso a comparaciones relevantes que los equipos inexpertos no tienen. Pero si no se cuenta con puntos de referencia, debe haber una inversión para recopilarlos o la evaluación debe descartarlos utilizando el enfoque de base con comparaciones en el tiempo.

Un enfoque con referencia a criterios utiliza convenciones que reflejan valores para la capacidad. Por ejemplo, a veces las organizaciones se refieren a normas para medidas como la proporción de personal de apoyo a gerentes, la proporción de personal con calificaciones declaradas, la cantidad de miembros del personal que tienen acceso a una computadora y así sucesivamente. Las mejor desarrolladas son las normas (como las ISO) que prescriben los requisitos necesarios para que una organización logre reconocimiento por cumplir con el estándar correspondiente.

Cuestiones y preguntas motivacionales

La evaluación de la motivación es sumamente ardua debido a que las personas son complejas. Si se coloca a estas personas juntas en grupos y organizaciones, las dificultades se multiplican. Medir la motivación es similar a tratar de evaluar los valores de la comunidad; son difíciles de definir, pero se conocen cuando se ven. Decir que una organización padece de un mal no es difícil y tal vez ni siquiera se cuestione; sin embargo, representar esto plantea inconvenientes. Hay instrumentos de la cultura empresarial que pueden ayudar, y algunos de ellos permiten comparaciones que colocan las dimensiones de la cultura en relación con las normas. Con frecuencia también es útil adoptar enfoques cualitativos y proporcionar anécdotas, viñetas o citas para ilustrar las actitudes de los empleados sobre su organización.

La consideración crucial en la evaluación de la motivación es comprender los tipos de cuestiones y los datos correspondientes que los interesados directos entienden. Con frecuencia un acontecimiento único o una serie de acontecimientos pueden tener profundos efectos en la motivación general de un departamento, de una región o de toda la organización. Por ejemplo, un gerente poco sensible puede provocar a todo el personal, lo que a su vez tiene un profundo efecto en la manera en que se realiza el trabajo y funciona la organización. A nivel individual, con frecuencia los empleados se ven afectados personalmente por críticas injustas o, en el otro extremo, por recibir elogios.

Cuando se les pregunta a los empleados sobre sus impresiones de la organización, con frecuencia se capta la esencia de la motivación. Comentarios como: "es el mejor lugar donde he trabajado" o "estamos a la cabeza en nuestro campo" sugieren una motivación que apoya la misión.

Determinar lo que se debe saber sobre el ambiente

Todos nosotros entendemos que el ambiente influye en toda organización. Exige expectativas en la capacidad de una organización de lograr su misión, proporciona límites sobre sus grados de libertad, otorga subsidios financieros y establece reglas del juego que enmarcan el desarrollo organizacional. Además, el ambiente puede describirse en términos cualitativos y cuantitativos. Para quien realiza el estudio, el desafío consiste en analizar hasta qué punto las fuerzas ambientales ejercen efectos positivos y negativos en la organización. Si bien ciertos ambientes pueden hacer que sea arduo lograr un desempeño positivo, no es difícil identificar ejemplos de organizaciones que prosperaron pese a un ambiente problemático.

Metodología de la evaluación organizacional

Los enfoques de la evaluación organizacional que se presentaron en los capítulos anteriores fijan un marco y un conjunto de preguntas que —con los datos, análisis y juicios adecuados— pueden llevar a una mejor comprensión de la organización y su desempeño. Pero, como está implícito en lo anterior, la elección de métodos utilizados para diseñar la evaluación, recopilar datos y seleccionar preguntas plantea una serie de cuestiones.

Básicamente, la evaluación organizacional sigue la tradición de una metodología conocida como "estudio de casos". Un estudio de caso es una forma cualitativa de evaluar, si bien utiliza datos tanto cualitativos como cuantitativos. Los estudios de casos dependen de múltiples fuentes de información para obtener conocimientos sobre la organización (Anderson, 1998). En esta tradición metodológica, se hace hincapié en entender. En otras palabras, al realizar una evaluación organizacional sobre la base del enfoque de estudio de casos, el propósito es entender el significado de una pregunta. No existe una respuesta a priori que se esté poniendo a prueba. La evaluación trata de entender las capacidades existentes y la manera en que afectan el desempeño de la organización que se estudia.

Un enfoque de estudio de casos requiere identificar las fuentes de información, los instrumentos que se han de utilizar y las maneras de recopilar información, así como de analizar la información. En las secciones siguientes se resumen estas tareas.

Fuentes de datos

En la realización de estudios de casos se acostumbra usar seis fuentes de pruebas: documentación, datos de archivo, entrevistas, visitas al terreno, observación directa y artefactos físicos. Para la mayoría de las preguntas de la evaluación organizacional, por lo general se dispone de cierto tipo de documentación, incluidos informes, datos de archivo, memorandos y estudios previos. Las entrevistas son fuentes primordiales de datos para las evaluaciones. No solamente entrevistamos a una variedad de personas sino que tratamos de hallar informantes clave que tienen conocimientos privilegiados de lo que está sucediendo. Estas personas son cruciales para realzar la validez de las conclusiones a las que llegamos.

En las evaluaciones organizacionales con frecuencia se utilizan encuestas para recopilar datos de una gran cantidad de miembros de las organizaciones. Esto reviste importancia particular en la evaluación de la cultura organizacional y las cuestiones de proceso. Por lo general, una evaluación requiere visitas al terreno para observaciones directas, las cuales pueden ser muy útiles para comprender por qué las cosas son como lo sugieren otras fuentes de datos. Por último, no deben pasarse por alto los artefactos físicos; algunos evaluadores verifican sistemáticamente los tableros de noticias (tableros electrónicos en algunas organizaciones) para que los ayuden a comprender la cultura de la organización.

Entre las fuentes de datos comunes que podrían ser útiles para una evaluación organizacional figuran un cuadro de los hitos marcados por la compañía, es decir, fechas y acontecimientos que ayudan a comprender la organización, cambios de liderazgo, la introducción de nuevos programas y las actividades de construcción. Para la estructura organizacional, podría ser útil ubicar organigramas actuales y pasados, listas de miembros del personal, actas de reuniones, manuales de políticas, reglamentaciones y tal vez hasta un diagrama de la planta física. Las organizaciones tienen cantidades de datos y el evaluador necesita tener la experiencia para escoger las fuentes que responden mejor a las preguntas clave.

Los enunciados de la misión son importantes

Una reciente evaluación de una escuela de posgrado de una universidad, cuyo financiamiento contaba con el apoyo de fondos de asistencia técnica de un donante extranjero, preguntó sobre el enunciado de la misión del proyecto. El director del proyecto dijo que existía un enunciado pero que en el momento de la entrevista él no podía hallarlo. Tampoco podía recordar el contenido específico del enunciado. Lo significativo, entonces, fue que el director no consideraba que el enunciado de la misión tuviera importancia crucial para la organización, pese al hecho de que, una vez ubicado el contenido del enunciado de la misión, se juzgó que era relevante y acertado.

Recopilación de datos

Al igual que toda metodología, la evaluación requiere un plan de trabajo que defina lo que se realizará y cómo y cuándo se realizará. Las evaluaciones organizacionales tienden a ser un método de inmersión. Un importante aspecto de la recopilación de datos es la creación de varias bases de datos sobre estudios. Por lo general, las evaluaciones deficientes confunden los datos con la declaración de los mismos, mientras que las mejores evaluaciones mantienen un inventario separado de datos con gráficos, cuadros y números, algunos de los cuales se utilizan en el texto. Otra información se adjunta como apéndice, mientras que otros datos no se utilizan para nada.

Análisis de los datos

Las masas de datos que potencialmente están a disposición de las evaluaciones organizacionales pueden plantear problemas insuperables a menos que los evaluadores conozcan qué tipos de análisis se requieren. Nuestras evaluaciones proporcionan un sistema de clasificación o marco que facilita en forma considerable las cuestiones de análisis de datos. Por ejemplo, si se están examinando cuestiones de estructura, se separarían los datos relacionados con la dirección de la junta directiva de los datos relacionados con las operaciones. En ambos casos, se podrían explorar cuestiones como la claridad de las funciones y la autoridad.

Es en las etapas de recopilación y análisis de datos cuando surgen importantes ideas e información. Por lo general, este es un buen momento para que el equipo ponga a prueba sus posiciones y conclusiones. Es importante comprender que en un estudio de casos como el que se utiliza en los análisis organizacionales, la fase de análisis tiene lugar a medida que se recopilan los datos. Una ventaja de esta metodología es la oportunidad de poner a prueba las conclusiones en el terreno.

ALGUNAS CUESTIONES CLAVE

Conocimientos especializados

En general, las evaluaciones organizacionales son complejas y requieren una variedad de personas con diferentes conocimientos especializados para llevarlas a feliz término. Lo ideal es que sean realizadas por un equipo con aptitudes colectivas y un líder fuerte con una clara visión de la tarea. Los mejores evaluadores son personas inteligentes, con cultura general, con experiencia diversa y sólidas aptitudes para la investigación y la evaluación, siempre que el equipo incluya el contenido necesario de conocimientos técnicos representativos del campo a que se dedica la organización en estudio. Es interesante señalar que una de las instituciones más respetadas que realiza estudios sobre salud pública, el Instituto de Medicina, no utiliza en sus equipos de evaluación investigadores expertos en el campo específico de investigación que se está evaluando (Stoto, 1997). Esto contribuye a que la perspectiva sea siempre renovada. No obstante, una sólida ventaja de un equipo es que puede capitalizar las fortalezas colectivas en lugar de depender de un individuo que siempre es una avenencia entre los diversos interesados directos.

Hay muchas fuentes de conocimientos analíticos y de evaluación y muchas opiniones en cuanto a qué tipo de conocimientos especializados tiene valor. Depende en gran medida del objetivo de la evaluación organizacional y su cliente. Las consideraciones al escoger evaluadores incluyen credibilidad, conocimientos específicos y distancia de la organización en estudio. La credibilidad es crucial y diferentes interesados directos tienen criterios de credibilidad diferentes. La mayoría de los empleados de una organización desea contar con la colaboración de respetados expertos en contenido, supuestamente porque creen que sus inquietudes profesionales no pueden ser abordadas en forma adecuada por alguien fuera de su profesión, y porque sus pares profesionales tienen la misma socialización y, más probablemente, valores similares. Probablemente tampoco comprenden las profesiones alternativas para examinadores —un científico social, economista o evaluador— ni saben lo que ellos podrían ofrecer a la tarea. Aunque exista una predilección en cuanto al contenido profesional relevante, el contenido en sí mismo no es suficiente.

Con frecuencia, el cliente de una evaluación organizacional requiere conocimientos especializados en evaluación. El experto en evaluación tiene conocimien-

LAS APARIENCIAS PUEDEN ENGAÑAR

El cliente de una evaluación reciente había recibido una queja en cuanto a una evaluación que habíamos ayudado a realizar, de la industria editorial de libros de Canadá. Un dirigente de la industria objetó el hecho de que hubiéramos entrevistado a una persona de la industria bien conocida por latosa, debido a inquietudes de que podíamos habernos dejado convencer por sus ideas extremas. Nuestro intento de ser objetivos y aceptar todas las perspectivas fue interpretado erróneamente como consentimiento.

tos metodológicos y es posible que sea más competente en lo técnico, por no decir más independiente y objetivo en plantear ciertas preguntas. Pero con frecuencia se sospecha de la credibilidad de esta persona debido a una falta de conocimientos específicos del contenido profesional.

¿La perspectiva de quién? Examinadores externos e internos

En los enfoques analíticos y de evaluación, el producto es una función del punto de ventaja desde el cual se observa el problema, que es la distancia entre el examinador y la organización que se está evaluando. Los examinadores más próximos son miembros de la organización cuya participación en un equipo de evaluación organizacional puede ser una ventaja o un trastorno para las operaciones y la objetividad. Estas personas pueden ahorrar una cantidad de investigación de antecedentes presentando información ya disponible sobre la organización y sus datos existentes. La participación de los miembros de la organización con frecuencia es útil para el enfoque analítico.

Sin embargo, en las evaluaciones de rendición de cuentas, como lo descubrieron Chelimsky y North en su evaluación del Fondo Mundial para el Medio Ambiente, la participación muy poco estructurada de interesados directos internos con intereses creados lleva a conflictos sobre programas, metodologías, relaciones de trabajo y la redacción de los informes (North, 1997). Como resultado de la experiencia, North llegó a la conclusión de que es esencial contar con un coordinador de evaluación aceptable para todas las partes, relaciones claras y sin obstáculos dentro del equipo, un libreto común o un esbozo de informe para los subcomponentes, y confianza y respeto mutuo entre los evaluadores y en las relaciones de los evaluadores con los interesados directos.

Otra consideración es la necesidad de poner suficiente distancia para evitar "la fatiga de la información privilegiada" que a veces se relaciona con las personas que pasan muchos años observando una organización desde una perspectiva única. Debe tenerse presente que, por lo general, la postura de una persona enterada sobre las cuestiones es conocida, de modo que esta persona no puede ser neutral ni puede percibirse que sea objetiva en la formulación de juicios. Además, si una organización muestra señales de estar quebrantada por medio de claques y camarillas, una persona informada o enterada puede tener dificultades en lograr que personas de otros grupos confíen o, por lo menos, tendrá dificultades en dar credibili-

Conozca a su público

Al evaluar una organización internacional de derechos humanos, el equipo de estudio acordó decididamente con las opiniones de un miembro de la junta directiva que pudo expresar claramente algunos de los desafíos de la organización. El equipo halló que las palabras exactas de esta persona, un abogado internacional de renombre, expresaban la situación mejor que las palabras de un autor más distante, como alguien del equipo de evaluación. En el primer borrador del informe utilizamos citas anónimas pero directas, pero nos dijeron que el autor sería reconocido tanto por su estilo como por sus opiniones y que, debido a su conocida reputación interna de ser crítico, la utilización de sus palabras desacreditaría nuestra evaluación.

dad a sus contribuciones. Volviendo a las aptitudes y los conocimientos que requiere un examinador, la persona enterada necesita esto en abundancia para superar con éxito los problemas potenciales de objetividad que son el resultado de estar demasiado cerca de lo que se está evaluando.

Considerando todo esto, la cuestión central es hasta qué punto uno quiere realmente un enfoque que proporcione una evaluación organizacional independiente y

Fortalezas y debilidades de los examinadores

	Fortalezas	Debilidades
Examinadores internos	■ Conocen la organización ■ Vinculan la evaluación organizacional con el cambio organizacional	■ Su presencia puede transmitir mensajes políticos ■ Fatiga en cuanto a ideas y opiniones ■ Imposibilidad de criticar a los superiores ■ La organización no puede prescindir de ellos
Examinadores externos	■ Pueden especificar requisitos de conocimientos técnicos ■ Son considerados independientes ■ Pueden concentrarse en la evaluación organizacional	■ No conocen la organización ni los datos disponibles ■ Pueden tener limitada su presencia en el lugar debido a los costos

creíble que incorpore las normas éticas más elevadas. La postura purista como la de Michael Scriven (1997) sostiene que con normas éticas de esta índole, un evaluador puede ser objetivo, pero para serlo debe evitar estar demasiado cerca. Scriven sugiere que hasta procedimientos como las entrevistas con el personal reducen la distancia y ponen en riesgo la objetividad debido a que el rostro humano de la organización, que puede resultar herido si se transmite una opinión negativa, puede influir en la evaluación. Para los críticos de esta postura, que creen que no existe objetividad, él dice que el público es menos ingenuo y piensa que las entidades reguladoras que socializan con los que ellas regulan deben considerarse con sospecha, al igual que lo que piensan los jueces sobre los miembros del jurado que socializan con los abogados de la defensa (Scriven, 1997, pág. 487).

La función del jefe de la organización depende de la persona y del contexto para la evaluación. Los jefes de departamento, secretarios permanentes u otros directivos de la organización con frecuencia prefieren acertadamente mantener una cierta distancia a fin de asegurar que no parezcan ejercer demasiada influencia en el proceso. Sin embargo, cuando el proceso comprende diagnósticos más orientados al futuro o iniciativas para cambios estratégicos es preferible que participe el director de la organización.

Autoevaluación

La autoevaluación es parte de lo que se ha denominado recientemente "evaluación de empoderamiento", que se define como el uso de conceptos, técnicas y resultados de evaluaciones para fomentar el mejoramiento y la autodeterminación (Fetterman, Kaftarian y Wandersman, 1996). Este enfoque abarca una orientación de valores nada ambigua, que tiene el propósito de ayudar a las personas a ayudarse a sí mismas y mejorar sus organizaciones y programas utilizando una forma de autoevaluación y reflexión. La autoevaluación comprende preguntas sobre desarrollo organizacional y cambio y se aplica en gran medida cuando el objetivo es el desarrollo organizacional. Lograr la participación de los miembros de la organización proporciona un vínculo directo con la ejecución al proporcionarles datos y resultados de la evaluación.

Otra consideración importante es la relación costo-beneficio de tomar a las personas de sus propias áreas de especialización y hacerlas participar en algo que necesitan aprender a un costo de oportunidad para sus responsabilidades normales. Esta es una decisión política que generalmente toma el jefe de la organización, quien considera que la evaluación sirve para fomentar el logro de las metas estratégicas de la organización. No hace falta señalar que los mejores resultados provienen de la participación de los miembros más respetados y competentes del personal, los mismos que por lo general ya están realizando las contribuciones más grandes a la organización.

¿Vale la pena el trabajo de realizar una autoevaluación organizacional? Esta es una pregunta crucial. Desde el punto de vista positivo, esta forma de práctica de reflexión puede profundizar las ideas y la información de los interesados directos en una organización: sus fortalezas y debilidades, su motivación y desempeño. Pero desde el punto de vista negativo, en los mejores tiempos lleva considerable cantidad de tiempo y energía. ¿Se puede permitir una organización hacer participar a su personal en una extravagancia de este tipo? ¿Se puede permitir no hacerlo? Más aún, ¿es un momento oportuno para agitar las emociones de los miembros del personal sobre ciertos defectos que se plantearán? ¿Están preparados la organización y su personal para actuar siguiendo la información que se revelará? Algunos dirigentes confían en su propio liderazgo y acogen nuevas ideas con beneplácito. Otros son más circunspectos. Tal vez haya otros desafíos críticos en esta coyuntura. Tal vez el personal no está de acuerdo con la administración; tal vez sea mejor dejar las cosas como están, al menos por el momento.

Realizar una autoevaluación organizacional plantea dos cuestiones importantes. La primera, ¿es el mejor medio para lograr el desarrollo organizacional? A veces puede serlo y a veces no. La organización puede necesitar una tarea común en la cual ocupar a las personas en pensar sobre la organización. En este caso, una autoevaluación puede ser una respuesta. Por otra parte, los miembros del personal de la organización no son examinadores profesionales y pueden tener habilidades tan solo rudimentarias, lo que tendrá como resultado un ejercicio costoso, imperfecto y potencialmente perjudicial.

La segunda cuestión es la validez. Debido a que el objetivo de la autoevaluación es el desarrollo organizacional, la validez puede ser una inquietud menor que en la evaluación de la rendición de cuentas. Sin embargo, con frecuencia se halla que la evaluación trata de servir a ambos fines. Por ejemplo, los donantes de la asistencia para el desarrollo que financian organizaciones necesitan rendición de cuentas, pero la organización está interesada en la autoevaluación, de modo que con frecuencia los propósitos terminan siendo combinados. Hay salvaguardias para la validez, como el uso de examinadores externos, pero no obstante es difícil combinar procesos con propósitos tan diferentes. El enfoque de la evaluación se concentra en hasta qué punto la organización está teniendo un buen desempeño, mientras que el enfoque analítico puede estar más interesado en cómo puede mejorar. Una recomendación es utilizar una estructura de dos niveles que primero permite a la organización manejar para su propósito algunos elementos de una autoevaluación o todos ellos, y luego utiliza esto como datos para una evaluación externa (Anderson y Gilsig, 1998).

Al decidir si uno habrá de realizar una autoevaluación, es útil contar con un sentido de contexto. Hemos visto casos en que los empleados trataron de desviar una evaluación organizacional para sus propios fines. También hemos pasado por situaciones en las que los miembros del personal fueron sumamente críticos con su director, pero no se encontraban en una posición favorable para comunicar su descontento. En todos estos casos, la autoevaluación debe evitarse. Es más recomendable utilizar equipos externos que son imparciales y pueden entregar los mensajes sin que pueda seguirse el rastro de personas específicas dentro de la organización.

La única manera en que una autoevaluación puede ser realmente útil en el desarrollo organizacional es que el líder la apoye plenamente o hasta la diriga. Sin embargo, ha habido casos en que el líder adoptó la autoevaluación tan solo para estar en una situación de control del programa y del proceso. En otras palabras, el líder estaba inclinado a apoyarla como alternativa menos riesgosa que la evaluación externa. Si participan examinadores externos, esto puede funcionar, pero sigue siendo tan solo una aproximación a una evaluación organizacional válida. Arnold Love (1991, pág. 7) lo dijo muy bien cuando escribió:

> *El gerente es una persona que cree en las personas y los programas, es un promotor y defensor; por el contrario, el evaluador es una persona que duda, que no está comprometida con nada ni con nadie. Por último, el gerente tiene calor humano y es abierto, es un líder y parte de un equipo, mientras que el evaluador siempre está en la sombra, frío y distante, un lobo solitario separado de la manada.*

Datos cualitativos y cuantitativos

Hablando en términos categóricos, los datos son cuantitativos (numéricos) o cualitativos (no numéricos). Algunos analistas y evaluadores prefieren los datos cuantitativos. Por ejemplo, los analistas son expertos en recopilar e interpretar datos financieros sobre el desempeño, es decir, datos cuantitativos fidedignos. Los indicadores del desempeño como la rentabilidad sobre la inversión pueden revelar bastante sobre una organización, pero si se los considera en forma aislada, dichos datos pueden no captar los motivos subyacentes en el inicio del proceso que dieron lugar al resultado. Un aumento de la rentabilidad de la inversión puede ser el resultado de la disminución de activos o de beneficios a corto plazo debidos a una intervención de la administración, como tomar préstamos. Estos indicadores, si bien son sólidos, pueden tener otros problemas. En las organizaciones del gobierno y de la sociedad civil con frecuencia es difícil captar sus resultados en términos económicos solamente. Si el objetivo de una ONG es potenciar a la sociedad civil, por ejemplo, los resultados económicos pueden ser el indicador equivocado; sin embargo, con frecuencia es difícil ponerse de acuerdo en cuanto a indicadores cuantitativos adecuados.

Los datos cualitativos incorporan el juicio de un examinador en cuanto a su prominencia para la evaluación. Representan relevancia que va más allá de meras cuentas. Constituyen motivos especiales para tener una universidad o un hospital que no se reflejan en mediciones cuantificables del desempeño. Otro ejemplo es la fuerza de factores del ambiente, como el contexto político. ¿Cómo se puede juzgar el clima político y su efecto en la organización que se está estudiando? ¿O los valores culturales y el ethos y su efecto en el mercado laboral y, a la larga, en la organización? Los datos cualitativos y el análisis proporcionan información sobre estas cuestiones.

En el debate sobre los méritos relativos de los datos cuantitativos y cualitativos, la solución de compromiso parecería incorporar a ambos. Si bien promulgamos esta postura, hay riesgos, particularmente el de no lograr un equilibrio adecuado con la importancia de cada tipo de dato. Es fácil ponerse en la posición de no hacer justicia a ningún tipo de dato y de ser condenado por los que se adhieren tanto a los datos cuantitativos como a los cualitativos. El hecho es que las personas con diferentes valores y orientaciones tienen diferentes opiniones sobre los tipos de datos que sienten que son importantes.

Fuentes de datos

Las fuentes de datos comunes comprenden documentos, personas y bases de datos. Obviamente, es necesario examinar los documentos sobre la base de su autoría y con una comprensión del contexto original y el propósito para el cual fueron escritos.

Las personas plantean dificultades especiales, ya sea cuando están incluidas en la recopilación de datos normativos sujetos a análisis cuantitativos o por sus ideas cualitativas. Dos de las cuestiones más comunes son incluir una muestra adecuada y asegurarse de que los datos recopilados sean válidos o verdaderos. El muestreo es siempre problemático. ¿Se deberá incluir a personas que fueron empleadas anteriormente así como a los empleados actuales? ¿Se ha identificado a críticos de la organización para incluirlos? En algunos enfoques, como en el análisis económico, se puede excluir totalmente a las personas, si bien posiblemente a un costo político. En realidad, muchas entidades donantes examinan sus inversiones sin contacto directo con las personas participantes excepto sobre la base de una muestra de proyecto.

Pasando a la otra cuestión, siempre es complejo comprender lo que las personas comunican y evaluar el grado de prejuicio de sus declaraciones. Pueden surgir problemas de instrumentación, en especial cuando los cuestionarios y las entrevistas se realizan en entornos multiculturales. Cuando se recopilan datos no numéricos de las personas, tal vez se necesiten revisiones, pruebas piloto y otras formas de validación para los instrumentos de recopilación de datos. Uno de los costos de la tendencia a la autoevaluación y la evaluación interna es descuidar los requisitos fundamentales de confiabilidad y validez de las técnicas de recopilación de datos, porque las personas no comprenden la importancia de ello o carecen de las aptitudes técnicas necesarias. Esto destaca lo aconsejable de definir en forma permanente y constante los indicadores y los procedimientos de recopilación de datos, en lugar de tan sólo hacerlo cuando tiene lugar una evaluación organizacional formal.

Uno de los desafíos más difíciles relacionados con las personas es saber cómo valorar los datos que son distorsionados por el interés propio, ya sea el exceso de alabanza o los comentarios negativos sin razón. Causa particular inquietud cuando faltan datos, a menos que los examinadores se tomen la molestia de investigar por qué no respondieron las personas. Las personas que se benefician de los programas de una organización tienden a ser positivas en sus evaluaciones. Puede ser que hayan escogido el programa y los comentarios negativos se reflejen en su propia elección. Si obtuvieron un beneficio financiero como un pago en apoyo al ingreso o

¿EN INTERÉS DE QUIÉN?

La provincia canadiense de Ontario ha lanzado una encuesta de satisfacción de egresados universitarios, pero también incluye retroalimentación de empleadores. El gobierno ajustará la magnitud de sus donaciones a universidades de conformidad con estas percepciones de desempeño. ¿Son los puntos de referencia una manera útil de formular juicios? ¿De qué manera controlan el interés propio los resultados de la encuesta?

una beca, tienden a decir: "Muy bien, pero hubiera sido mejor más dinero." La validez también puede mejorarse mediante triangulación.

Otra cuestión sobre las personas es cuántos datos son suficientes en el entorno cargado de valores de una evaluación. Poco importa si los estadísticos concuerdan en que son suficientes 100 cuestionarios a consumidores de los servicios de una organización si el entorno político requiere oír las opiniones de 1.000. La credibilidad importa tanto como la validez estadística. Por lo tanto, si se llega a consultar a los interesados directos, es imperioso que se vea que la evaluación incluye a todos y les da voz a los interesados directos.

Otra fuente de información son las bases de datos y es necesario que comprendamos las fuentes y los procedimientos de recopilación de los datos proporcionados. Es importante verificar si los datos estadísticos están desactualizados y se puede sospechar de su confiabilidad y validez. Una vez que se obtienen los datos, es necesario asegurar que no se introduzcan nuevos errores cuando se utilizan diferentes software, o cuando se necesita transformación y combinación. Cabe señalar que la mayoría de las organizaciones tiene una gran cantidad de datos generados internamente, como los datos del sistema financiero, que pueden ser invalorables para la evaluación. Lamentablemente, muchas organizaciones no entienden totalmente el vínculo que existe entre las categorías presupuestarias y el desempeño, de modo que a veces estos datos no se encuentran en categorías que facilitan un análisis eficiente. En ciertos casos, el uso de datos generados externamente, como puntos de referencia de la industria, puede ser de valor para una evaluación organizacional. Por ejemplo, los ingresos por honorarios de consultoría o contabilidad pueden citarse en múltiplos del sueldo diario y reflejar las normas de la industria.

Validez

El principal desafío metodológico de la evaluación organizacional es la validez. La validez tiene tres cuestiones principales: (1) afirmación falsa de un resultado positivo; (2) no detectar un resultado positivo; y (3) formular las preguntas equivocadas y contaminar la evaluación con un prejuicio organizacional o personal (Dunn, 1982).

Muchos son los motivos que causan problemas con la validez. Se considera que las organizaciones hacen todo lo posible para hacer cosas buenas, de modo que los examinadores busquen aspectos específicos y no solamente realicen observaciones en general. Además, la manera en que se formulan las preguntas, las perspectivas de los niveles superiores, la manera en que se recopilan los datos y los problemas

MENSAJES NEGATIVOS: DIFÍCILES DE TRANSMITIR

El mayor desafío para un evaluador es transmitir mensajes negativos. En una evaluación reciente de una unidad de una entidad gubernamental, el equipo de evaluación descubrió críticas generalizadas de otros departamentos gubernamentales con los cuales trabajaba la entidad. Tanto la entidad como el cliente de la evaluación no estaban convencidos de que hubiera cuestiones conflictivas y opinaban que debía ser un problema de muestreo. El cliente insistió en ampliar la base de entrevistas para incluir a personas que la entidad prejuzgaba que eran más comprensivas. Los evaluadores hallaron que la muestra adicional era igual de negativa, o más aún, que la muestra inicial. Se comprobó que era difícil convencer a la entidad de la validez de estos datos cualitativos y llevó meses de recopilación y notificación de datos adicionales antes de que el cliente considerara que el informe era aceptable.

de falta de respuesta agregan un prejuicio en contra de los informes sobre desempeño positivo. La participación de examinadores cercanos a la organización complica la cuestión de la objetividad. Las organizaciones sin fines de lucro que no tienen un resultado final dan lugar a juicios sesgados en ausencia de puntos de partida o puntos de referencia. Es demasiado fácil llegar a la conclusión de que una organización está realizando cosas buenas cuando ayuda a los pobres, o contribuye a forjar la democracia, o construye viviendas para los sin techo, pero es mucho más difícil juzgar si está realizando todo lo que podría hacer con los recursos de que dispone.

También se producen errores cuando la evaluación es limitada en tiempo y recursos, como es el caso cuando los examinadores no pueden visitar a los clientes o tener acceso a otras fuentes de datos principales. También se pueden pasar por alto resultados si por su índole son de largo plazo. Las organizaciones que tratan de efectos complejos como el desarrollo de la comunidad pueden sembrar las semillas para resultados que no tendrán lugar sino una década más tarde. En forma análoga, las organizaciones educativas que pueden dedicar años a prestar servicios educativos no pueden evaluarse totalmente hasta que sus egresados hayan tenido años de experiencia de trabajo.

Por último, se producen errores porque los examinadores pueden tener prejuicios o estar ciegos a preguntas que necesitan formularse. En ministerios, entidades y organizaciones que cuentan con fondos de donantes multilaterales, esto puede ser una cuestión central. En una evaluación del proyecto de ferrocarriles de Tanzania, se descubrió que los ferrocarriles eran en su mayor parte superfluos en la actualidad debido al surgimiento del transporte por camiones que era más efectivo en función de los costos en una red vial mejorada. La ética profesional indica que los evaluadores están obligados a formular dichas preguntas aunque no estén incluidas en sus términos de referencia, si bien este puede no ser el caso para miembros de equipos que no son evaluadores profesionales.

Las dos maneras de contrarrestar estas limitaciones de validez comprenden el uso de puntos de referencia o comparaciones de base. Los puntos de referencia permiten a una organización compararse a sí misma con las normas de su campo de acción. Esto reviste particular utilidad cuando se comparan indicadores de desempeño, como rentabilidad de la inversión, costo de transporte por tonelada/kilómetro, margen bruto o rendimiento agrícola por hectárea. Las técnicas válidas de medición pueden llevar a acuerdos sobre los datos. La interpretación de las diferencias se convierte en la cuestión analítica, debido a que la causa de las diferencias observadas necesita ser atribuida a fuentes dentro o fuera de la organización. Las comparaciones son válidas solamente cuando los puntos de referencia se consideran aplicables, lo que con frecuencia no es el caso, ni siquiera es posible en países que pueden tener diferentes entornos de política y economía. Tal vez tampoco sea posible entre regiones geográficas que pueden tener todo tipo de condiciones diferentes. Un tipo de punto de referencia —la acreditación— se utiliza en algunos sectores sociales como los de salud y educación. Las organizaciones son acreditadas si se ajustan a ciertas normas de capacidad y, a veces, de desempeño.

Algunos consideran que los examinadores que luego de la evaluación pasan a asumir la función de facilitadores o consultores sobre desempeño entran en conflictos de intereses, ya que se puede percibir que, consciente o inconscientemente, están orientando el informe para promover sus servicios (Scriven 1997). Asimismo, los examinadores internos pueden orientar a la organización de conformidad con su futura función en ella.

Dadas todas estas inquietudes de validez, la cuestión principal para los examinadores es considerar para los intereses de quién están trabajando. ¿Es el cliente? ¿Las personas que pagan para la organización? ¿La organización? ¿Los clientes y beneficiarios de la organización? La sala del tribunal puede aplaudir lo que usted dice al presentar su caso, pero para ganar es necesario convencer al juez.

El informe: Comunicación de los resultados del ejercicio

La evaluación no está completa hasta que se comunica o informa de manera tangible, como en un informe impreso. No es que esto sea fácil, porque la palabra impresa tiene la capacidad de distorsionar la intención que se tenía al escribirla. No obstante, los informes escritos constituyen importantes hitos organizacionales y sirven como base para evaluaciones posteriores. También proporcionan un sentido de cierre del proceso y señalan que es el momento de seguir adelante guiándose por lo que se encontró. Michael Quinn Patton (1990) propugna una presentación y discusión en lugar de un informe formal, que según él es demasiado simbólico y paternalista. Pero no todos los examinadores comparten esta opinión.

La realización de informes nunca es fácil si se desea conservar la integridad y también comunicar. Siempre hay cuestiones de estilo y la necesidad de ajustarse a las expectativas del cliente. Algunas entidades y clientes quieren detalles, mientras que otras quieren brevedad. Algunas quieren apéndices extensos mientras que otras no. Hace poco participamos en la producción de un informe con lo que considerábamos que eran gráficos sumamente informativos, pero nos enteramos de que uno de nuestros clientes tenía dificultades en leer gráficos y prefería cuadros. Sin embargo, pese a estos desafíos, un informe dice lo que debe decirse y lo hace público de un modo alentador, al menos para los que pagan la evaluación organizacional.

Los informes van a públicos con frecuencia diversos. Una evaluación organizacional debe atender las necesidades del cliente y, en teoría, debe ir primero al cliente. No obstante, hay algunas ventajas en mostrar una versión preliminar a la organización, porque les da una oportunidad a quienes participan directamente de

Características de los informes útiles de la evaluación organizacional

- Escritos para llegar a públicos definidos específicos;
- Cortos pero analíticos (cuán cortos y analíticos depende del público al que estén dirigidos);
- Reflejan las cuatro dimensiones del desempeño;
- Comparan las características de la organización, las líneas de base y los puntos de referencia;
- Proporcionan recomendaciones y opciones para mejorar el desempeño.

corregir datos incompletos o incorrectos antes de que se haga pública. También comienza el proceso de suavizar el golpe que creará un informe negativo.

La mayoría de las evaluaciones producen lo que se conoce como "choque del informe". Es la reacción sumamente emocional de los directivos de una organización cuando ven por primera vez un análisis crítico que presenta a la organización de una manera que difiere en percepción de lo que se imagina. Esto no es muy diferente de una evaluación del desempeño del personal en la cual los empleados se ven a sí mismos en términos altamente positivos y luego reciben un análisis objetivo contrario respaldado con datos. Esta reacción natural necesita ser manejada o de lo contrario puede destruir la utilidad de un informe de evaluación.

Es útil permitir al jefe de la organización que examine el penúltimo borrador del informe con suficiente tiempo para reunirse de inmediato con el equipo de evaluación y examinar el informe y la manera en que está redactado. Con frecuencia, la modificación de la manera en que están redactadas algunas frases puede hacer maravillas para apoyar el análisis. La experiencia nos ha enseñado que hay que ser sumamente sensible al uso de términos negativos en el informe mismo. Palabras como "no" provocan una reacción humana comprensible de personas que han dado mucho a una organización. En la práctica, es beneficioso pedir a los colegas que examinen los resultados y conclusiones y los califiquen como positivos, negativos y neutrales. Si hay demasiados negativos es posible que sea necesario modificar la redacción para que el informe sea recibido con equidad.

Mientras que el cliente es el público que necesita ser servido, muchos informes van también a otros públicos. Ciertamente, la organización recibe el informe y, en muchos casos, realiza sus comentarios sobre él. En algunos casos, los comentarios se incorporan como un apéndice al informe. La dificultad para el autor es redactar un informe que pueda ser utilizado y comprendido por diferentes públicos. Un buen informe habla directamente a su público principal, si bien la organización debe aprender de ello también. A veces, los términos de referencia estipulan recomendaciones para los proveedores de fondos y la organización que luego son identificados en el informe.

Conclusiones

Este capítulo consideró muchas de las cuestiones que preocupan a las personas interesadas en la evaluación organizacional. Sin embargo, no se abordaron algunas inquietudes. Algunas de ellas son metodológicas:

- ¿Cómo se selecciona una metodología particular de recopilación de datos?
- ¿Cómo se trata el análisis de datos cuando los datos son distorsionados, incompletos o contradictorios?
- ¿Cómo se asegura que los datos sean suficientes? ¿Cuándo se detiene uno?

Estas son inquietudes de todos los investigadores de las ciencias sociales. Tienden a ser cuestiones que requieren juicios sobre la base de la experiencia o de conocimientos específicos. Los investigadores tratan estas inquietudes haciendo lo mejor que pueden en un mundo imperfecto. No se puede esperar que los que nunca han hecho este tipo de trabajo conozcan todas las respuestas, de modo que los principiantes pueden ser ayudados enormemente por equipos de personas con más experiencia.

Otro conjunto de inquietudes se centra en las dificultades del cambio organizacional:

- ¿Cómo se supera la resistencia al proceso de evaluación?
- ¿Cómo se determina cuál de las áreas de mejoramiento organizacional es más importante?
- ¿Cómo pueden apoyar mejor el desempeño las evaluaciones organizacionales?

Estas inquietudes requieren diferentes conocimientos y experiencia en cuanto a la manera de ayudar al desarrollo organizacional. Hay arte y ciencia que los expertos en desarrollo organizacional pueden compartir. Si bien no es posible considerar esto en profundidad aquí, las preguntas son importantes y sugieren que la evaluación organizacional debe ser más que un proceso de investigación separado y pasivo. Sin una dimensión de cambio organizacional, una evaluación pierde mucho de su razón de ser.

La mejor manera de abordar las inquietudes de las personas es hacerlas participar en experiencias concretas con las organizaciones que conocen más. Con todas las limitaciones que tiene el proceso de evaluación organizacional, no obstante proporciona ideas que anteriormente no eran evidentes. Lo hace debido a su marco sistemático, que ayuda a incluir todos los aspectos importantes y debido a su filosofía de hacer participar. Las personas que trabajan en la evaluación de organizaciones, aunque sea con datos parciales e imperfectos, se beneficiarán con la comprensión de la dinámica del desempeño organizacional.

Capítulo siete

EJECUCIÓN DE UNA EVALUACIÓN ORGANIZACIONAL

Durante los últimos 30 años, los realizadores e investigadores del desarrollo internacional han identificado la función fundamental que desempeñan las organizaciones e instituciones en el mejoramiento del uso de la asistencia para el desarrollo (Eaton, 1972; Uphoff, 1972; Savedoff, 1998; Picciotto y Weisner, 1998). Como se trató en el último capítulo, la mayor parte de todos los proyectos de desarrollo, si no todos ellos, han tenido su origen en situaciones en las que una organización particular o un grupo de organizaciones no han sido eficientes ni efectivas en llevar a cabo su mandato (en el desempeño de una función o en el suministro de un servicio) o quieren mejorar su capacidad de cumplir su mandato. En otras palabras, quieren tener un mejor desempeño.

Por lo tanto, no puede sorprender que la mayoría de los proyectos, además de prestar asistencia programática directa —los hospitales reciben fondos para mejorar su "mandato sanitario", las instituciones educativas su "mandato educativo"— también contienen componentes de fortalecimiento institucional[1]. Supuestamente diseñados para modernizar o fortalecer la organización en cuestión, por lo general estos componentes comprenden capacitación de gerentes, adquisición de nuevos equipos, actualización de sistemas contables y financieros e implantación de reformas estructurales.

[1] En nuestro análisis de proyectos de desarrollo, el apoyo a organizaciones e instituciones se coloca en una categoría llamada "fortalecimiento institucional". La distinción más sutil entre institución y organización que se hace en este libro, por lo general no ocurre en los proyectos de desarrollo.

Los que sugieren estos cambios institucionales tienen lo que Drucker (1995) llama una "teoría de la empresa". Esto es, un conjunto implícito de hipótesis o suposiciones que caracterizan ya sea la manera en que una empresa funciona o cómo debería funcionar. Por ejemplo, un análisis de 15 proyectos de desarrollo para el BID determinó que había una característica constante en la manera en que se actualizaba siempre el sistema contable del organismo ejecutor de los préstamos. El supuesto implícito era que dichos sistemas mejorarían los controles financieros, la declaración de datos y la eficiencia de los organismos ejecutores y, en algunos casos, la organización. Los supuestos y las teorías que sostienen los miembros de las organizaciones se tornan operativas por medio de procesos de diagnóstico organizacional, creación de proyectos o programas y ejecución del proyecto o programa.

En este libro hemos presentado un marco de diagnóstico utilizado para expresar con claridad y hacer más transparentes algunas de nuestras ideas vinculadas a una "teoría" de cómo mejorar el desempeño de las organizaciones. Desde el punto de vista de nuestro marco, toda inversión para el desarrollo es una prueba de un conjunto de hipótesis sobre cambio organizacional y mejoramiento del desempeño. Básicamente, nuestra "teoría de la empresa" estipula que el desempeño organizacional es una función del entorno en el cual existen la organización, su capacidad y su motivación. Todo cambio planificado en cuanto al entorno, a la capacidad o a la motivación de la organización ocurre debido a una teoría implícita del cambio.

Si una organización o un inversionista (entidad de desarrollo) quiere cambiar el desempeño de una organización —por ejemplo, aumentar la capacidad del ministerio de educación para proporcionar conocimientos básicos a los alumnos— se lleva a cabo un diagnóstico y se elabora una serie de hipótesis que se traducen luego en una cierta acción. En este contexto, un proyecto es un acto deliberado para mejorar el desempeño. El objetivo final de un proyecto emprendido por una organización es mejorar el desempeño organizacional en las áreas identificadas.

Durante el último decenio ha habido numerosas innovaciones para el desarrollo en los niveles de gestión, institucional y otros, destinadas a mejorar el desempeño de las organizaciones de desarrollo. Entre ellas figuran intervenciones como gestión de calidad total, reestructuración, privatización, descentralización y gestión del desempeño.

Hay suposiciones e hipótesis sobre la manera en que tiene lugar el cambio organizacional y, en este contexto, el marco ayuda a describir la justificación y la posible lógica para futuras inversiones de los donantes. A medida que sigue cuestionándose la ayuda y que buscamos maneras de comunicar resultados, la brecha entre países ricos y pobres se amplía y los problemas sociales y sanitarios mundiales trascienden las fronteras nacionales. La búsqueda de mejores maneras de organizar y optimizar el desempeño organizacional se vuelve más apremiante. Para que nuestras suposiciones e hipótesis implícitas sean más explícitas, en este capítulo se reflexiona sobre el uso del marco para generar el cambio y se examina cómo podemos aprender a intervenir mejor en las organizaciones. La intención de este capítulo final no es resumir lo que ya hemos dicho sino ofrecer algunas observaciones sobre la aplicación de este marco. Esto comprende abordar las inquietudes que se citan a continuación, todo lo cual afecta el diagnóstico de una organización y la manera en que este se utiliza.

1) La inquietud sobre la propiedad es crucial para comprender una evaluación organizacional. Una hipótesis importante subyacente a la evaluación es que la organización que se evalúa está interesada en utilizar los resultados para mejorarse a sí misma. Para hacer esto se requiere prestar atención a la cuestión de la propiedad. ¿Quién es el propietario de los resultados de la evaluación organizacional? ¿Quién está creando las hipótesis para el cambio?

2) También relacionada con la propiedad se encuentra la inquietud de que las evaluaciones organizacionales pueden convertirse en hechos "ceremoniales" para reforzar el statu quo. Esto sucede cuando los miembros de la organización quieren evitar la orientación al cambio y la transparencia que implica una evaluación organizacional.

3) La inquietud sobre el uso de "proyectos" como el principal vehículo para apoyar y cambiar las organizaciones. Los proyectos pueden distorsionar la organización si no se llevan a cabo en el contexto de un marco de desempeño organizacional, lo que llamamos la "trampa" de los proyectos.

4) La inquietud sobre las fechas en las que se realizan las evaluaciones organizacionales, en particular la necesidad de considerar el vínculo que existe entre la organización y su "etapa del ciclo de vida". Esto comprende los ciclos de liderazgo, organizacionales y económicos, ya que estos desempeñan funciones clave en el éxito de una evaluación y en el significado de los resultados.

5) La inquietud en cuanto al vínculo entre los modelos lógicos y las evaluaciones organizacionales. Aquí planteamos la cuestión de reconocer la nece-

sidad del uso dinámico del marco lógico. Más aún, señalamos la necesidad de reconocer que un sistema de lógica y desempeño de proyectos puede no ser el mismo que uno que ayuda a mejorar el desempeño organizacional.

6) Por último, la inquietud sobre la aplicación de marcos existentes de diagnóstico (como el que se presenta en este libro) y nuevas formas organizacionales como las organizaciones de socios y los grupos interorganizacionales (redes, consorcios, etc.) que pueden necesitar diferentes tipos de evaluación. Muchas de estas formas organizacionales tienen fronteras no bien definidas, propiedad poco clara y, en todo o en parte, pueden ser estructuras temporales. Estas características pueden alterar en gran medida la evaluación en términos de las preguntas formuladas y la prioridad que se da a ciertas esferas.

Evaluación organizacional y propiedad

La evaluación organizacional está impulsada por la rendición de cuentas y el aprendizaje. Desde una perspectiva de rendición de cuentas, se puede requerir demostrar el desempeño de la organización a un donante, a una entidad que otorga licencias o a un jefe. Esto puede ser para asegurar la continuidad de un acuerdo de financiación o de licencias, o un nuevo nivel de licencias. También puede ser parte de la evaluación de una nueva fase de apoyo. Aunque una evaluación de este tipo puede dar lugar al aprendizaje organizacional y al cambio, esto no constituye el aspecto principal. La cuestión principal es determinar el mérito de la organización como parte de una decisión (por lo general externa a la organización) sobre algún aspecto de los fondos o del permiso para funcionar de una organización.

El aprendizaje y el conocimiento también impulsan la evaluación organizacional. La evaluación proporciona un vehículo para comprender mejor la manera en que funciona una organización. Si bien muchas de las preguntas del diagnóstico organizacional siguen siendo las mismas que en la evaluación de la rendición de cuentas, la intención es utilizar la información a nivel interno para ir más allá de un cuadro del estado actual y tomar decisiones operativas sobre la manera de mejorar la organización.

Nuestra prioridad e inquietud se relacionan con el uso de evaluaciones para el mejoramiento organizacional y nos situamos en el campo del "conocimiento" más que en el de "rendición de cuentas". Nos interesan cuestiones como la manera de

Cuestiones de propiedad de la evluación

En un centro de investigación el director determinó cuáles serían los datos que se incluirían y cuáles se dejarían de lado. Los miembros del personal rápidamente perdieron interés en la evaluación y no se pudo llevar a término. En otro centro de investigación los empleados no solo participaron activamente sino que propusieron a la administración que el directorio también participara. Esto fue aceptado y se incluyeron datos de todos los niveles de la organización en una evaluación que se convirtió en un documento central para la planificación estratégica.

realizar evaluaciones más relevantes para la formación de conocimientos que contribuyan al aprendizaje y a un mejor desempeño organizacional.

Nuestra experiencia señala que es crucial considerar quién está definiendo y realizando una evaluación organizacional. Si la evaluación la lleva a cabo un organismo que adjudica licencias por medio de un donante o una unidad de ejecución de proyectos, por lo general no logra contribuir a un mejor desempeño. Esto es congruente con las conclusiones obtenidas durante los últimos 40 años en la asistencia para el desarrollo. Los responsables deben tener un sentido de propiedad, un compromiso con el éxito.

La propiedad está relacionada con varios factores que componen la evaluación organizacional. Los miembros del personal necesitan tener la capacidad para beneficiarse del trabajo de la organización. Necesitan adquirir aptitudes, cambiar sistemas que impiden el trabajo fructífero y tener un sistema de incentivos que apoye los procesos de cambio. En resumen, los miembros del personal necesitan el compromiso y la propiedad para mantenerse en el proceso de cambio. La propiedad es importante tanto a nivel directivo como a nivel de la base donde se llevan a cabo actividades y se toman medidas. Una de las lecciones aprendidas de nuestra labor previa es que los datos generados en la evaluación necesitan ser considerados válidos tanto en el extremo superior de la organización como en el inferior.

Con frecuencia esto plantea una paradoja en el trabajo sobre el desarrollo. Cuando los resultados de una evaluación externa señalan que la organización existente no es capaz de manejar el préstamo y el trabajo con él relacionado, se recomienda una unidad de apoyo al proyecto o de ejecución del proyecto como mecanismo para llevarlo a cabo. Las unidades de ejecución del proyecto se establecen para evitar las desventajas organizacionales e institucionales de la organización patrocinante que podría, se cree, dar lugar a demoras como excesos de costos o fracaso directo.

Por lo tanto, una unidad común de ejecución tiene mayor acceso a los responsables de tomar decisiones, como el ministro, y está exenta de los procedimientos normales de adquisiciones. También puede atraer a personal calificado con mejor sueldo y conjuntos de beneficios de los que puede ofrecer la organización patrocinadora, factores todos que aceleran la ejecución del proyecto.

Si bien la idea de una unidad de ejecución es atractiva desde el punto de vista del proyecto, hay abundante material escrito y experiencia para apoyar la noción de que los equipos fracasan cuando no forman parte de la organización en la cual están tratando de producir el cambio o cuando la organización no tiene propiedad total del proceso de cambio. Como se dijo en un informe sobre ejecución de proyectos por parte del BID (2000, pág. 21):

> *A veces las unidades de ejecución de proyectos funcionan como enclaves en el sistema general y con frecuencia no ayudan y en algunos casos hasta pueden socavar la capacidad de las entidades de ejecución de posteriormente administrar los recursos del proyecto durante la fase operativa (que por lo general es cuando los beneficios se materializan). Por lo tanto, un proyecto financiado por el Banco puede haber sido llevado a cabo satisfactoriamente, pero puede no ser adecuado a largo plazo, debido a problemas institucionales subyacentes que no se han resuelto. Este es, y debería ser, un tema de preocupación para el Banco y los prestatarios, ya que la finalización del proyecto es sólo una condición necesaria —pero no suficiente— para cumplir con los objetivos generales del desarrollo.*

Este ejemplo sugiere que las unidades de ejecución de proyecto que son relativamente autónomas pueden carecer del compromiso institucional y organizacional. En consecuencia, sólo tienen éxito en términos del proyecto y no en términos del mejoramiento del desempeño de la organización que tendrá que llevar adelante el trabajo después de que el proyecto se termine, para que pueda tener una repercusión duradera. Cuando debido a su debilidad, ya sea percibida o real, se han pasado por alto las organizaciones que definen y contribuyen al desarrollo en una sociedad, se crea una serie de mecanismos que debilitan aún más a las organizaciones centrales y reducen su capacidad de participar efectivamente en el proceso de gobernabilidad.

Cómo romper este círculo vicioso es crucial en el debate sobre la propiedad. La inclusión de intereses clave (jefes, junta directiva, clientes, asociados) de manera apropiada es esencial para que estos grupos integren las enseñanzas del proyecto a su labor permanente de desarrollo. En otras palabras, ¿cómo puede la evaluación organizacional apoyar la propiedad y el compromiso con un proceso de cambio?

Creemos que una evaluación que tiene el propósito de mejorar el desempeño debe ser llevada a cabo por miembros clave de las organizaciones que tienen alguna responsabilidad en las acciones de la organización. Cuando se realiza un diagnóstico de una organización, es importante que las personas que participan en los trabajos cotidianos de la organización participen directamente en el proceso. Es necesario que vean la evaluación de los problemas como su propio diagnóstico. Toda idea acerca de "por qué las cosas funcionan o no funcionan" debe provenir de ellos. De este modo, pueden crear una hipótesis sobre lo que es correcto o equivocado con sus propias palabras, utilizando sus propias ideas y sentido común (Weick, 1995).

Si las personas no se sienten dueñas del análisis organizacional, ya sea bueno o malo, no les interesará ninguna solución posible. En casos en que algunos pueden decir que el problema siempre es de escasez de dinero, otros que se han tomado el tiempo de "adueñarse" de la situación podrían mostrarse inclinados a caracterizar el problema de manera que pueda llevar a una solución. Entonces el problema pasa a ser de ellos, como también lo es la responsabilidad de ayudar a resolverlo.

Evaluaciones ceremoniales

Con frecuencia la evaluación del desempeño organizacional significa que algunas personas ganan y otras pierden. Por lo tanto, es un proceso delicado y sumamente político en el cual los gerentes en particular, pero también otros, pueden exponerse a la crítica y el castigo. Esos incentivos con frecuencia llevan a evitar la evaluación abierta del desempeño organizacional. Esto puede resultar en una "evaluación ceremonial", en la que se toman las medidas pero de una manera muy controlada, de modo que los datos no se entregan más allá de las oficinas de unas pocas personas, y el informe se redacta con mucho cuidado para mantener ocultas todas las críticas.

Una evaluación de una organización debe ser un proceso de aprendizaje para todas las partes involucradas. Una evaluación no debe realizarse solamente porque alguien, en algún lugar, dice que debe hacerse. Una evaluación es una gran inversión de tiempo, dinero, recursos y, lo que es más importante, de personas. Una organización debe estar lista para realizar la evaluación y para aceptar sus resultados.

También hay casos en los que es de interés para el director de la organización mantener en términos no muy definidos el análisis del desempeño. El director controla el diálogo y el discurso durante la evaluación. Cuando se formulan preguntas sobre ciertos asuntos, con frecuencia la respuesta es: "Usted no entiende 'nuestra organización'".

¿QUIÉN DEBE PARTICIPAR EN UNA EVALUACIÓN?

El director de un centro de investigación en África se sintió obligado a participar en una autoevaluación organizacional debido a que su participación fue sugerida por el donante, a quien el director tenía el propósito de solicitar fondos adicionales en el futuro cercano. A medida que se puso en marcha el proceso de evaluación con el apoyo de consultores externos, se vio que el director tenía serias reservas sobre la apertura de la organización a un análisis minucioso, aunque fuera un análisis interno. Al final, la evaluación fue realizada solamente por el director y alguien más de su oficina. La información recibida de otras unidades del centro se descartó sistemáticamente. El informe final se postergó repetidas veces hasta que el director renunció para asumir un nuevo cargo y el asunto finalmente se dejó de lado.

Pero cuando las organizaciones son transparentes, la relación de poder cambia. Las evaluaciones organizacionales se abren al diálogo. Pueden traer nuevos agentes a la estructura de poder de la organización y generar otros cambios positivos. A veces los miembros de la organización o hasta las unidades ejecutoras de proyectos no ven dicha transparencia como algo útil. El cambio funciona en contra de sus intereses. En una situación así, se cuestiona la disposición favorable de la organización. Los que se dedican a evaluaciones deben prestar atención a este hecho pernicioso.

La cuestión es cómo conseguir que los que están en el poder participen en la evaluación y utilicen sus resultados. El proceso y sus conclusiones tienen que llevarse a cabo de manera tal que exista un beneficio tanto para las personas que participan como para el desarrollo de la organización como un todo.

Como parte de la determinación de la manera de comenzar la evaluación y mantener su ímpetu, es necesario que se preste cuidadosa consideración al control de los recursos que se necesitan para la operación de la organización. Esto incluye examinar los recursos que controla la administración, fuerzas externas (donantes, leyes, reglamentaciones), clientes y empleados, así como considerar el modo en que la evaluación afectará a cada uno de estos grupos y cómo generar un efecto positivo para todos los intereses en cuestión. Esto no significa que en cada caso todo el mundo tenga que estar contento ni que no habrá cambios organizacionales que produzcan cambios en la administración y el personal. Más bien significa que es esencial considerar todos estos factores en la decisión de diseñar e implantar una evaluación para evitar o saber manejar los intentos de socavar el proceso por parte de aquellos que se sienten amenazados. En algunas situaciones esto podría significar demorar la evaluación.

Inversión en el desempeño organizacional: la trampa de los proyectos

¿Es el proyecto la mejor manera de pensar acerca de realzar el desempeño organizacional? ¿No nos encontramos en riesgo de perder de vista las preguntas más importantes, es decir, hasta qué punto el proyecto apoya o limita el desempeño de la organización? ¿Son mejores las condiciones? ¿Son las personas más capaces en cuanto a tomar decisiones, crear nuevas sociedades, fortalecer el desarrollo local?

En una encuesta reciente de evaluaciones realizada en el sur de Asia, el Centro para la Investigación del Desarrollo Internacional halló una considerable falta de énfasis en la capacidad organizacional de los asociados y un fuerte énfasis en los resultados de los proyectos mismos (Bajaj, 1997). Las organizaciones beneficiarias hallaron que esto era frustrante porque las evaluaciones eran útiles principalmente para hablar sobre los éxitos y fracasos del proyecto, en lugar de hablar de la manera en que el proyecto apoyó la misión o el desempeño de la organización. En realidad, el punto central de interés era el proyecto, no las necesidades de aprendizaje de las organizaciones de ejecución.

El apoyo a proyectos crea problemas potenciales y paradojas para las organizaciones. Por una parte, necesitan proyectos financiados para existir; por la otra, con demasiada frecuencia el proyecto se vuelve más importante que la organización. Cuando los proyectos son el centro principal de la medición de la acción y del desempeño, las organizaciones de desarrollo pierden de vista los requisitos más complejos del desempeño de la organización ejecutora. En algunos casos, las organizaciones se vuelven fragmentadas y sienten que han perdido su sentido de dirección en responder a las necesidades de una gran variedad de asociados donantes. Pueden quedar atrapadas por su propio éxito y correr el riesgo de un grave deterioro organizacional.

Entonces, la inversión se define y se mide en términos de proyectos individuales. Sin embargo, lo que nuestra experiencia nos dice es que los proyectos se distorsionan cuando se llevan a cabo sin la debida consideración del marco de desempeño organizacional de la organización ejecutora. Si bien los proyectos son importantes para las organizaciones, deben verse como algo que contribuye al desempeño organizacional general de largo plazo.

Un desafío crucial para el futuro es hallar maneras de abordar esta cuestión respetando las necesidades de los donantes y las instituciones financieras internacionales en términos de rendición de cuentas. Esto podría incluir cambiar la noción de responsabilización para incluir un centro de atención más sólido en la sostenibilidad de los esfuerzos después de que el donante haya partido. Si bien la mayoría de los donantes ya tienen esta opinión de la sostenibilidad, el concepto podría volverse operativo centrándose en la inversión en el desempeño organizacional.

Un proyecto no es un modelo organizacional ni un modelo de inversión. A medida que las organizaciones luchan para hallar recursos, el proyecto debe verse como una intervención para ayudar a la organización en su desempeño. Con frecuencia hemos visto la forma en que los proyectos trastornan el equilibrio de una organización. Los dirigentes se ven impulsados hacia luchas de poder para tratar de cumplir con los objetivos declarados del proyecto, provocando de este modo una falta de armonía dentro de la organización.

La inclusión de los objetivos principales del proyecto relacionados con el desempeño de la organización ejecutora podría ayudar a que el centro de atención del trabajo se trasladara del proyecto solo a su repercusión en la capacidad de la organización de actuar con efectividad a largo plazo. Si los proyectos incorporaran objetivos relacionados con el desempeño organizacional, la evaluación de dichos proyectos comenzaría a tener también en cuenta esto.

El Banco Mundial ha informado que en el pasado las entidades se han concentrado con demasiada frecuencia en cuánto dinero desembolsaban y en medidas limitadas de ejecución física del "éxito" de los proyectos que financiaban. Resulta que ninguna de estas mediciones nos dice mucho sobre la efectividad de la asistencia. En lugar de ello, la evaluación de la ayuda para el desarrollo debe concentrarse en la medida en que los recursos financieros han contribuido a entornos acertados de políticas. Debería concentrarse en ver si las entidades han utilizado sus recursos para estimular reformas políticas y cambios institucionales que llevan a mejores resultados.

Ciclos de vida organizacional y cambio en el desempeño

La ejecución fructífera de una evaluación organizacional requiere una buena comprensión de la etapa de desarrollo en la cual se halla la organización. Las organizaciones son bastante diversas como unidades sociales: vienen en varios tamaños, formas y variaciones. Algunas organizaciones son viejas, otras nuevas. Una organización joven en una etapa de crecimiento necesita diferentes tipos de apoyo de los que necesita una organización madura que es relativamente estable. En forma análoga, las organizaciones que tienen un mandato incierto son de índole diferente de aquellas cuyos mandatos son claros. Las variaciones organizacionales desempeñan

FORTALECIMIENTO DE LAS INSTITUCIONES

La función clave de los proyectos de ayuda no es tanto transferir dinero sino proporcionar el marco necesario para facilitar la creación de un sector público efectivo. Las entidades de ayuda también pueden presentar ideas que faciliten el mejoramiento de los servicios así como financiar estos métodos innovadores. Las enseñanzas aprendidas de estos enfoques innovadores ilustran qué enfoques han funcionado y los que han fracasado. El considerar los proyectos de desarrollo desde esta perspectiva tiene repercusiones de importancia sobre la manera en que se seleccionan y se evalúan los proyectos así como sobre la manera en la cual las mismas entidades de ayuda se planifican y se evalúan. Desde la perspectiva del donante, la evaluación de los proyectos debe tener lugar en el contexto de cuánto efecto positivo ha tenido un proyecto en las organizaciones y las políticas de los sectores en cuestión.

un gran papel en entender cómo interpretar la información de una evaluación organizacional.

Las organizaciones surgen de varias maneras y se ven fuertemente influidas por sus dirigentes. Hay nuevos dirigentes con un mandato de cambiar; dirigentes que están saliendo y quieren influir en el futuro y hasta dirigentes que están saliendo que tal vez quieran evitar que salgan a la luz pruebas del desempeño.

Como las organizaciones están evolucionando constantemente, puede haber dificultades en crear maneras de entender la combinación de las áreas de desempeño. ¿Prestan las organizaciones jóvenes más atención a su efectividad y estabilidad financiera? ¿Es esto normal? ¿Debe estimularse en una evaluación? ¿Prestan las organizaciones maduras más atención a las inquietudes de eficiencia? ¿Y de relevancia? ¿Cómo incide el ciclo de vida organizacional en el proceso de evaluación organizacional?

Lamentablemente, la única certeza parecería ser que no existe una respuesta cierta a ninguna de estas preguntas. Como lo ha escrito Aldrich (1999, pág. 1):

> *Me ha desilusionado que la mayor parte de la investigación sobre organizaciones se concentre en la estructura y la estabilidad en lugar de hacerlo en el surgimiento y el cambio. Al pasar por alto la cuestión de los orígenes, los investigadores también han evitado la cuestión de por qué persisten las cosas. Por el contrario, el enfoque evolutivo de las organizaciones trata los orígenes y la persistencia como cuestiones inseparables. Al hacerlo, los modelos evolutivos abarcan muchos niveles y unidades de análisis y, de este modo, por lo general tienen una perspectiva interdisciplinaria.*

CÓMO ASEGURAR LOS INSUMOS DEL PERSONAL

La decisión de un centro de investigación en el sur de Asia de emprender una autoevaluación fue influida en gran medida por el director, quien iba a salir de la organización al término de su mandato. Si bien había tenido éxito durante su período en el cargo, anticipó algunos cambios en el futuro que afectarían a la organización. Sabía que la organización tendría que ajustarse para hacer frente a dichos cambios e inició una autoevaluación a fin de asegurar que el personal pudiera aportar sus insumos al proceso cuando llegara el nuevo director. Durante visitas de orientación previas a la asunción de su cargo, el nuevo director también participó en el diseño de la autoevaluación. Él también vio el valor del insumo del personal para mejorar el desempeño, y los beneficios que una evaluación de este tipo aportaría a su dirección. Al final, la evaluación se amplió para incluir también a la junta directiva.

Al igual que muchos participantes en el proceso de evaluación, Aldrich se muestra intrigado por la complejidad de las organizaciones. ¿Por qué a algunas organizaciones les va bien y otras fracasan constantemente? ¿Cómo identifica uno el conjunto de variables que pueden producir el cambio? ¿Por qué es que algunas organizaciones se resisten al cambio? Básicamente sabemos que el cambio o la estabilidad organizacional se hallan íntimamente ligados a procesos históricos que dependen del tiempo. Como las evaluaciones organizacionales tienen lugar en un momento dado, es importante contextualizar la evaluación. ¿Ha cambiado recientemente la dirección o no? ¿Está alborotado el ámbito económico o social? ¿Está la organización tratando de renovarse o dedicarse a una nueva misión?

La cuestión es que la hipótesis o los supuestos sobre lo que afecta el desempeño organizacional se ven a menudo mitigadas por el ciclo de vida de la organización. Mientras que el análisis del ciclo de vida se incluye en nuestro marco, con frecuencia es necesario replantear los efectos de los cambios del ciclo de vida cuando se formulan conclusiones o hipótesis sobre el cambio, ya que los empleados no tendrían entonces nada más en su vida.

Sabemos que en la vida de una organización muchos hechos ocurren en forma simultánea en lugar de hacerlo en secuencia. Las capacidades, la motivación y los componentes ambientales diferenciados pueden separarse para fines analíticos, pero en la práctica están vinculados en lazos y ciclos continuos de retroalimentación. De modo que una evaluación es realmente una instantánea de la organización en un momento dado, utilizando las herramientas analíticas disponibles. De esta manera, la evaluación refleja el camino histórico de las acciones acumuladas de la organización hasta la fecha.

¿Cambia esto a la evaluación organizacional? ¿Afecta la manera en que se enmarcan las cuestiones? ¿Es razonable suponer que existe un declive del proceso? ¿De qué manera afecta esto el proceso de implantanción? ¿Agravan la situación los proyectos de asistencia? Estas son preguntas que deben plantearse constantemente cuando se evalúa el desempeño de una organización.

Modelos lógicos y evaluaciones organizacionales

Las organizaciones son sistemas orientados a metas impulsados por las acciones de muchas personas. Sus acciones no son hechos aleatorios sino que más bien están impulsados por las suposiciones de estas personas. Estos modelos mentales se conocen como cognición gerencial (Schein, 1997) o cultura organizacional percibida. Son modalidades culturales que traducen un mundo que con frecuencia es ambiguo y complejo en un sistema más comprensible y familiar, que se ajusta a las necesidades y expectativas de la organización, y en cual la organización puede tomar decisiones lógicas.

El modelo de evaluación organizacional que se presenta en este texto es una herramienta de diagnóstico cuyo propósito es ayudar a los que trabajan en el desarrollo a comprender mejor el desempeño de una organización y evaluar los diversos componentes que pueden afectar ese desempeño en el futuro. Es un marco que absorbe complejidad y proporciona una manera de organizar el mundo ambiguo e incierto de las organizaciones. También es una manera de que las personas aprendan y piensen. El diagnóstico de una organización debe llevar a maneras de cambiar el desempeño organizacional.

Hoy en día modelos lógicos como los que se ven en los marcos lógicos se utilizan para ayudar a las entidades de desarrollo y a las instituciones financieras internacionales a describir las intervenciones de proyectos que realizarán en las organizaciones. Los sistemas lógicos ayudan a aclarar los requisitos del desempeño y los recursos necesarios para ejercer un efecto en el desempeño del proyecto. Es de interés para nuestro trabajo el hecho de que muchas veces la evaluación organizacional debe vincular sus conclusiones a un modelo lógico o marco lógico. ¿Puede hacerlo? Después de todo, los proyectos son de corto plazo mientras que el cambio en el desempeño organizacional es de largo plazo.

Los proyectos son impulsados por una lógica que es relativamente lineal: los insumos llevan a actividades, lo cual lleva a productos, lo que lleva a resultados, lo cual lleva a repercusiones. Si bien esta lógica es útil para actividades más focalizadas, rara vez ocurren cambios organizacionales en este modelo lineal. En lugar de ello, el cambio en el desempeño organizacional se puede describir mejor como un conjunto de cambios interactivos o conglomerados que son percibidos por los miembros de la organización de diferentes maneras y en diferentes dimensiones del tiempo.

¿Podemos vincular nuestra labor de evaluación organizacional a la de los modelos lógicos? Nuestra experiencia señala que sí y que no. Desde el punto de vista positivo o del "sí" de la ecuación, hallamos que es útil crear vinculaciones lógicas entre áreas de cambio diagnosticado y nuestro modelo de desempeño. Por ejemplo, existe un vínculo supuesto entre capacitar a trabajadores de la salud de la comunidad en clínicas y mejorar el desempeño de esas clínicas. La lógica indica que mejorar la capacidad individual afecta el desempeño organizacional. No obstante, sabemos que hay muchas otras condiciones que deben considerarse también.

La mayoría de las condiciones para el éxito en términos de capacidad y entorno pueden ser identificadas o incluidas en un sistema de marco lógico. Sin embargo, con frecuencia no contamos con las herramientas para comprender o describir la complejidad de tratar la motivación de la organización y de sus miembros. ¿Cómo obtenemos la propiedad para el cambio? ¿Cuáles son los medios que necesitamos para cambiar normas y valores? Por lo tanto, si bien hemos hallado que los sistemas lógicos son útiles para describir parte de los aspectos de la capacidad y del entorno que llevan al cambio organizacional, hemos tenido menos éxito en utilizar los sistemas lógicos para que nos ayuden a comprender la motivación organizacional y la dinámica del cambio. Este es un campo que requiere trabajo.

Cambio de las formas organizacionales

Este marco se preparó con la organización estándar en mente. Está centrado en el desempeño de una organización con los atributos estándar de una junta directiva de cierto tipo y un director que es responsable, como líder, de tomar decisiones como contratar personal para llevar a cabo funciones, etc. La organización tiene un propósito funcional definido. Por ejemplo, un ministerio de salud tiene una responsabilidad funcional de asegurarse de que haya agua potable.

Cada vez más las actividades no son llevadas a cabo por una única organización. Más y más organizaciones se están dando cuenta de que muchas de las tareas que necesitan llevar a cabo requieren la colaboración de otros tipos de organizaciones, como redes, consorcios y alianzas público-privadas. Estas tienen características que son diferentes de las de organizaciones individuales. Las organizaciones más nuevas son una amalgama de diferentes tipos funcionales. Las decisiones no se toman en un lugar sino que están distribuidas de acuerdo con las funciones, responsabilidades y necesidades. Por lo tanto, cuando tratamos de implantar nuestro marco, puede tener sentido o no para la organización, debido a su estructura.

Si bien hay muchas formas diferentes de colaboración, todas presentan algunas características comunes. En una organización única, hay un claro dominio del funcionamiento para la organización. Esta proporciona un tipo particular de servicio a un cierto grupo de clientes. Una colaboración trata de satisfacer una necesidad que no siempre está claramente definida y que cambia con el tiempo. Por lo tanto, no siempre es precisamente claro lo que la asociación está haciendo ni quién está haciendo qué dentro de la asociación. Con frecuencia las asociaciones no son tan estructuradas como las organizaciones; pueden tener personería jurídica o no tenerla. Con frecuencia se forman en torno a intereses compartidos y relaciones de negocios. Pero tengan o no personería jurídica, no son claramente de propiedad de un individuo o de una organización. La propiedad está distribuida en el grupo participante y las partes mantienen su lealtad siempre y cuando haya un sentido de propiedad y sientan que la asociación está satisfaciendo una necesidad percibida.

Mientras que muchas organizaciones se establecen como entidades permanentes, las asociaciones no siempre tienen el propósito de durar indefinidamente. Pueden establecerse para hacer frente a un problema muy concreto y una vez que el problema se resuelve (o cambia), la asociación se disuelve y surgen nuevas asociaciones en torno a nuevos problemas.

Todos estos factores tienen repercusiones para el diagnóstico del desempeño de la asociación. Apenas estamos comenzando a explorar el uso del marco con estos tipos de organizaciones. Lo que queda por determinar es si las diferencias se encuentran principalmente en la definición de lo que significa desempeño o si algunos elementos diferentes son fundamentales para que el marco pueda realzar su aplicabilidad a la evaluación de las asociaciones.

En las organizaciones que hemos tratado sabemos quién es miembro y quién no. En las organizaciones más nuevas hay empleados a jornada parcial, voluntarios, empleados temporales y empleados permanentes pero parciales, todos los cuales se ven a sí mismos como partes de la organización. Debido a que estos miembros pueden tener múltiples lealtades y múltiples límites, los límites mismos no están bien definidos.

Lo que la experiencia hasta la fecha nos dice es que los factores que se mencionaron hacen que se necesite una consideración muy diferente de la estructura del

Ciclos de vida de las asociaciones

La permanencia variable de las asociaciones hace pensar en que sus ciclos de vida son bastante diferentes de los de las organizaciones individuales. Pueden deshacerse en lo que parece ser la cumbre del éxito, precisamente porque la cuestión que trataban ya fue abordada. Cuando se consideran las asociaciones y coaliciones desde esta perspectiva se pueden obtener indicios sobre el auge y la caída de las ONG. En algunos casos, el declive de una asociación puede ser una causa para celebrar su desempeño exitoso.

desempeño y su evaluación. Debido a que los límites no están bien definidos, la evaluación del desempeño relacionada con la eficiencia es problemática: en tanto los límites no sean claros, es difícil determinar de quién es la eficiencia que se ha de evaluar y en qué términos. La falta de claridad de la propiedad se combina con la importancia central de la propiedad para sustentar asociaciones efectivas. Esto significa que la relevancia debe definirse con mucho cuidado, tanto desde la perspectiva del problema (o problemática) como desde la perspectiva de cada uno de los asociados.

Conclusiones

Universalia ha trabajado durante casi seis años con el BID y el CIID para promover el diálogo a fin de mejorar la evaluación organizacional. Este libro es el último de una serie. Es una actualización de nuestro libro original de 1995, con varias secciones reformuladas. Se han vuelto a redactar las secciones sobre desempeño y capacidad sobre la base de nuestra experiencia durante este período, junto con otras entidades que han compartido gentilmente sus experiencias y análisis con nosotros.

Otras organizaciones, como la Unión de Conservación Mundial (IUCN) y el Servicio Internacional para la Investigación Agrícola (ISNAR), están tratando de utilizar este marco en sus propias esferas organizacionales. Muchas personas y organizaciones han utilizado el marco y han compartido sus experiencias con nosotros. El esfuerzo por ayudar a las organizaciones a mejorar su desempeño sigue en marcha. No hay respuestas exactamente definidas a los diversos problemas que se encuentran cuando se realizan evaluaciones organizacionales en los países menos desarrollados.

Apéndice 1

PREGUNTAS PARA LA EVALUACIÓN AMBIENTAL

REGLAS FORMALES

Entorno administrativo/jurídico

¿De qué manera se ve afectada la organización por el entorno administrativo y jurídico?

Administrativo

- ¿Ha identificado la organización otras instituciones, organizaciones o grupos con los que se relaciona o se podría esperar que lo haga?
- ¿Ha sido la organización identificada como influyente o importante para el sector por parte de consumidores, responsables de formular políticas, proveedores, competidores y otras organizaciones de su entorno externo?
- ¿Complementan los objetivos de la organización los de otras organizaciones?
- ¿Apoyan las normas y los valores de la organización la labor que tiene el propósito de llevar a cabo?
- ¿Existen sistemas útiles (formales e informales) de resolución de conflictos?
- ¿Se ve afectada la organización por la burocracia (papeleo)?

Jurídico

- ¿Ha definido claramente la organización la función que desempeña su marco jurídico?
- ¿Apoya el marco jurídico la autonomía de la organización?
- ¿Es claro el marco jurídico de la organización?
- ¿Es congruente el marco jurídico con su práctica actual?
- ¿Es el contexto jurídico regulador conducente al trabajo?
- ¿Es relevante la legislación hasta la fecha?
- ¿Es sensible el sistema judicial?
- ¿Se ve afectada la organización por:
  - la legislación laboral?
  - un marco regulador?
  - leyes ambientales?
  - una comisión de servicio público?
  - reformas del sector público?
  - acuerdos y normas mundiales y regionales?

Entorno político

¿De qué manera se ve afectada la organización por el entorno político?

- ¿Apoyan las tendencias políticas e ideológicas del gobierno el tipo de trabajo de la organización?
- ¿Facilita el sistema gubernamental los acuerdos de colaboración?
- ¿Tiene la organización una función que desempeñar en el desarrollo nacional o sectorial?
- ¿Cuán motivada está la organización para desempeñar su función en el desarrollo nacional o sectorial?
- ¿Tiene la organización acceso a fondos del gobierno?
- ¿Tiene la organización acceso a fondos internacionales?
- ¿Tiene la organización acceso a conocimientos y publicaciones del gobierno?
- ¿Apoyan las políticas y los programas gubernamentales a la organización?
- ¿Qué forma de gobierno participa en los asuntos internos de la organización?
- ¿Cuál es el nivel de participación del gobierno en los asuntos internos de la organización?
- ¿Qué efecto tienen las relaciones internacionales en la organización?
- ¿Hasta qué punto permite el gobierno a la sociedad civil participar en su proceso de toma de decisiones?
- ¿Cuál es el nivel de estabilidad política?
- ¿Cuán tolerante es el gobierno del riesgo y de la capacidad de manejar el cambio?
- ¿De qué manera presionan los grupos políticos al gobierno para influir en políticas y prioridades?
- ¿Hasta qué punto se ve afectada la organización por la corrupción política, la violencia o las huelgas?
- ¿Hasta qué punto es el sistema de gobierno sensible a las necesidades y los asuntos de la organización?

Entorno económico

¿De qué manera se ve afectada la organización por el entorno económico?

- ¿Apoya la política económica la capacidad de la organización para adquirir tecnología y recursos financieros?
- ¿Se dispone de dinero para realizar el trabajo?
- ¿Dan su apoyo los donantes?

- ¿Son las asignaciones presupuestarias suficientes para el trabajo de la organización?
- ¿Se cuenta con financiamiento externo?
- ¿Hay políticas de apoyo monetaria y fiscal (incluidas las tasas de interés)?
- ¿Es restrictiva la carga de la deuda?
- ¿Son conducentes los mercados emergentes?
- ¿Es estable la moneda?
- ¿Existe un entorno de mercado competitivo?
- ¿Se ven las políticas y programas amenazados por el sector informal?
- ¿Apoya el desarrollo la tasa de crecimiento económico?
- ¿Refleja el programa de inversión del servicio público las prioridades gubernamentales?
- ¿Es regresiva la política tributaria?
- ¿Cuál es el clima de las relaciones industriales?
- ¿Son aceptables las tasas de desempleo?
- ¿Apoyan los acuerdos comerciales la ventaja comparativa del país (globalización y mercado libre)?
- ¿Qué efecto tiene la globalización en la economía?
- ¿Qué efecto tiene la globalización en la organización?
- ¿Son restrictivos los costos de los insumos?
- ¿Es el sector financiero conducente al desarrollo económico?

ETHOS INSTITUCIONAL

Entorno social y cultural

¿De qué manera se ve afectada la organización por el entorno social y cultural?

- ¿Apoya la organización la equidad en el lugar de trabajo?
- ¿Considera la organización el efecto que tiene la cultura en la complejidad de los programas?
- ¿Apoyan los valores sociales y culturales vigentes la labor de la organización?
- ¿Tiene la organización acceso a un conjunto de recursos humanos capaces del cual pueda contratar personal?
- ¿Se ve la organización afectada por:
  - costumbres y prejuicios religiosos, étnicos, de género y de clase?
  - valores y normas culturales (por ejemplo, feriados por Navidad)?

- violencia y delincuencia?
- cuestiones de seguridad en los lugares de los proyectos?
- nepotismo?
- corrupción?
- enfermedades crónicas, salud, nutrición (puede ser toda una nueva categoría)?
- comportamientos culturales?
- actitudes preconcebidas hacia las entidades donantes?
- inestabilidad política o social (por ejemplo, mafias)?

CAPACIDADES

Entorno tecnológico

La tecnología necesaria para llevar a cabo la labor de la organización, ¿es apoyada por los sistemas del entorno más amplio?

- ¿Existe infraestructura física adecuada (energía, telecomunicaciones, transporte) para apoyar la labor de la organización?
- ¿Cuenta la tecnología necesaria para llevar a cabo la labor de la organización con el apoyo del nivel general de desarrollo tecnológico nacional?
- ¿Facilita el sistema de gobierno el proceso de adquisición de tecnología necesaria para la organización?
- ¿Es el desarrollo de recursos humanos adecuado para apoyar nuevas tecnologías?
- ¿Hasta qué punto se puede confiar en los servicios públicos disponibles, en particular en la energía eléctrica?
- ¿Cuán estable es el costo de los servicios públicos disponibles?
- ¿Se cuenta con recursos de instructores?
- ¿Cuál es la capacidad de la organización de establecer redes?
- ¿Cuán adecuadas son las instalaciones de procesamiento de datos de la organización?
- ¿Tiene la organización acceso a la investigación?

Entorno ecológico y geográfico

- ¿Se verán afectados los servicios de la organización por fenómenos naturales?
- ¿Son las condiciones del medio ambiente natural conducentes a la labor de la organización y la apoyan, o imponen costos adicionales o desafíos técnicos?
- ¿Afecta la contaminación el ritmo de la labor de la organización?
- ¿De qué manera afectarán la política y la legislación ambiental y de recursos humanos el desempeño de la organización?

RECUERDE:

Una lista de verificación es una herramienta útil, pero constituye tan sólo un punto de partida que necesita renovarse y examinarse continuamente.

Apéndice 2

UNA EVALUACIÓN ORGANIZACIONAL

Ejemplos de esbozo para un informe

1. Introducción

- Antecedentes y fines
- Temas de desarrollo
- Descripción de la organización
- Unidad de análisis

2. Metodología

- Principales cuestiones y preguntas
- Recopilación y fuentes de datos
- Análisis de datos
- Limitaciones (tiempo, recursos, información)
- Equipo
- Cronograma

3. Una organización individual o una red como objetivo

- Identificación de la organización
- Perfil de la organización
- Vínculos organizacionales al problema de desarrollo

4. Entorno institucional

Reglas formales

- Marco jurídico
- Derechos de propiedad intelectual
- Mandato
- Derechos laborales

Ethos institucional

- Historia
- Valores culturales
- Normas
- Tabúes

Capacidades

- Recursos naturales
- Recursos humanos
- Tecnología
- Recursos financieros

5. Principales cuestiones de capacidad organizacional que afectan el desempeño de la organización

- Liderazgo estratégico
- Estructura
- Recursos humanos
- Finanzas
- Programas/servicios
- Infraestructura
- Tecnología
- Vinculaciones entre organizaciones

6. Principales cuestiones de motivación organizacional que afectan el desempeño de la organización

- Misión
- Visión
- Historia
- Cultura
- Sistema de incentivos y recompensas

7. Desempeño organizacional

- Efectividad
- Eficiencia
- Continuidad de la relevancia
- Viabilidad financiera

8. Conclusiones y recomendaciones

- Áreas que necesitan mayor estudio
- Posibles áreas de intervención
- Posibles maneras de llevar a cabo el proyecto

Glosario

Término	**Definición**
Auditoría	Un examen o estudio que evalúa e informa sobre la medida en que una condición, proceso o desempeño se ajusta a estándares o criterios predeterminados.
Capacidades	Recursos de una sociedad que influyen en el tipo y en la escala de la actividad emprendida por individuos u organizaciones (por ejemplo, recursos naturales, infraestructura, recursos humanos, tecnología).
Caso	El fenómeno que se examina en la investigación de estudios de casos. El término también se utiliza para "casos" clínicos como la modalidad de comportamiento de un individuo.
Cliente	La persona, grupo o entidad que ha encargado una evaluación y ante quien el evaluador tiene responsabilidad jurídica.
Comparación con el punto de referencia	Se compara lo que se está midiendo con un punto de referencia como mejores prácticas en el campo, incluidas normas profesionales o científicas.
Competencia	Actitudes organizacionales y técnicas, relaciones y valores que hacen posible que países, organizaciones, grupos e individuos de cualquier nivel lleven a cabo funciones y logren con el tiempo sus objetivos de desarrollo.
Conclusión	Un juicio razonado basado en una síntesis de resultados.

Confiabilidad La calidad de un proceso de medición que produciría resultados similares a partir de: (1) observaciones repetidas de la misma condición o hecho, o (2) observaciones múltiples de la misma condición o hecho por diferentes medios. La confiabilidad también se refiere a la medida en la cual un instrumento de recopilación de datos producirá los mismos resultados cada vez que se administra. En la investigación cualitativa, la confiabilidad significa hasta qué punto diferentes investigadores, al exponerse a la misma situación, llegarían a las mismas conclusiones.

Conflicto de intereses Cuando existe un enfrentamiento entre el interés privado y el interés público de una persona responsable de una evaluación. No es necesariamente fatal para la validez (por ejemplo, la autoevaluación es una estrategia legítima), pero puede afectar la credibilidad, a menos que varios intereses se equilibren en forma adecuada.

Continuidad de la relevancia Capacidad de una organización de satisfacer las necesidades y obtener el apoyo de sus interesados directos prioritarios en el pasado, el presente y el futuro.

Costo de oportunidad El valor al que uno renuncia al escoger una de entre varias opciones que se excluyen unas a otras.

Cuestionario Un conjunto de preguntas escritas y utilizadas para recopilar datos de los encuestados.

Cultura Conjunto de valores, creencias orientadoras, entendimientos y maneras de pensar que son compartidos por los miembros de una organización y que se enseñan a los nuevos miembros. La cultura constituye las normas no escritas e informales de una organización.

Datos cualitativos Datos que utilizan información no numérica para las descripciones. Por lo general son palabras, pero pueden incluir fotografías y películas, grabaciones y artefactos.

Datos cuantitativos Información que describe, explica e informa sobre fenómenos utilizando números.

Datos faltantes Datos que el evaluador tenía el propósito de recopilar pero no logró hacerlo por varios motivos (por ejemplo, la imposibilidad de entrevistar a un informante clave, acceso limitado a un entorno de investigación, puntos dejados en blanco en un cuestionario, errores en la consignación de datos).

Datos primarios Información obtenida de primera mano por el investigador.

Desarrollo de la capacidad El proceso mediante el cual individuos, organizaciones, instituciones y sociedades desarrollan sus aptitudes individuales y colectivas para desempeñar funciones, resolver problemas y fijar y lograr objetivos.

Efectividad La medida según la cual se han logrado los objetivos o resultados planificados.

Entorno institucional Actitudes, políticas y prácticas que estimulan y apoyan el funcionamiento efectivo y eficiente de organizaciones e individuos.

Escala de Likert Una escala según la cual se pide a los encuestados que indiquen hasta qué punto están de acuerdo o en desacuerdo con una declaración. Las más comunes son escalas de cinco y siete puntos; las de tres pueden utilizarse para situaciones especiales y para niños.

Estudio de caso(s) Un proceso de investigación centrado en entender un fenómeno específico dentro de su contexto de la vida real, que por lo general comprende múltiples fuentes de información.

Ethos institucional Códigos implícitos o no escritos que incluyen valores culturales, normas, preceptos religiosos y tabúes, también conocidos como "reglas informales del juego".

Evaluabilidad La medida en la cual se ha definido un proyecto o programa de tal manera que hace posible una posterior evaluación.

Evaluación Se recomienda para enfoques que informan sobre la medición sin formular juicios sobre las mediciones.

Evaluación del empoderamiento Faculta a los dedicados a un estudio de evaluación dándoles nuevos conocimientos de su desempeño.

Evaluación del programa El proceso de formular juicios sobre un programa a partir de información y análisis relativos a cuestiones como relevancia, efectividad en función de los costos y éxito para sus interesados directos.

Evaluaciones ceremoniales Se refieren al control de datos por parte de algunos cargos e individuos durante una evaluación del desempeño organizacional, con la intención de ocultar cuidadosamente toda crítica dirigida a la organización en cuestión.

Éxito Un resultado favorable de un programa o proyecto que se evalúa en términos de consideraciones como la efectividad, la repercusión, la sostenibilidad y las contribuciones al desarrollo de la capacidad.

Fortalecimiento de la capacidad La capacidad de individuos, grupos, instituciones y organizaciones para identificar y resolver con el tiempo problemas de desarrollo.

Gestión de nichos Tipo de gestión que comprende la identificación de y la concentración en una capacidad o un conjunto de capacidades valiosas desde el punto de vista competitivo que una organización posee en mayor cantidad que sus rivales o puede realizar de mejor manera que ellos.

Gobernabilidad Cuestiones y problemas relacionados con la alineación de los intereses de los que manejan una organización con los de aquellos que son responsables de sus resultados, que son propietarios de ella y con personas externas que tienen interés en la organización.

Grupo de enfoque Un debate informal y cuidadosamente planificado y moderado en el cual las ideas de una persona surgen a partir de las de otra, creando una reacción en cadena de diálogo informativo. Su objetivo es abordar un tema específico en profundidad y en un entorno cómodo, a fin de provocar una amplia gama de opiniones, actitudes, sentimientos y percepciones de un grupo de personas que comparten algunas experiencias comunes relativas a la dimensión que se estudia.

Indicador Una medida explícita utilizada para determinar el desempeño; una señal que revela el progreso hacia los objetivos; un medio para medir lo que realmente sucede en comparación con lo que se ha planificado en términos de calidad, cantidad y puntualidad.

Infraestructura Referencia a las condiciones básicas (instalaciones y tecnología) que permiten que el trabajo continúe dentro de la organización (por ejemplo, iluminación adecuada, agua limpia).

Insumos Recursos que se necesitan para lograr los resultados enunciados mediante la producción de los bienes o servicios previstos por medio de actividades relevantes (por ejemplo, recursos humanos, materiales, servicios).

Interesados directos Todo grupo dentro o fuera de una organización, que tiene un interés en el desempeño de la organización. Los acreedores, proveedores, empleados y propietarios son todos interesados directos.

Justificación del programa El motivo o los motivos fundamentales por los cuales existe un programa, junto con sus supuestos subyacentes.

Liderazgo/Dirección Proceso mediante el cual una persona se ocupa de los procesos de influir en un grupo de personas para lograr un propósito común.

Modelos lógicos La traducción de supuestos y modelos mentales de personas en sistemas comprensibles y conocidos que complementan las necesidades y expectativas de una organización, lo que le permite tomar decisiones lógicas.

Monitoreo Un proceso permanente para verificar sistemáticamente que las actividades o procesos planificados se llevan a cabo según lo esperado o que se está progresando en el logro de los resultados planificados.

Motivación Un deseo intrínseco y moral de lograr un propósito.

Muestra Un subconjunto de una población.

Objetivo Expresa un efecto particular que se espera que logre el programa, si se lleva a cabo con todo éxito según el plan.

Plan de trabajo Documento que detalla los recursos y la metodología que se utilizarán en la realización de una evaluación.

Productos Los productos físicos, cambios institucionales y operativos o actitudes y conocimientos mejorados que se habrán de lograr con el proyecto o programa como resultado de la buena gestión de los insumos y las actividades. Las consecuencias inmediatas, visibles, concretas y tangibles de los insumos del proyecto.

Programa Un grupo de proyectos, servicios y actividades afines dirigidos al logro de metas específicas.

Proyecto Una realización planificada, destinada a lograr ciertos objetivos específicos con un presupuesto dado y un período especificado.

Punto de partida o inicial/datos iniciales El conjunto de condiciones existentes al inicio de un programa. La realización de comparaciones periódicas con el punto de partida puede determinar el progreso o la falta de este.

Punto de referencia Un punto de referencia o estándar con el que puede compararse el progreso o los logros.

Reglas Estructuras jurídicas o reguladoras de una organización. Las reglas son uno de los ingredientes más importantes de un entorno institucional.

Relevancia El grado en el que el objetivo de un proyecto o programa sigue siendo válido y pertinente.

Rentabilidad de la inversión En la evaluación fiscal, la relación de beneficios a costos, expresada generalmente como porcentaje.

Repercusión/Impacto Las consecuencias últimas, planificadas y no planificadas, de un programa; una expresión de los cambios producidos concretamente como resultado del programa, por lo general varios años después de que el programa se haya estabilizado o haya finalizado.

Resultado/ Consecuencia Un efecto o consecuencia de un programa a mediano plazo entre un producto a corto plazo y otro que con frecuencia se considera que se obtendrá cinco años o más después de la intervención del programa. Un resultado a mediano plazo que es la consecuencia lógica de lograr una combinación de productos.

Resultado Cambio descriptible o conmensurable en un estado dado, que se deriva de una relación de causa y efecto.

Resultados/Hallazgos Un sistema fáctico sobre el programa basado en pruebas. Puede comprender una síntesis de datos y, por lo tanto, un juicio.

Sesgo/Prejuicio Hasta qué punto una medición o un método subestima o sobrestima sistemáticamente un valor.

Suposiciones/ Supuestos Los factores externos, influencias, situaciones o condiciones que son necesarias para el éxito del proyecto. Las suposiciones o los supuestos son factores externos que es muy probable, pero no es seguro, que ocurran y que son importantes para el éxito del proyecto o programa, pero que están en gran medida o completamente por encima del control de la gestión del proyecto.

Términos de referencia El punto de concentración y los límites de un proyecto de investigación por contrato, que incluye una declaración sobre el destinatario de la investigación, el objetivo de la investigación, las principales cuestiones y preguntas y, a veces, el cronograma y los recursos disponibles.

Trampa del proyecto Una situación en la cual un proyecto adquiere preferencia con respecto a una organización y su misión, posiblemente llevando a la declinación de la organización.

Triangulación Proceso de utilización de múltiples fuentes de datos, métodos de recopilación de datos y/o teorías para validar los resultados de la investigación, ayudar a eliminar sesgos y detectar errores o anomalías en los descubrimientos.

Unidad de análisis El objeto concreto que se investiga (por ejemplo, personas, salas de clase, organizaciones, naciones).

Validez El desafío metodológico más grande para la evaluación organizacional, se relaciona con la capacidad de una metodología de ser relevante y significativa, así como apropiada a la misión de una organización.

Validez de una evaluación La medida en la cual las conclusiones de una evaluación son justificadas por los datos presentados.

Variable Una característica que puede asumir un valor entre una gama de valores.

Variable dependiente Una variable que se considera afectada o influida por un programa.

Viabilidad financiera Capacidad de una organización de mantener una entrada de recursos financieros mayor que los recursos que se gastan.

Bibliografía

Aldrich, H. 1999. *Organizations Evolving*. London, Thousand Oaks, CA: Sage.

Allcorn, S. 1995. Understanding Organizational Culture and the Quality of Workplace Subjectivity. *Human Relations* 48(1): 73–96.

Allen, R. 1995. On a Clear Day You Can Have a Vision: A Visioning Model for Everyone. *Leadership and Organizational Development Journal* 16(4): 39–44.

Anderson, G. 1998. *Fundamentals of Educational Research*. Segunda edición. London: Falmer.

Anderson, G., y D. Gilsig. 1998. Participatory Evaluation in Human Resource Development: A Case Study from Southeast Asia. En Ted Jackson y Yusuf Kassam (eds.), *Knowledge Shared: Participatory Evaluation in Development: Cooperation*. Ottawa: IDRC y Kumarian Press.

Bajaj, M. 1997. *Revisiting Evaluation: A Study of the Process, Role and Contribution of Donor Funded Evaluations to Development Organizations in South Asia*. Ottawa: IDRC.

Barker, R. C. 1995. Financial Performance Measurement: Not a Total Solution. *Management Decision* 33(2): 31–39.

Baron, A. 1995. Project Highlights Culture Change in Public Sector. *Personnel Management* 1(7): 60.

Bart, C. 1997. Sex, Lies and Mission Statements. *Business Horizons* (noviembre/diciembre): 9–18.

Bate, P. 1996. *Strategies for Cultural Change*. New York: Butterworth-Heinemann.

Bates, R., y A. Krueger (eds.). 1993. *Political and Economic Interactions in Economic Policy Reform*. Oxford, UK: Blackwell.

Beaton, G. 1994. Mission Statements in Professional Service Firms: Direction or Decoration? *Journal of Professional Services Marketing* 11(1): 173–88.

Beesley, A. 1995. "Time Compression" - New Source of Competitiveness in the Supply-Chain. *Logistics Focus* (5): 24–25.

Bennett, R. 1993. Developing People for Real: Some Issues and Approaches. *Management Decision* 31(3): 55–61.

Bennis, W. 1969. *Organization Development: Its Nature, Origins and Prospects*. Reading, MA: Addison-Wesley.

Bennis, W., y J. Goldsmith. 1997. *Learning to Lead: A Workbook on Becoming a Leader.* Cambridge, MA: Perseus Press.

Berry, A. J., P. Capps, D. Cooper, y P. Fergusson. 1985. Management Control in the Area of the NCB. *Accounting, Organizations and Society* (1): 3–28.

Birkin, F., y D. Woodward. 1997. Management Accounting for Sustainable Development. *Management Accounting* (julio/agosto): 42–45.

Blau, P., y R. Scott. 1962. *Formal Organizations.* San Francisco: Chandler Publishing.

Blickendorfer, R., y J. Janey. 1988. Measuring Performance in Nonprofit Organizations (Part 2). *Nonprofit World* 6(2): 18–22.

Bloor, G., y P. Dawson. 1994. Understanding Professional Culture in Organizational Context. *Organization Studies* 15(2): 275–95.

Booth, R. 1996. Accountants Do It by Proxy. *Management Accounting-London* 74(5): 48.

———. 1998. Program Management: Measures for Program Action. *Management Accounting-London* 76(7): 26–28.

Boschken, H. L. 1994. Organizational Performance and Multiple Constituencies. *Public Administration Review* 54: 308–12.

Bowles, M. L., y G. Coates. 1993. Image and Substance: The Management of Performance as Rhetoric or Reality? *Personnel Review* 22(2): 3–21.

Brown, M. G. 1994. Is Your Measurement System Well Balanced? *Journal for Quality and Participation* 17(6): 6–11.

Brown, S. J., y R. J. Kraft. 1998. A Strategy for the Emerging HR Role. *Human Resources Professional* 11(2): 28–32.

Brudney, J., y S. Condrey. 1993. Pay for Performance: Explaining the Differences in Managerial Motivation. *Public Productivity and Management Review* 17(2): 129–44.

Burki, S., y G. E. Perry. 1998. *Beyond the Washington Consensus: Institutions Matter.* Washington, D.C.: Banco Mundial.

Byrd, R. E. 1987. Corporate Leadership Skills: A Synthesis. *Organizational Dynamics* 16(1): 34–43.

Calfee, D. 1993. Get Your Mission Statement Working. *Management Review* (enero): 54–57.

Campbell, J. P., et al. 1970. *Managerial Behavior, Performance and Effectiveness.* New York: McGraw-Hill.

Campbell, D. T., y J. C. Stanley. 1963. *Experimental and Quasi-experimental Designs for Research.* Chicago: Rand McNally.

Canadian Comprehensive Auditing Foundation (CCAF). 1996. *Accountability, Performance Reporting, Comprehensive Audit: An Integrated Perspective.* Ottawa: CCAF.

Caplow, T. 1976. *How to Run Any Organization: A Manual of Practical Sociology*. Hinsdale, IL: The Dryden Press.

Carver, J. 1996. *Basic Principle of Policy Governance*. San Francisco: Jossey-Bass.

Chelimsky, E. 1997. The Coming Transformations in Evaluation. En E. Chelimsky y W. R. Shadish (eds.), *Evaluation for the 21st Century: A Handbook*. Thousand Oaks, CA: Sage.

Chhibber, A. 1998. Institutions, Policies and Development Outcomes. En R. Picciotto y E. Weisner (eds.), *Evaluation and Development: The Institutional Dimension*. Washington, D.C.: Banco Mundial.

Chilton, K. 1994. *The Global Challenge of American Manufacturer.* St. Louis: Washington University.

Chong, A., y C. Claderon. 1997. *Institutional Change and Poverty, or Why it is Worth it to Reform the State*. Washington, D.C.: Banco Mundial.

Clague, C., P. Keefer, S. Knack, y M. Olson. 1997. Institutions and Economic Performance: Property Rights and Contract Enforcement. En C. Clague (ed.) , *Institutions and Economic Development: Growth and Governance in Less-Developed and Post-Socialist Countries*.

Cockerill, T., J. Hunt, y H. Schroder. 1995. Managerial Competencies: Fact or Fiction? *Business Strategy Review* 6: 1–12.

Cohen, S. A. 1993. Defining and Measuring Effectiveness in Public Management. *Public Productivity and Management Review* 17(1): 45–57.

Colvard, J. E. 1994. In Defense of Middle Management. *Government Executive* 26(5): 57–58.

Coyne, K., y R. Dye. 1998. The Competitive Dynamics of Network-Based Businesses. *Harvard Business Review* (enero-febrero): 99–109.

Datta, S. K., y J. B. Nugent. 1998. Transaction Cost Economics and Contractual Choice: Theory and Evidence. En M. Nabli y J. B. Nugent (eds.), *The Institutional Economics and Development*. Amsterdam: Elsevier Science Publishers.

Deming, W. E. 1986. *Out of the Crisis*. Cambridge, MA: MIT Press.

Denison, D. 1996. What Is the Difference between Organizational Culture and Organizational Climate? *Academy of Management Review* 21(3): 619–54.

Dent, S. M., y P. A. Hughes. 1998. Core Process Management: Getting Everyone on the Same Page. *Journal of Quality and Participation* 21(6): 50–55.

Desormeaux, G. 1998. Institutional Structure and Social Security Systems: Lessons from the Chilean Experience. En R. Picciotto y E. Weisner (eds.), *Evaluation and Development: The Institutional Dimension*. Washington, D.C.: Banco Mundial.

Down, J. W., W. Mardis, T. R. Connolly, y S. Johnson. 1997. A Strategic Model Emerges. HR *Focus* 74(6): 22–23.

Drucker, P. F. 1983. *The Concept of the Corporation*. New York: New American Library.

Dunn, W. N. 1982. Reforms as Arguments. *Knowledge: Creation, Diffusion, Utilization* 3(3): 293–326.

Earl, S., F. Carden, y T. Smutylo. 2001. *Outcome Mapping: Building Learning and Reflection into Development Programs*. Ottawa: International Development Research Centre.

Eaton, J. 1972. *Institution Building and Development: From Concepts to Complications*. Beverly Hills, CA: Sage.

Eggertsson, T. 1996. A Note on the Economics of Institutions. En A. Alston y T. Eggertsson (eds.), *Empirical Studies in Institutional Change*. Cambridge, UK: Cambridge University Press.

Eimicke, W. B. 1998. Benchmarking for Best Practices in the Public Sector/Achieving Improved Performances in Public Organizations: A Guide for Managers/Organizational Performance and Measurement in the Public Sector: Toward Service, Effort and Accomplishment Reported. *American Review of Public Administration* 28(1): 90–95.

Engerman, S. L. 1997. Cultural Values, Ideological Beliefs, and Changing Labor Institutions: Notes on their Interactions. En J. Drobak y J. V. C. Nye (eds.), *The Frontiers of the New International Economics*. San Diego: Academic Press Limited.

Ensminger, J. 1997. Changing Property Rights: Reconciling Formal and Informal Rights to Land in Africa. En J. Drobak y J. V. C. Nye (eds.), *The Frontiers of the New Institutional Economics*. San Diego: Academic Press Limited.

Eriksson, J. 1998. An Institutional Framework for Learning from Failed States. En R. Picciotto y E. Weisner (eds.), *Evaluation and Development: The Institutional Dimension*. Washington, D.C.: Banco Mundial.

Etzioni, A. 1964. *Modern Organizations*. Englewood Cliff, CA: Prentice Hall.

Fetterman, D. M., S. Kaftarian, y A. Wandersman. 1996. *Empowerment Evaluation: Knowledge and Tools for Self-assessment and Accountability*. Thousand Oaks, CA: Sage.

Gagnon, Y., y J. Dragon. 1996. The Impact of Technology on Organizational Performance. *Optimum, The Journal of Public Sector Management* 28(1): 19–31.

Galbraith, J. 1973. *Designing Complex Organizations*. Reading, MA: Addison-Wesley.

Georgopoulos, B:, y A. Tannenbaum. 1957. A Study of Organizational Effectiveness. *American Sociological Review* 22: 534–40.

Gerhart, B., y G. T. Milkovich. 1990. Organizational Differences in Managerial Compensation and Financial Performance. *Academy of Management Journal* 33(4): 663–91.

Goddard, A., y J. Powell. 1994. Accountability and Accounting. *Accounting, Auditing and Accountability Journal* 7(2): 50–69.

Graf, L., M. Hemmasi, y K. C. Strong. 1996. Strategic Analysis for Resource Allocation Decisions in Health Care Organizations. *Journal of Managerial Issues* 8(1): 92–107.

Grandori, A. 1997. An Organizational Assessment of Interfirm Coordination Modes. *Organization Studies* 18(6): 897–925.

Greenhill, R. 1995. State Intervention in the Brazilian Coffee Trade During the 1920's: A Case Study of New Institutional Economics. En J. Hariss, J. Turner y C. M. Lewis (eds.), *The New Institutional Economics and Third World Development*. New York: Routledge.

Guba, E. G., y Y. S. Lincoln. 1989. *Fourth Generation Evaluation*. Newbury Park, CA: Sage.

Gupta, N., y D. Jenkins. 1996. The Politics of Pay. *Compensation and Benefits Review* (marzo/abril): 23–30.

Gupta, Y. P., y D. Chin. 1994. Organizational Life Cycles: A Review and Proposed Directions for Research. *The Mid-Atlantic Journal of Business* 30(3): 269–93.

Hagen, A. F., M. T. Hassan, y S. G. Amin. 1998. Critical Strategic Leadership Components: An Empirical Investigation. SAM *Advanced Management Journal* 63(3): 39–44.

Haggard, S., y R. Kaufman (eds.). 1992. *The Politics of Economic Adjustment*. Princeton, NJ: Princeton University Press.

Hahm, Hongjoo. 1993. *The Development of the Private Sector in a Small Economy in Transition*. World Bank Discussion Papers, East Asia and Pacific Region Series, 223. Washington D.C., Banco Mundial.

Haire, M. 1956. *Psychology in Management*. New York: McGraw-Hill.

Handa, V., y A. Adas. 1996. Predicting the Level of Organizational Effectiveness: A Methodology for the Construction Firm. *Construction Management and Economics* 14(4): 341–352.

Handy, C. 1997. Managing the Dream. *Executive Excellence* 14(11): 11–12.

Harrison, M. I. 1987. *Diagnosing Organizations: Methods, Models and Processes*. Beverly Hills, CA: Sage.

Harrison, R. 1997. Why Your Firm Needs Emotional Intelligence. *People Management* (1): 41.

Hassard, J., y M. Parker (eds.). 1993. *Post Modernism and Organizations*. London: Sage.

Hatch, M. J. 1993. The Dynamics of Organizational Culture. *Academy of Management Review* 18(4): 657–93.

Healthcare Financial Management. 1997. Key Organizational Performance Indicators. *Healthcare Financial Management* 51(4).

Heckman, J., C. Heinrich, y J. Smith. 1997. Assessing the Performance of Performance Standards in Public Bureaucracies. *American Economic Review* 87(2): 389–95.

Henke, E. O. 1992. Use of Accounting Data by Externally Interested Parties. En E. O. Henke (ed.), *Introduction to Nonprofit Organization Accounting*. Cincinnati: South-Western Publishing Company.

Hesselbein, F., M. Goldsmith, y R. Beckhard. 1996. *The Organization of the Future*. San Francisco: Jossey-Bass.

Hickson, D., y D. Pugh. 1995. *Management Worldwide: The Impact of Societal Culture on Organizations around the Globe*. London: Penguin Books.

Howard, R. 1990. Values Make the Company. *Harvard Business Review* 68(5): 133–44.

Hunter, J. D., y C. M. Lewis (eds.). 1997. *The New Institutional Economics of the Third World*. London: Routledge.

Inter-American Development Bank. 1997. *Evaluation: A Management Tool for Improving Project Performance*. Washington, D.C.: BID.

———. 1999. Annual Report on Projects in Execution. Documento CP-199, 26 de mayo.

International Development Research Centre (IDRC). 1987. *Approaches to Strengthening Research Institutions*. Ottawa: IDRC.

Israel, A. 1990. *The Changing Role of the State: Institutional Dimensions*. World Bank Working Paper Series 495 (agosto). Washington, D.C.: Banco Mundial.

Kaji, G. 1998. Institutions in Development: the Country, Research, and Operational Challenges. En R. Picciotto y E. Weisner (eds.), *Evaluation and Development: The Institutional Dimension*. Washington, D.C.: Banco Mundial.

Kaplan, R. S., y D. P. Norton. 1996. Using the Balanced Scorecard as a Strategic Management System. *Harvard Business Review* 74(1): 75–85.

Ketchen, D. J. J., J. B. Thomas, y R. R. J. McDaniel. 1996. Process, Content and Context: Synergistic Effects on Organizational Performance. *Journal of Management* 22(2): 231–57.

Khandker, S. R., B. Khalily, y Z. Khan. 1995. *Grameen Bank: Performance and Sustainability*. World Bank Discussion Paper No. 306, Washington, D.C.

Kilmann, R., y I. Kilmann. 1989. *Managing beyond the Quick Fix: A Completely Integrated Program for Creating and Maintaining Organizational Success*. San Francisco: Jossey-Bass.

Korey, G. 1995. TDM Grid: An Effective Tool for Implementing Strategic Plans in Academic Institutions. *Management Decision* 33(2): 40–47.

Kotter, J. P. 1990. What Leaders Really Do. *Harvard Business Review* 68(3): 103–11.

Lal, D. 1996. Participation, Markets and Democracy. En M. Lundahl y B. Ndulu (eds.), *New Directions in Development Economics: Growth, Environmental Concerns and Government in the* 1990's. New York: Routledge.

Lampe, J. C., y S. G. Sutton. 1997. Performance Measures to Improve Internal Audit Productivity and Quality. *Internal Auditing* 13(1): 3–14.

Lawrence, P. R., y J. W. Lorsch. 1967. *Organization and Environment*. Boston: Harvard University Press.

Levinson, H. 1972. *Organizational Diagnostics*. Cambridge, MA: Harvard University Press.

Likert, R. 1957. *Some Applications of Behavioral Research*. Paris: UNESCO.

Lorenzoni, G., y C. Baden-Fuller. 1995. Creating a Strategic Center to Manage a Web of Partners. *California Management Review* 37(3): 146–63.

Love, A. J. 1991. *Internal Evaluation: Building Organizations from Within*. Newbury Park, CA: Sage.

Lusthaus, C., M. Adrien, y M. Perstinger. 1999. *Capacity Building: Implications for Planning, Monitoring and Evaluation*. Montreal: Universalia.

Lusthaus, C., M. Adrien, G. Anderson, y F. Carden. 1999. *Enhancing Organizational Performance: A Toolbox for Self-assessment*. Ottawa: International Development Research Centre.

Lusthaus, C., G. Anderson, y M. Adrien. 1997. Organizational Self-Evaluation: An Emerging Frontier for Organizational Self-improvement. *Knowledge and Policy: The International Journal of Knowledge Transfer and Utilization* 10(1): 83–96.

Lusthaus, C., G. Anderson, M. Adrien y E. Murphy. 1996. *Evaluation institutionelle: Cadre pour le renforcement des organisations partenaires du* CRDI. Ottawa: CRDI.

Lusthaus, C., G. Anderson, y E. Murphy. 1995. *Institutional Assessment: A Framework for Strengthening Organizational Capacity for* IDRC's *Research Partners*. Ottawa: International Development Research Centre.

Manning, N. 2000. *Administration and Civil Service Assessment Tool*. Washington, D.C.: Banco Mundial.

March, J. G., y R. I. Sutton. 1997. Organizational Performance as a Dependent Variable. *Organization Science* 8(6): 698–706.

Maslow, A. 1997. *Motivation and Personality*. New York: Harper and Row.

Mauro, P. 1995. Corruption and Growth. *Quarterly Journal of Economics* 110: 681–712.

McNerney, D. J. 1995. "Designer" Downsizing: Accent on Core Competencies. HR *Focus* 72(2).

Meyer, D. 1995. *Structural Cybernetics: An Overview*. Ridgefield, CT: N. Dean Meyer and Associates, Inc.

Meyers, P., e I. Briggs. 1980. *Gifts Differing*. Palo Alto, CA: Consulting Psychologist Press.

Mintzberg, H., y J. B. Quinn. 1995. *The Strategy Process: Concepts, Context and Cases*. New York: Prentice Hall.

Miron, D., S. Leichtman, y A. Atkins. 1993. Reengineering Human Resource Processes. *Human Resources Professional* 6(1): 19–23.

Morgan, P. 1998. *Capacity and Capacity Development - Some Strategies*. Hull: Policy Branch, CIDA.

Mueller, F. 1995. Organizational and Employee Cooperation: Can We Learn from Economists? *Human Relations* 48(10): 1217–235.

Nabli, M., y J. B. Nugent. 1989. Collective Action, Institutions and Development. En M. Nabli y J. B. Nugent (eds.), *The New Institutional Economics and Development*. Amsterdam: Elsevier Science Publishers.

Nanus, B. 1989. *The Leader's Edge*. Chicago: Contemporary Books.

North, D. 1990. *Institutions, Institutional Change and Economic Performance*. Cambridge, UK: Cambridge University Press.

North, D. C. 1994. Economic Performance through Time. *The American Economic Review* 84(3).

North, W. H. 1997. The Independent Evaluation of the Global Environment Facility Pilot Phase. En E. Chelimsky y W. R. Shadish (eds.), *Evaluation for the 21st century: A Handbook*. Thousand Oaks, CA: Sage.

Nourzad, F. 1997. *Infrastructure Capital and Private Sector Productivity: A Dynamic Analysis*. Milwaukee: Marquette University.

Nugent, J. B. 1998. Institutions, Markets and Outcomes. En R. Picciotto y E. Weisner (eds.), *Evaluation and Development: The Institutional Dimension*. Washington, D.C.: Banco Mundial.

Nye, J. V. C. 1997. Thinking About the State: Property Rights, Trade and Changing Contractual Arrangements in a World with Coercion. En J. Drobak y J. V. C. Nye (eds.), *The Frontiers of the New Institutional Economics*. San Diego: Academic Press Limited.

Osborne, D., y T. Gaebler. 1992. *Reinventing Government: How the Entrepreneurial Spirit Is Transforming the Public Sector*. Reading, MA: Addison-Wesley.

Ostrom, E. 1997. Investing in Capital, Institutions and Incentives. En C. Clague (ed.) , *Institutional and Economic Development: Growth and Governance in Less-Developed Post-Socialist Countries*. London: Johns Hopkins University Press.

Ouchi, W. 1981. *Theory Z: How American Business Can Meet the Japanese Challenge*. Reading, MA: Addison-Wesley.

Patton, M. Q. 1990. *Qualitative Evaluation and Research Methods*. Segunda edición. Newbury Park, CA: Sage.

Peters, T. J., y R. H. J. Waterman. 1982. *In Search of Excellence*. New York: Warner Books.

———. 1988. *In Search of Excellence: Lessons from America's Best Run Companies*. New York: Warner Books.

Picciotto, R., y E. Weisner (eds.). 1998. *Evaluation and Development: The Institutional Dimension*. Washington, D.C.: Banco Mundial.

Quinn, R. E., y J. Rohrbaugh. 1983. A Spatial Model of Effectiveness Criteria: Towards a Competing Values Approach to Organizational Analysis. *Management Science* (29): 363–77.

Roethlisberger, F., y W. Dickson. 1939. *Management and the Worker.* Cambridge, MA: Harvard University Press.

Salopek, J. 1998. The New Managerial Mentor: Becoming a Learning Leader to Build Communities of Purpose. *Training and Development* 52(12): 61.

Savedoff, W. D. (ed.). 1998. *Organization Matters: Agency Problems in Health and Education in Latin America*. Washington, D.C.: BID.

Schein, E. 1997. *Organizational Culture and Leadership*. San Francisco: Jossey-Bass.

Schick, A. 1993. *A Performance-Based Budgeting System for the Agency for International Development*. Washington, D.C.: USAID.

Scott, R., y J. Meyer. 1994. *Institutional Environments and Organizations*. Thousand Oaks, CA: Sage.

Scott, W. R. 1995. *Institutions and Organizations*. Thousand Oaks, CA: Sage.

Scriven, M. 1991. *Evaluation Thesaurus*. Cuarta edición. Thousand Oaks, CA: Sage.

———. 1997. Truth and Objectivity in Evaluation. En E. Chelimsky y W. R. Shadish (eds.), *Evaluation for the 21st Century: A Handbook*. Thousand Oaks, CA: Sage.

Selznick, P. 1957. *Leadership in Administration: A Sociological Interpretation*. Evanston, IL: Peterson Row.

Senge, P. M., C. Roberts, R. B. Ross, y B. J. Smith. 1999. *The Dance of Change: The Challenges to Sustaining Momentum in Learning Organizations*. New York: Currency Doubleday.

Senge, P. M., C. Roberts, R. B. Ross, B. J. Smith, y A. Kleiner. 1994. *The Fifth Discipline Fieldbook: Strategies and Tools for Building a Learning Organization*. New York: Currency Doubleday.

Silos, L. 1991. OIKOS: *The Two Faces of Organization*. Manila: Asian Institute of Management.

Simons, R., y A. Dávila. 1998. *Harvard Business Review on Measuring Corporate Performance*. Cambridge, MA: Harvard Business School Press.

Skinner, E. 1996. Traditional Institutions and Economic Development: The Mossi Nam. En A. Yansane (ed.) , *Development Strategies in Africa: Current Economic, Socio-Political and Institutional Trends and Issues*. Greenwood Publishing Group.

Steers, R. 1975. Problems in the Measurement of Organizational Effectiveness. *Administrative Science Quarterly* (20): 546–48.

Stone, A., B. Levy, y R. Portes. 1996. Public Institutions and Private Transactions: A Comparative Analysis of the Legal and Regulatory Environment for Business Transactions in Brazil and Chile. En L. J. Alston, T. Eggertsson y D. C. North (eds.), *Empirical Studies in Institutional Change*. New York: Cambridge University Press.

Stoto, M. A. 1997. Research Synthesis for Public Health Policy: Experience of the Institute of Medicine. En E. Chelimsky y W. R. Shadish (eds.), *Evaluation for the 21st Century: A Handbook*. Thousand Oaks, CA: Sage.

Tavenas, F. 1992. *Performance Indicators at McGill*. Documento de trabajo, McGill University, Montreal.

Taylor, F. 1998. *The Principles of Scientific Management*. New York: Dover.

Taylor, F. W. 1947. *Scientific Management*. New York: Harper and Row.

Tichy, N. 1997. *The Leadership Engine*. New York: Harper Business.

Tomassi, M., y A. Velasco. 1995. *Where Are We in the Political Economy of Reform?* Sin publicar.

United Nations Development Programme (UNDP). 1993. *Human Development Report 1993*. New York: Oxford University Press.

University of British Columbia (UBC). 1998. Social Capital Formation and Institutions for Sustainability. Seminario de trabajo, noviembre 16–17, Vancouver, British Columbia. http://www.sdri.ubc.ca/gbfp/soc_cap.html.

Uphoff, N. 1972. *The Political Economy of Development: Theoretical and Empirical Contributions*. Berkeley, CA: University of California Press.

U.S. General Accounting Office. 1998. The Results Act: An Evaluator's Guide to Assessing Agency Annual Performance Plans. GAO General Goverment Division. Abril.

Vecchio, R. P. 1995. *Organizational Behaviour.* Orlando, FL: Harcourt Brace and Co.

Walton, M. 1986. *The Deming Management Method*. New York: Putnam Publishing Group.

Weber, M. 1947. *The Theory of Social and Economic Organization*. New York: Free Press.

Weick, K. E. 1995. *Sensemaking in Organizations*. Thousand Oaks, CA: Sage.

Weisner, E. 1998. Transaction Cost Economics and Public Sector Rent Seeking in Developing Countries: Towards a Theory of Governance Failure. En R. Picciotto y E. Weisner (eds.), *Evaluation and Development: The Institutional Dimension*. Washington, D.C.: Banco Mundial.

Wohlstetter, P. 1994. Models of High-Performance Schools. En S. A. Mohrman y P. Wohlstetter y Asociados (eds.), *School-Based Management*. San Francisco: Jossey-Bass.

Yuchtman, E., y S. Seashore. 1967. Factorial Analysis of Organizational Performance. *Administrative Science Quarterly* 12(3): 377–95.

Zammuto, R. 1982. *Assessing Organizational Effectiveness: Systems Change, Adaptation and Strategy*. Albany, NY: SUNY Press.